Cristina
Cevales-Labonde

Zuhause bei den Puppen

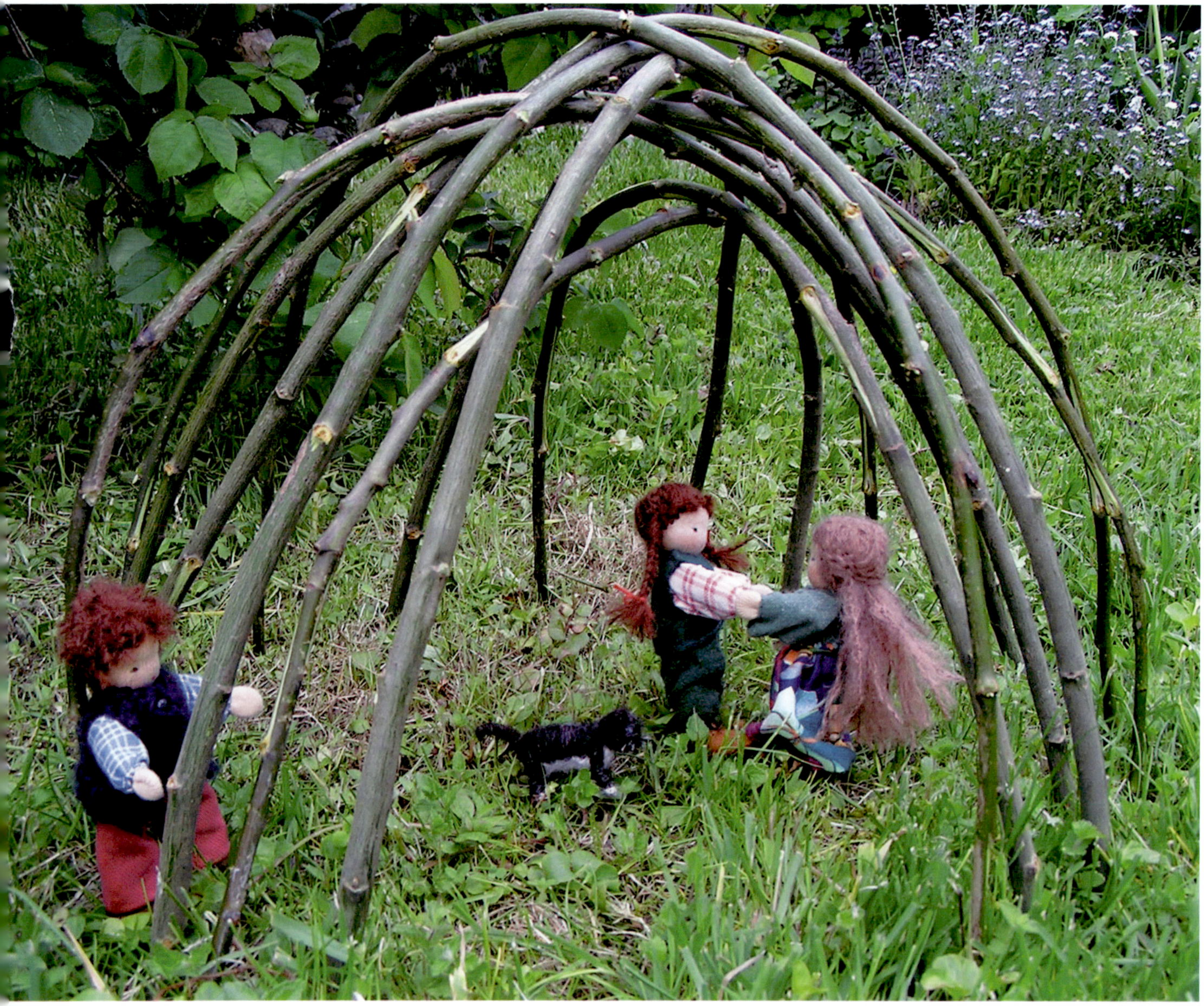

Cristina
Cevales-Labonde

Zuhause bei den Puppen

Puppenhäuser und Zubehör selbst gemacht

Verlag Freies Geistesleben

Inhalt

Vorwort 7

Ein paar Gedanken zur Einführung 9

Puppenhäuser für die Kleinen 21

Das Rundhaus im Freien 22
Das Rundhaus für drinnen 25
Das spitze Haus 30
Ein Haus aus Astgabeln 33

Puppenstuben aus Pappe 39

Ein Puppenzimmer aus Pappe und Papier 40
Ein Puppenhaus aus Kartons 46

Puppenzimmer aus Holz 59

Ein Puppenzimmer ohne Decke 60
Der Kaufladen 70
Eine Schulklasse 86

Puppenhäuser mit Tieren 95

Ein Stall aus Holz 96
Der Schäferkarren 101

Puppenhäuser aus Holz 107

Das große Puppenhaus 108
Das Klapphaus und weitere Beispiele 120

Puppenhausmöbel und -zubehör 135

Möbel 136
Weitere Accessoires 162
Ein Puppenfest 168

Über die Autorin 172

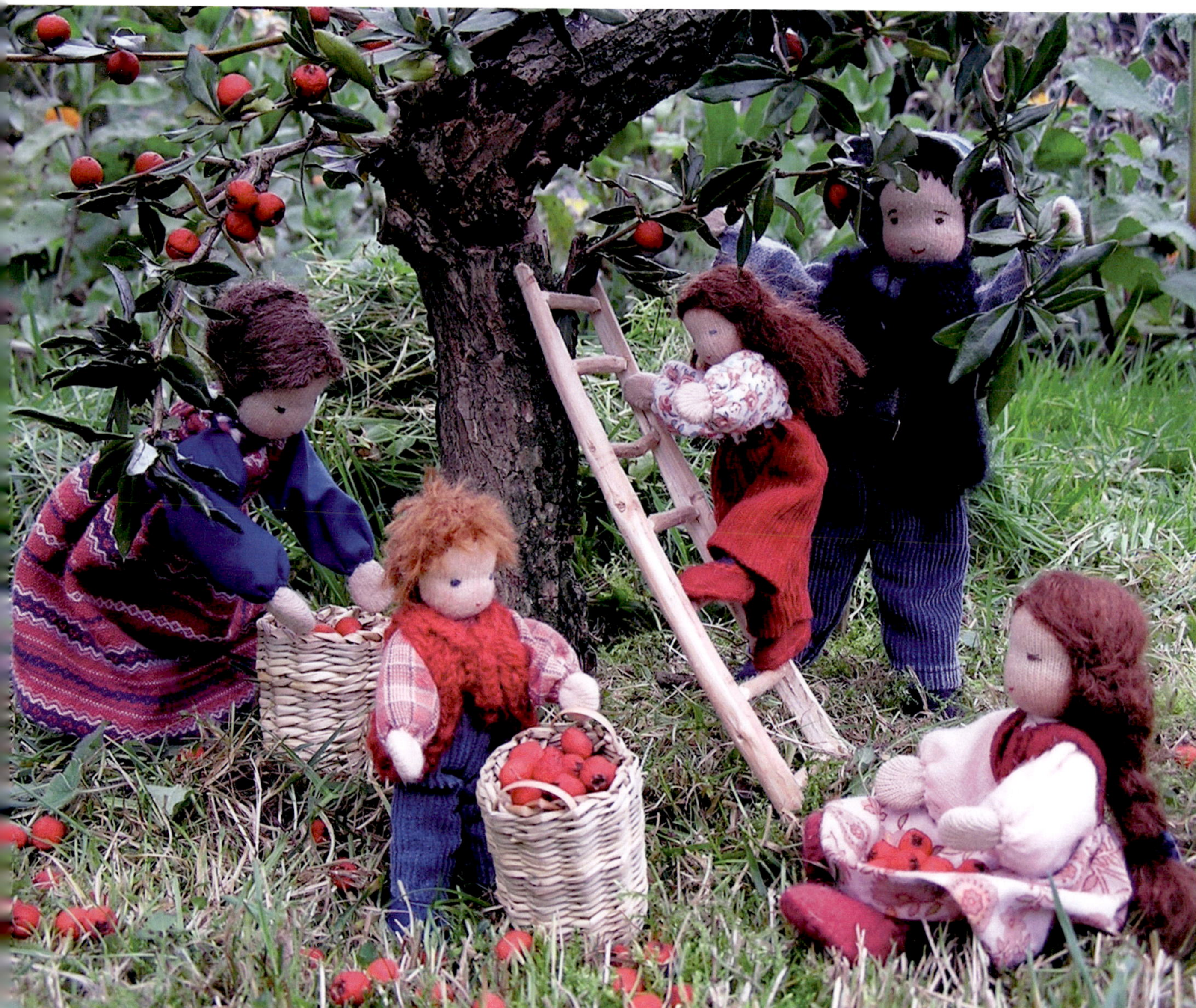

Vorwort

Puppen gehören nicht in eine dunkle Schachtel, sondern brauchen ein schönes Zuhause! Damit Ihre Kinder einen gemütlichen Platz für sie finden und lebendig mit ihnen spielen können, gebe ich diese Anregungen weiter: wie Sie ein fantasievolles Puppenhaus bauen können samt Möbeln und Zubehör. Ich möchte zeigen, dass wir sehr vielseitig arbeiten können und es eine besondere Freude ist, etwas selbst zu gestalten.

Die Beschreibungen sind abgestimmt auf das Alter und die jeweilige Entwicklung des Kindes. Für kleine Kinder eignen sich einfache Häuser mit nur einem Raum, während mit dem «klassischen» mehrstöckigen Puppenhaus auch noch Schulkinder spielen können. Daher sind hier Anregungen für Puppenhäuser und -stuben aus verschiedenen Materialien: aus Weiden- oder Haselzweigen, aus Astgabeln, Papier oder Pappe und natürlich aus Holz. Die folgenden Kapitel zeigen, wie man mit einfachen Mitteln solche Häuser herstellen kann.

Die Anleitungen enthalten leichte, mittlere und schwierigere Arbeitsschritte, die entsprechend mit einem (*), zwei (**) oder drei (***) Sternchen gekennzeichnet sind. Dadurch erkennen Sie leicht, wo auch Kinder beim Basteln und Bauen mithelfen können.

Die Größe der Modelle entspricht den Biegepüppchen aus meinem Buch: *Biegepüppchen selbst gemacht* (Verlag Freies Geistesleben). Dort beschreibe ich Püppchen in vier verschiedenen Größen: 9, 11,5, 13,5 und 16 cm. Sind die Püppchen Ihres Kindes deutlich kleiner oder größer, können die Maße der Modelle entsprechend abgeändert werden.

Auf vielen Fotos sind es die Puppen selber, die sich in unterschiedlicher Weise passende gemütliche Plätzchen bauen. Sie zeigen Ihnen praktische Handgriffe und Arbeitsschritte.

Zum Haus gehört natürlich auch die Einrichtung: Tisch, Stühle, Bett, Schrank, Geschirr, Teppiche, Gardinen … Für dieses Puppenstubenzubehör finden sich ebenfalls viele Anregungen und Vorschläge. Die kleinen Spielgegenstände können ganz nach Belieben bis ins Detail sehr liebevoll und kreativ ausgestaltet werden.

Von ganzem Herzen möchte ich meinen drei Kindern, meiner Familie und meinen Freunden danken, weil sie diese Arbeit mit Fragen, Kritik und Ideenanstößen so liebevoll unterstützt haben! Außerdem danke ich Martin Lintz für das sorgfältige Lektorat und Bianca Bonfert für das schöne Layout des Buches.

Cristina Cevales-Labonde

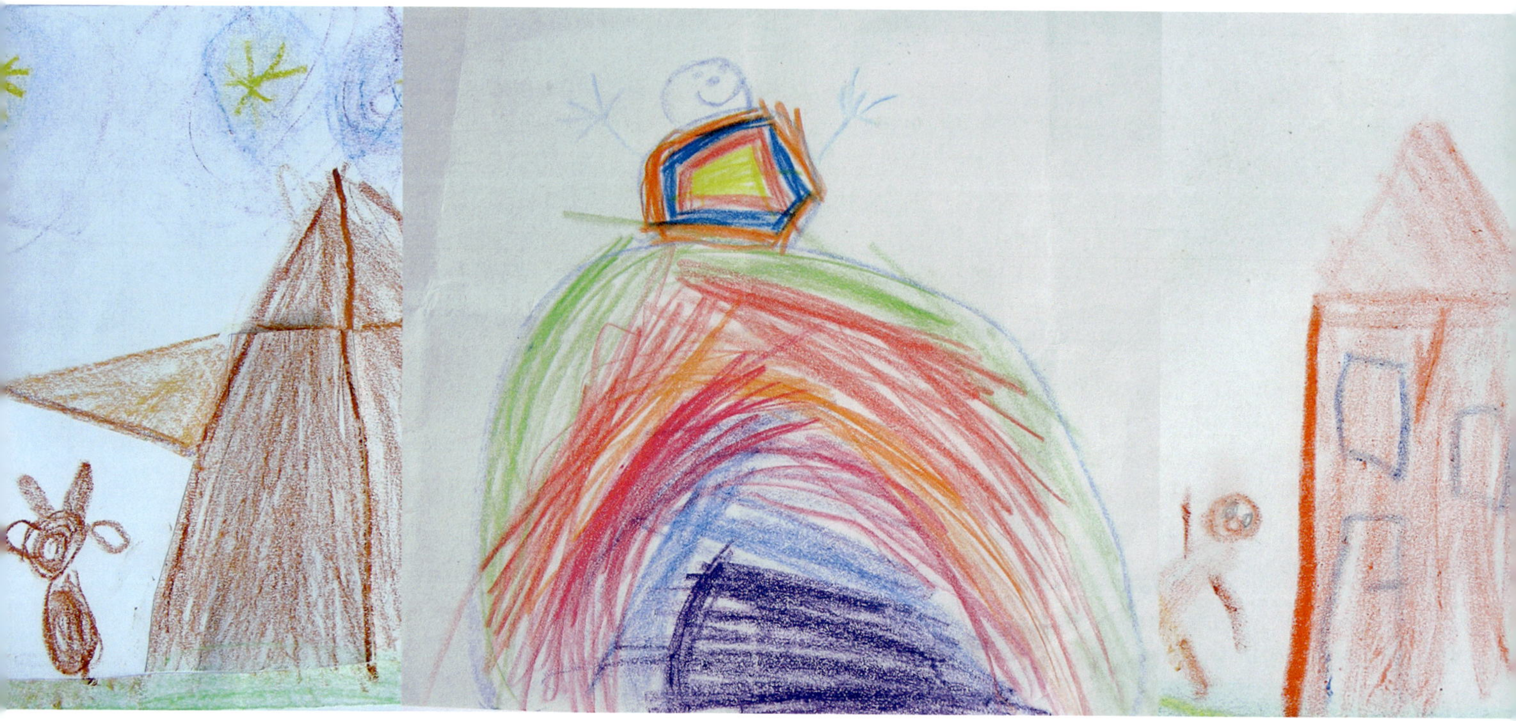

Ein paar *Gedanken*

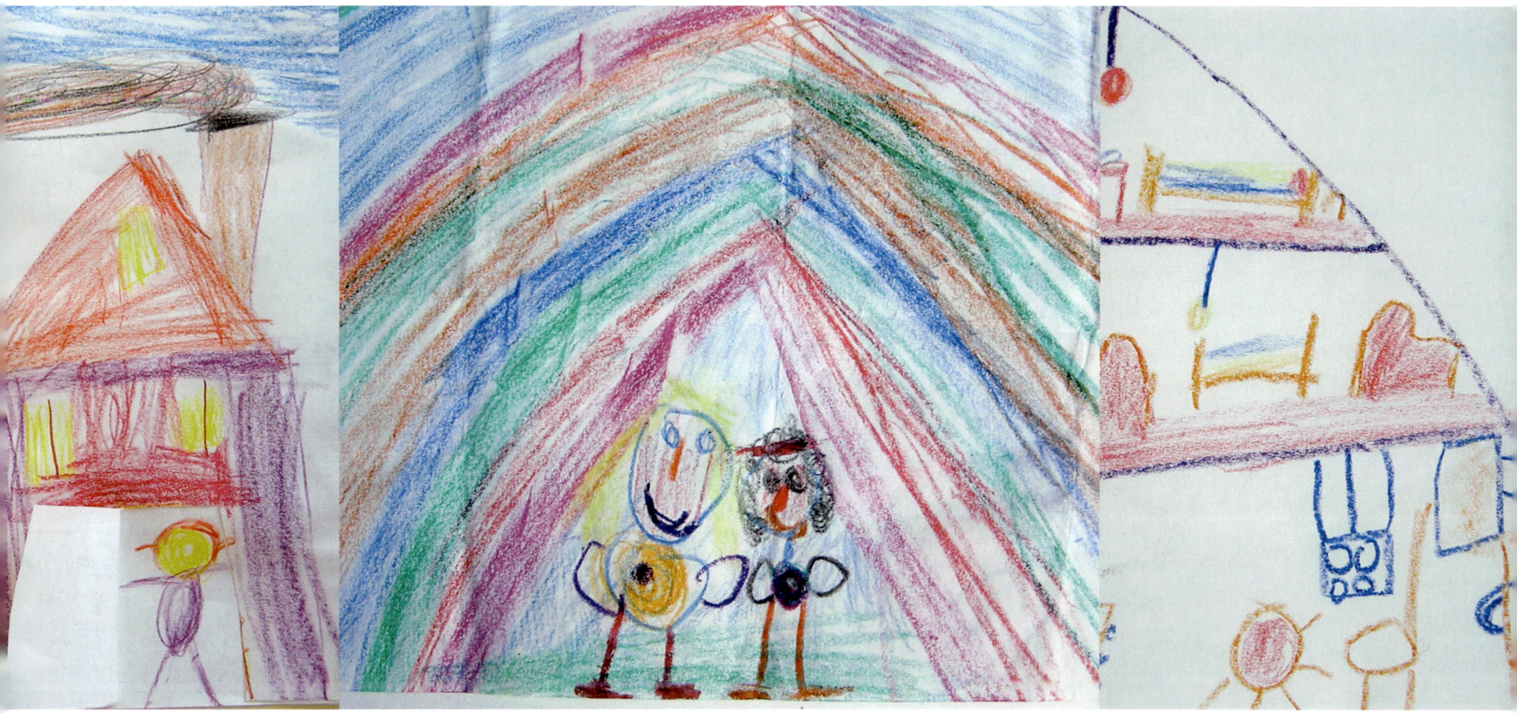

zur *Einführung*

Es ist pädagogisch sehr wichtig, dass die Kinder für jedes Spielzeug einen Platz finden. Die einzelnen Gegenstände bekommen dann eine besondere Achtung, und wir vermitteln den Kindern eine andere Wertschätzung, als wenn wir alles wahllos irgendwo hinlegen oder hineinstopfen. Finden sich die Kinder zurecht, vermittelt ihnen das Sicherheit und Vertrauen. Gewiss gibt es in manchen Haushalten die schnelle, praktische Aufräumaktion, bei der alle herumliegenden Spielsachen in eine große Schachtel gestapelt werden. Vielleicht kennen Sie die berühmte Eckbank aus Ihrer Kinderzeit; für manche Spielzeugarten mag sie sicher passend sein.

Dabei kann man bedenken, dass unsere Wohnungen heute im Allgemeinen viel größer sind. Auch die Menge der Spielsachen in den Kinderzimmern hat beachtlich zugenommen. Dass bei solch einer Fülle die Kinder manchmal überfordert sind, kann man an ihrem Spielverhalten beobachten. Sie konzentrieren sich oft nicht mehr auf einige lieb gewonnene Puppen oder ein spezielles Spielzeug, sondern stehen etwas gelangweilt und unschlüssig herum. Sie möchten gerne noch mehr Neues haben, und das bunte Durcheinander nimmt eher zu. Vielleicht haben sich die Rollen verändert: Nicht die Kinder beleben die Spielsachen, sondern die Spielsachen animieren sie. Ein Prozess, der sie auf Dauer passiv und müde macht. Es entsteht eine kurzweilige Beschäftigung, die aber bald an Wirkung und Glanz verliert. Dass wir angesichts der Überforderung unserer Kinder zu solchen «Hauruck»-Aufräumaktionen neigen, ist vollkommen verständlich. Wie kann man aber lernen, wieder «gern» aufzuräumen?

Das Wort «aufräumen» mag für manche vielleicht etwas merkwürdig klingen. Doch damit ist keine sterile Stimmung gemeint, die entstehen könnte, wenn den Kindern kein Raum zur Entfaltung gelassen wird. Vielmehr geht es darum, dass sie ihre Spielsachen beleben und wieder einen Bezug zu ihnen aufbauen. Diese Fähigkeiten sind in ihnen als selbstverständliche Gaben angelegt. Unsere Aufgabe ist nur, diese Anlagen zu unterstützen; wir müssen den Kindern freilassende Möglichkeiten geben, um Achtsamkeit, Offenheit und Liebe zu pflegen.

Zunächst ist es die Fantasie, die hier wichtig ist. Kleine Kinder sprudeln durch diese Kraft der Fantasie. Sie haben die Gabe, Leben in «leblose» Dinge zu zaubern. Sie können mit wenig viel anfangen und fühlen sich mit allem verbunden – ein Reichtum, den wir Erwachsene manchmal vergessen haben.

So gehören auch die Puppen nicht in eine dunkle Schachtel, sondern können am Leben der Kinder teilnehmen. Sie sind wie eine Projektionsfläche für ihre Wünsche und Erlebnisse. Wenn wir nun die Menge der Eindrücke reduzieren und den Kindern Raum lassen, sie aufzunehmen und zu verarbeiten, können sie auch einen intensiven Bezug zu den Spielsachen aufbauen: zu einer bestimmten Puppe, einem Stofftier usw. Zudem können sie sich besser und länger konzentrieren – eine wichtige Voraussetzung für das spätere Lernen in der Schule.

Lieb gewonnene Puppen werden besonders von den Kleinsten überall mitgenommen. Sie ziehen sie quasi hinter sich her, am Arm oder an den Haaren. Die Puppen werden mit ihnen zusammen krank oder kommen auf allen Entdeckungsreisen mit. Sie werden am Abend ebenfalls müde sein und legen sich (indem sie mit gutem Beispiel vorangehen) schon mal ins Bett. Wenn die Kinder größer werden, können ihre Puppen auch schon woanders schlafen. Zudem bevorzugen sie immer mehr solche Spielsachen, die die nahe Umgebung realistischer wiedergeben. So werden auch die Puppen kleiner. Sie wohnen vielleicht in einem Eckchen im Regal, einem leeren, umgebauten Schuhkarton oder sogar in einem Haus. Man richtet es den Puppen dort gemütlich ein, und es könnte ein Fest werden, wenn sie in ein leeres Puppenhaus einziehen, sich liebevoll in kleine Betten legen oder an einen schön gedeckten Tisch setzen.

Das Haus

Beim Thema Haus möchte ich zunächst etwas ausholen. Stellen Sie sich vor, sie fliegen wie ein Vogel über die Erde und betrachten von oben die Häuser der Menschen … Sie fliegen über unterschiedliche Landschaften, kommen über steinige oder karge Gegenden, über weite Wälder, große Bergketten und volle, belebte Städte, über kleine, verstreute Dörfer oder einsame Landstriche … In den bunten Landschaften sehen Sie zunächst die Dächer der Häuser, die sich mit ihren Farben wie in ein Gemälde einfügen: große Schilfdächer im Moor, graue Steindächer oben in den Bergen, dunkel gedeckte Häuser mit Schieferplatten am großen Fluss, rote Dachziegel auf kleinen Häuschen, mit rauchenden Schornsteinen in südlichen Gegenden …

Sie entdecken auch andere Farben: in heißen Landschaften die weiß gekalkten, flachen Dächer, auf denen Früchte in der Sonne getrocknet werden. Am Nordkap können Sie die grünlichen Dächer manchmal schwer von der Landschaft unterscheiden, weil sie mit Moosen und Flechten, Gras oder kleinen Birken bewachsen sind. Und entlang des Nils fallen Ihnen vielseitige Hütten auf, die so farbig sind wie der Schlamm, der in den jeweiligen Gegenden über die Ufer tritt. Auch das Material und die Größe der Häuser sind unterschiedlich, da sie sich ebenfalls der Landschaft anpassen: In kalten, windigen Gegenden sind die Häuser eher niedrig und stehen an einer geschützten Stelle, zwischen Hecken und Baumbestand. Oder sie fallen besonders auf, weil sie mit steilen, großen Dächern bedeckt sind, die im Winter Menschen und Tiere vor

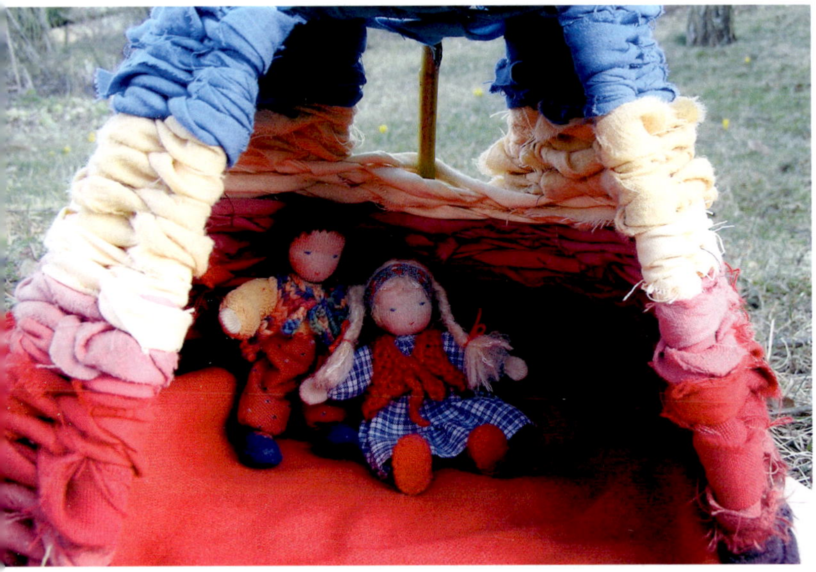

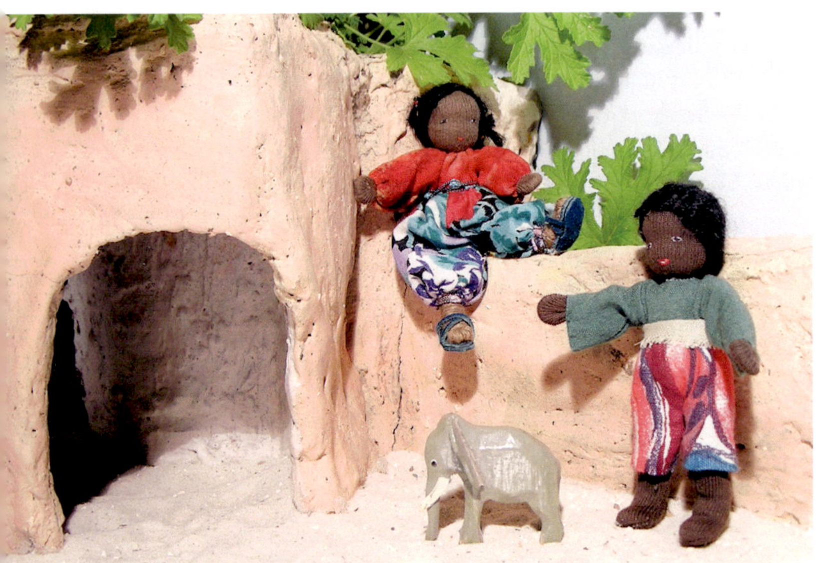

dem vielen Schnee schützen. In den weiten Steppen der Mongolei haben die Herdentiere viel Raum zum Grasen. Also wandern die Menschen von einem Ort zum anderen und nehmen ihre Behausungen mit. Sie haben keine Steine, aber Wolle von ihren Schafen. Dort sind daher gewalkte Filzzelte und Jurten zu finden. Die Menschen haben sich auf das Wenigste beschränkt. Sie leben meistens zusammen in einen Raum, der nur oben als Rauchabzug eine Öffnung hat. In trockenen Ländern werden Hütten aus dem dort vorhandenen Lehm geformt, der durch die Sonne hart und fest ist; und auch hier gibt es oft nur einen einzigen Raum und eine Tür. In erdbebengefährdeten Gebieten werden die Häuser gern aus biegsamem Material gebaut, vielleicht aus Bambus. Wer arm und am Rand einer Müllanlage wohnt, wird mit viel Improvisation das Material verwenden, das gerade dort zu finden ist. Und wer in feuchten Landstrichen lebt, wird seine Hütte erhöht auf «Stelzen» bauen, oder oben in den Bäumen, um sich vor wilden Tieren schützen zu können.

So verschieden die Behausungen sind, sie haben eines gemeinsam: Sie sind die «andere» Haut des Menschen – eine Hülle, die ihm noch in anderer Weise als die Kleidung Schutz bietet. Schon immer ist es ein menschliches Urbedürfnis gewesen, sich zu schützen: vor der gewaltigen Kraft der Natur, ihren Elementen Feuer, Wasser und Wind, der Kälte und den

Jahreszeiten, oder vor der Einsamkeit in der Dunkelheit der Nacht, vor Raubtieren, Insekten oder Unvorhersehbarem. Aber auch das Bedürfnis nach Geborgenheit ist mit dem Haus verbunden. Ein beleuchtetes Fenster kann solch ein Gefühl vermitteln, wenn man nach der Arbeit heimkommt und weiß, dass dahinter ein lieber Mensch auf einen wartet. Es zeigt sich im Glücksgefühl, nach langer Reise oder Krankheit wieder zu Hause sein, und in der Freude, wenn man in die eigene Heimat oder ins Haus der Kindheit zurückkehrt.
Woher mag diese Sehnsucht nach vertrauten Räumen kommen? Es ist zunächst ein inneres Gefühl. Denn man kann in einem sehr vornehm ausgestalteten Haus leben, an einem überreich gedeckten Tisch sitzen und sich dennoch einsam und unwohl fühlen. Jeder kennt die Redewendung: Ich fühle mich wohl in meiner Haut, ich bin «zu Hause». Ist dieses Wohlsein vielleicht der Einklang von beidem – von innerem Gefühl und gestaltetem Äußeren?
Wenn Sie einem Menschen Schutz vermitteln möchten, legen Sie Ihre Arme um seinen Kopf oder an seine Stirn. Um Liebe auszudrücken, machen Sie die Arme weit auf, Sie legen sie aufs Herz oder machen sie rund, wie wenn Sie ein Kind in die Arme nehmen. Es gibt viele Möglichkeiten, Liebe und Schutz auszudrücken, doch sind die Gebärden in den verschiedensten Gegenden oft die gleichen. Solche Gesten zeigen sich auch in der Architektur.
Die Menschen in der Steinzeit haben zunächst in Höhlen Schutz gesucht. Eine Höhle ist eher rundlich, nach vielen Richtungen geschlossen. Die ersten Zeichnungen eines Kindes von «seinem Haus» zeigen ebenfalls diese «Rundung» – einen runden Bogen, wie eine Höhle (s. S. 17). Es ist das Urhaus im wahrsten Sinne des Wortes, die Grenze zwischen Mensch und Außenwelt.
In den Schutzhöhlen entstanden bei den länger sesshaften Menschen die ersten Anzeichen für eine Art Gemütlichkeit: Es wurden Felle auf die Erde gelegt, und man bemühte sich, seine Behausung «wohnlich» einzurichten – entsprechend den damaligen Möglichkeiten und Ansprüchen. Sogar der Umgang mit den ersten Farben aus der Natur könnte ein Hinweis auf dieses Bedürfnis sein. Die Einrichtungen waren nicht nur zweckgebunden, sondern es entwickelte sich zusätzlich ein Ansatz von «Schmücken» und der Wille, sich auszudrücken. Das Innere des Menschen spiegelt sich durch diese Ausdruckskraft wider.
Auch heute noch sehen wir in bunt bemalten Lehmhütten afrikanischer Stämme, ebenso wie an Zelten der Nomadenvölker, Verzierungen und Ornamente, Teppiche mit Symbolen und Muster sowie Gefäße mit «typischen» Malereien oder Gravierungen, die sich durch Traditionen bis in die Gegenwart fortsetzen. In diesen Gestaltungen kann man eine tiefe Sehnsucht nach geistiger Geborgenheit spüren, die sich

später – im reinsten Sinne – auch in der Suche nach Religion ausdrückt. Die Entwicklung und die innere Veränderung der Menschen beeinflussten die Architektur und spiegelten sich in Kirchen, Burgen und Schlössern und in noch so einfachen Häusern wieder. Allerdings war die individuelle Ausgestaltung von Gebäuden früher nicht so ausgeprägt wie heute. Eine bestimmte «Geschmacksrichtung» zog sich oft durch viele Jahrzehnte. Man spricht von Stilepochen, und es gibt viele Beispiele dafür.

Ein bestimmter Stil hat sich in der Art der Bauweise, der Farb- und Formwahl sowie der Ausgestaltung der Innenräume, bis hin zur Ausschmückung der Kleidung, zu Geschirr und sonstigem «Zubehör» fortgesetzt und den jeweiligen Charakter der Epoche geprägt. Durch zunehmenden Wohlstand konnten die Menschen Dinge herstellen, die als «Schmuck» und Freude an schönen Formen über das Notwendige hinausgingen.

In der Geschichte finden wir viele gegensätzliche Stilrichtungen; beispielsweise riefen die Fülle und die Überladung oft eine Gegenströmung hervor, das Bedürfnis nach «schlichten», ursprünglichen Formen und klaren Strukturen. So zog etwa die Rokokoepoche den Neoklassizismus nach sich. Oder umgekehrt: In einer «ausgehungerten» Zeit sehnte man sich nach Fülle und Reichtum. Aus dem Leben in überfüllten und anonymen Städten können wir auch den Trend «Zurück aufs Land» und des Lebens in Wohngemeinschaften verstehen. Auch hier lässt sich beobachten, dass die äußere Veränderung der menschlichen Behausung die innere Entwicklung der Menschen widerspiegelt. Unsere inneren Bedürfnisse drücken sich in unserer unmittelbaren Umgebung aus.

Heute können wir keinen speziellen, typischen Stil finden, der ein ganzes Jahrhundert durchzieht oder sich über Jahrzehnte fortsetzt. Man hat den Eindruck, dass die Abstände zwischen verschiedenen Architekturrichtungen immer kürzer werden. Man spricht nicht mehr von Stilepochen. Schon das 20. Jahrhundert ist geprägt von kurzen Stilphasen: der Architektur der zwanziger oder der fünfziger Jahre … Und es gibt fast keine eindeutige Ausdruckssprache, die wirklich neu ist und nicht aus schon da gewesenen Ideen schöpft. Eher vermischen sich verschiedene Richtungen untereinander. So orientieren wir uns zunächst am Vorgefundenen, weil wir als erlebte Grundlage von diesen Erfahrungen ausgehen, und versuchen von da aus immer mehr, einen eigenen Geschmack und einen eigenen Stil zu entwickeln. Auf fast allen Gebieten lässt sich eine große Vielfalt beobachten, die eben dieser Entwicklung entspricht. So spiegelt sich der «individuelle» Stil auch in der Ausgestaltung unserer Häuser und der Inneneinrichtung unserer Wohnungen. Würden uns nicht manchmal die landesspezifischen Gesetze und die Finanzen uns Grenzen setzen, so wäre die

Vielfalt schier unerschöpflich. Wie unterschiedlich wären unsere Häuser!
Mag der eine dem Traum nach einem weiten Raum mit vielen großen Fenstern nachgehen, wünscht sich der andere vielleicht viele Nischen und Rückzugsmöglichkeiten, schmückt sein Haus mit Reisesouvenirs und Erinnerungsgegenständen oder gestaltet es in seinen Lieblingsfarben Meist erkennen wir in dieser Gestaltung den Menschen wieder, der dort lebt – den Menschen mit seinen Wünschen und Bedürfnissen … Und manchmal, wenn wir uns irgendwo wohlfühlen (oder unwohl, als hätte jemand gestritten), teilt der Raum uns noch mehr von diesem Menschen mit: Wir spüren «die Seele des Hauses», die Ausstrahlung und die Atmosphäre, die uns im Herzen berührt.

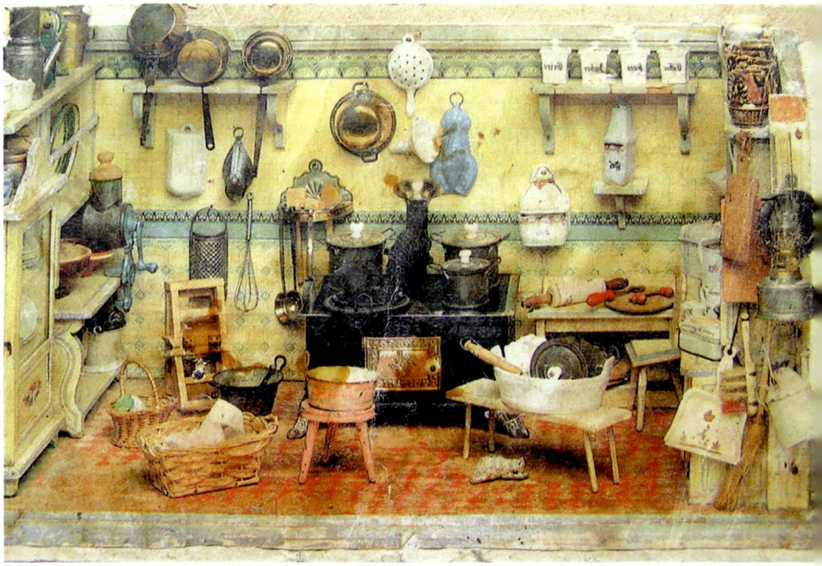

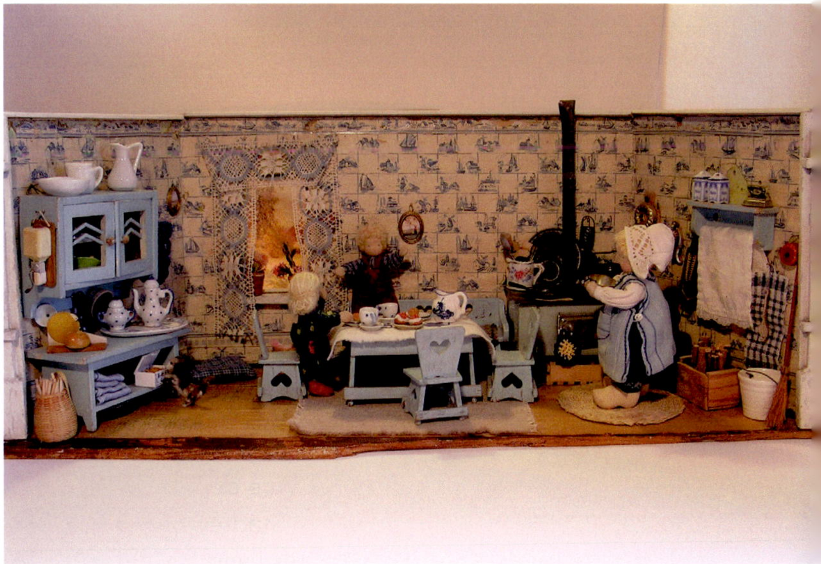

Vom Haus zum Puppenhaus

Die Verwandlung vom Wohnhaus zum Puppenhaus hängt mit dieser Entwicklung zusammen. Die Gestaltung der Häuser und ihrer Inneneinrichtung durch die letzten Jahrhunderte wird uns in vielen Beispielen wieder lebendig, wenn wir alte Puppenhäuser ansehen. Das älteste Puppenhaus in Deutschland können Sie im Landesmuseum in Nürnberg finden. Es stammt, noch gut erhalten, aus dem 16. Jahrhundert. Damals wurden die ersten «Puppenhäuser» nicht zum Spielen benutzt. Sie waren meistens kleine Abbildungen der großen «echten», be-

wohnten Häuser. Die Möbel wurden von den damaligen Schreinern en miniature dargestellt, um sich ein Bild der geplanten großen Möbel zu machen. Auch wurden diese Miniaturhäuser oft als Präsent gebaut, um sich in adeligen Kreisen gegenseitig die Einrichtung des eigenen Hauses zu zeigen.
In Holland finden Sie die ersten Puppenhäuser, die in einem Anrichteschrank, mit Glastüren, eingebaut wurden. Sie konnten manchmal unter Aufsicht «bespielt» werden. Man findet dort u.a. kleine Puppenküchen mit sämtlichen Einrichtungen, vom funktionierenden Herd bis zum Wasserbehälter, die an die jeweilige Puppengröße angepasst wurden.
Die damalige Vorstellung von «Spielen» entspricht nicht den heutigen pädagogischen Ansichten. Der Begriff «Spiel» war eher an die Vorstellung von «Arbeit» angelehnt. Da man die Kinder wie kleine Erwachsene sah und behandelte, wurden diese Puppenstuben zunächst als Vorbereitung auf das Erwachsenenleben benutzt. Vor allem kleine Mädchen übten sich in Tätigkeiten der Haushaltsführung und lernten die ersten wichtigen Aufgaben als zukünftige Mutter und Hausherrin. Buben übten sich in der damaligen Vorstellung von Männlichkeit, unter anderem, indem sie mit kleinen Kaufläden spielen durften. Im Allgemeinen waren diese Puppenhäuser kostbar und deswegen nur für wenige Kinder zugänglich. Oft waren sie Liebhaberobjekte für Erwachsene. Erst im 18. Jahrhundert verbreiteten sie sich als Spielzeug für Kinder.
Wenn wir heute über das Puppenhaus als pädagogisches Spielzeug nachdenken, müssen wir die Entwicklungsphasen der Kinder berücksichtigen. Damit ist auch gemeint, dass alles seine Zeit braucht, um zu reifen. Wir bräuchten einfach manchmal etwas mehr Geduld … Das bedeutet: Je überladener und festgelegter die Dinge im Kleinkindalter sind, desto leerer und ermüdender ist ihre Wirkung. Je mehr uns umgibt, desto weniger können wir sehen. Oder auch anders ausgedrückt: Je lauter es um uns herum ist, desto weniger können wir leise werden. Und je mehr wir nach außen gezogen werden, umso weniger können wir zur Ruhe kommen und in unser Inneres hineinlauschen. So beziehen sich diese Gedanken auch auf die Spielsachen: Je freier und offener die Möglichkeiten sind, desto mehr können die Kinder ihre eigenen Ideen und Vorstellungen entfalten.
Wenn Kinder ein Haus zeichnen, können Sie darin ein wenig die gesamte Menschheitsentwicklung wiederentdecken – die Zeichnungen sind in gewisser Weise wie ein großes Gedächtnis, das in jedem von uns weiterlebt. Vierjährige Kinder beginnen die Form ihres Hauses – wenn sie nicht die «Standardform», das Haus mit spitzem Dach, «gelernt» haben – wie eine runde Höhle zu zeichnen. Dieser Bogen könnte eine Schutzgebärde oder eine Grenze, eine Geborgenheit ausdrücken – die

erste Behausung der Frühmenschen. Um das fünfte Lebensjahr zeichnen die Kinder ihr Haus schon mal als ein Dreieck (s. S. 18). Die Wand und das Dach gehen fließend in eine durchgehende, spitz zulaufende Form über. Es kann ebenso ein Tipi, ein Zelt sein, oder, etwas gewagt, dem Gewölbe einer hohen gotischen Kirche ähneln, die u.a. die Verbindung der Menschen mit dem Himmel ausdrückt. Diese Dreiecke ragen von der Erde in den Himmel. Die obere Spitze des Daches stößt eigentlich in den Zeichnungen fast immer an den Himmel an.

Ab ungefähr fünf oder fünfeinhalb Jahren beginnen Kinder schon die geläufige Hausform zu zeichnen, mit dem klassischen Viereck unten und dem Dreieck obendrauf. Sie zeichnen diese Form, auch wenn sie in einem rechteckigen Hochhaus leben. Sie erinnert manchmal an kleine griechische Tempel. Die Häuser werden noch mit einer Außenwand gezeichnet. Sie haben Türen und Fenster. Der erste Schornstein raucht auf dem Dach.

Mit der beginnenden Schulreife entwickeln sich die Ansätze für erste eigenständige Gedanken. Aus den Fenstern scheint Licht. Es wächst ein gewisser Abstand zwischen der eigenen Persönlichkeit und den Dingen. Die Kinder beginnen, über abstrakte Formen nachzudenken, in die Dinge hineinzuschauen, realistischer und konkreter zu spielen und wacher zu beobachten. Dadurch sind sie in der Lage,

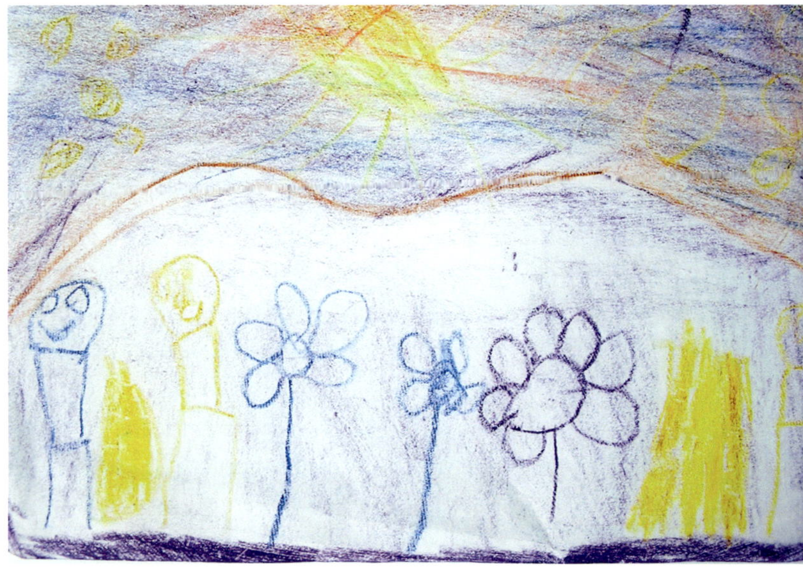

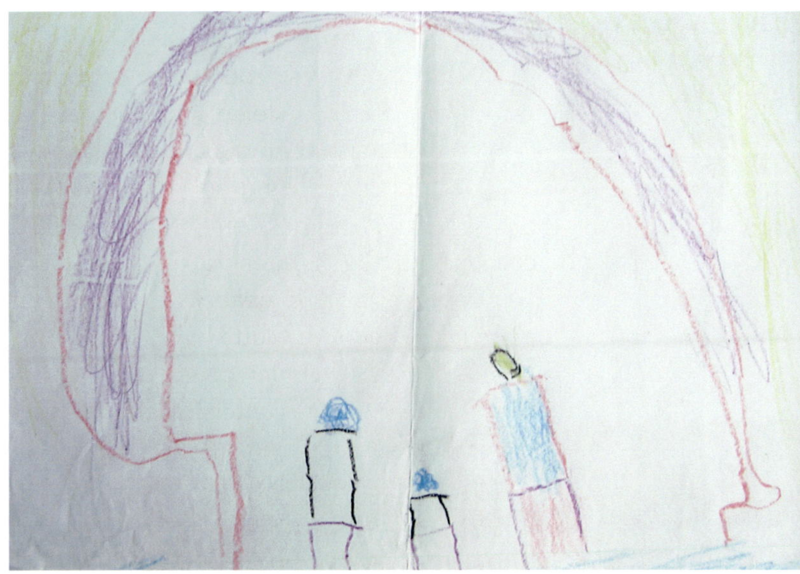

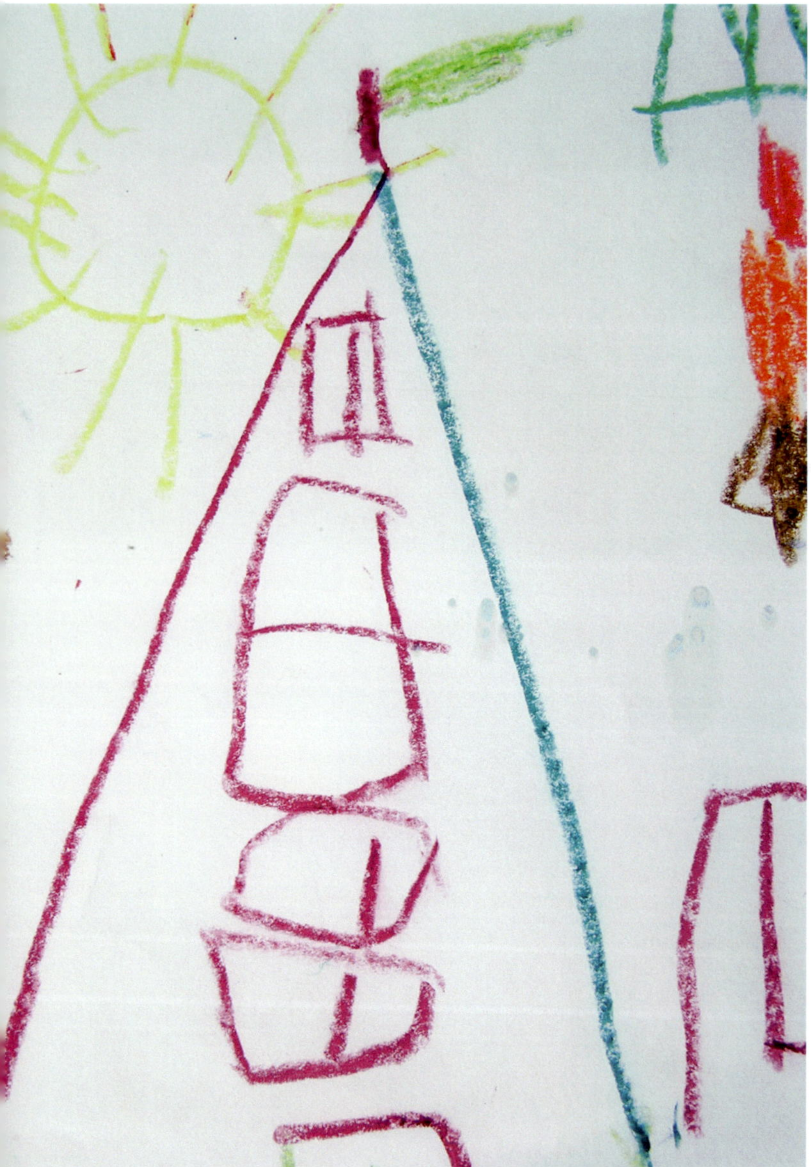

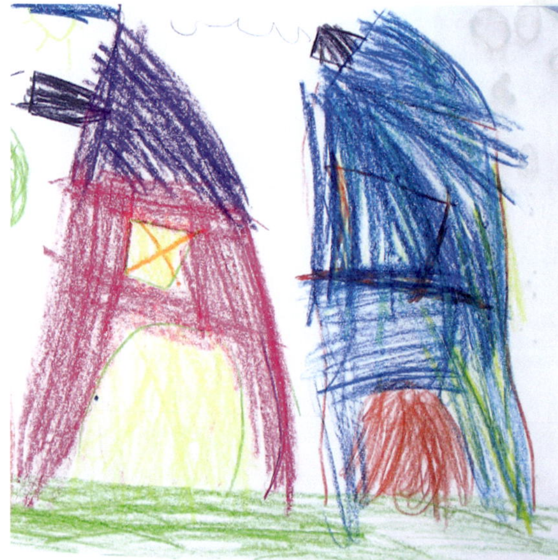

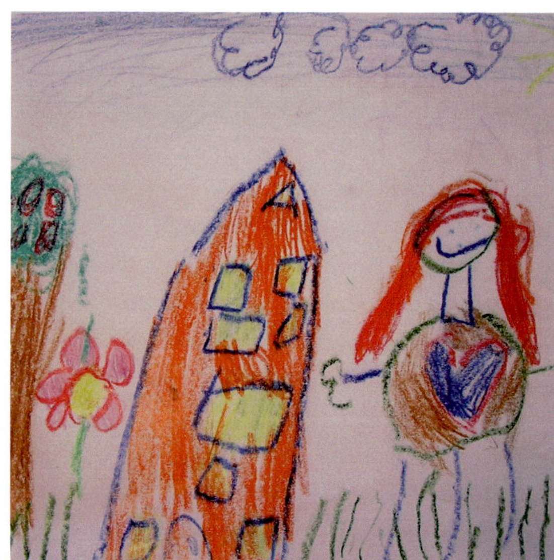

das Innere eines Hauses zu zeichnen: Es entstehen Etagen, Treppenhäuser, Einrichtungen vielseitigster Art, es werden Tische mit Tellern oder Schüsseln gezeichnet, Betten mit Kissen und Decken, Wasserleitungen oder Stromanlagen usw.

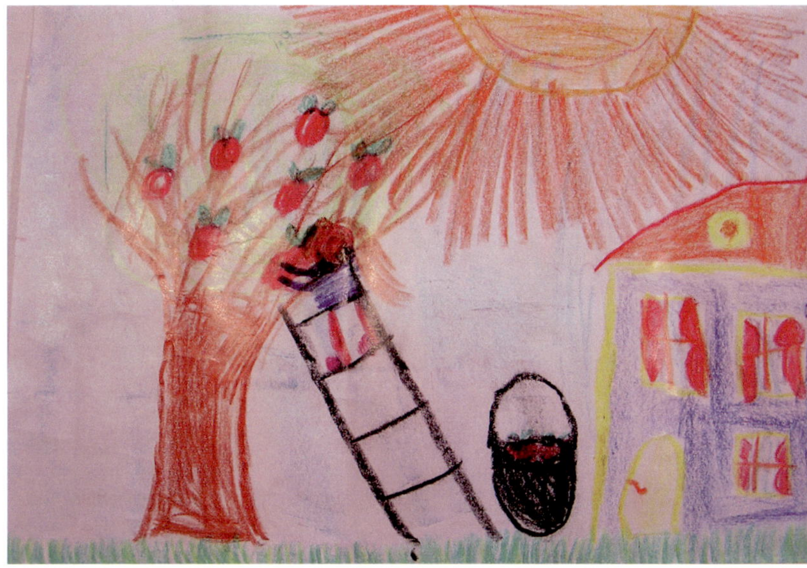

In den folgenden Kapiteln wird versucht, den Zusammenhang zwischen den verschiedenen Entwicklungsphasen der Kinder und ihrer Kreativität zu sehen; indem wir die Puppenhäuser ihrer Entwicklung anpassen, können wir sie in ihrem Spielverhalten unterstützen. Die Gestaltung der Häuser, wie sie im Folgenden vorgeschlagen werden, baut auf den beschriebenen Entwicklungsphasen auf. Daher verwandeln sich die Puppenhäuser vom Rundhaus über das Spitzhaus bis zu dem bekannten Puppenhaus. Die Vorschläge beginnen mit Anregungen für Kinder im Kindergartenalter, gehen dann über die Vorschulphase hinaus, um schließlich auch Schulkindern gerecht zu werden. Gerade für sie ist es wichtig, dass wir ihr Bedürfnis, «Kind zu sein», noch lange unterstützen. Wir sollten bemüht sein, die Kinder mit schönen Spielsachen zu umgeben und ihre aufbauenden und anregenden Kräfte zu pflegen.

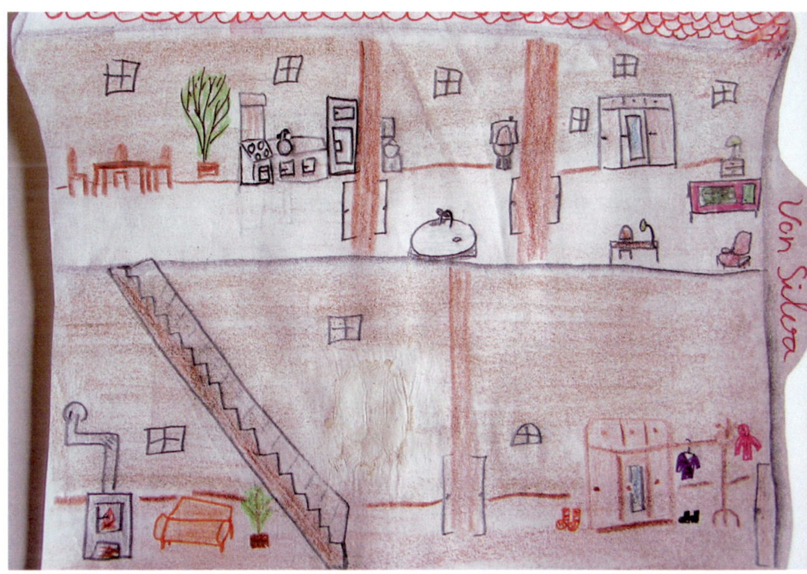

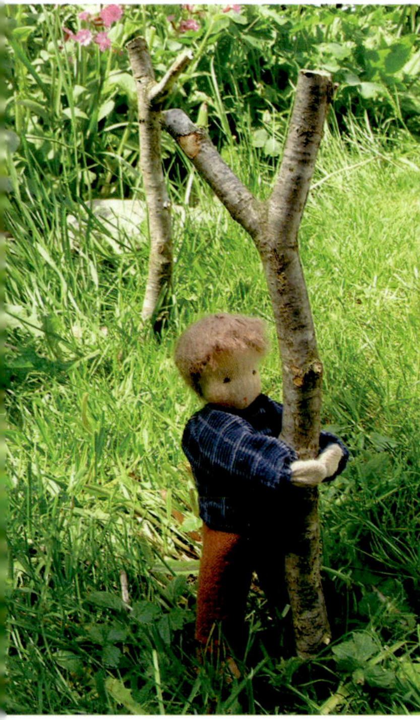
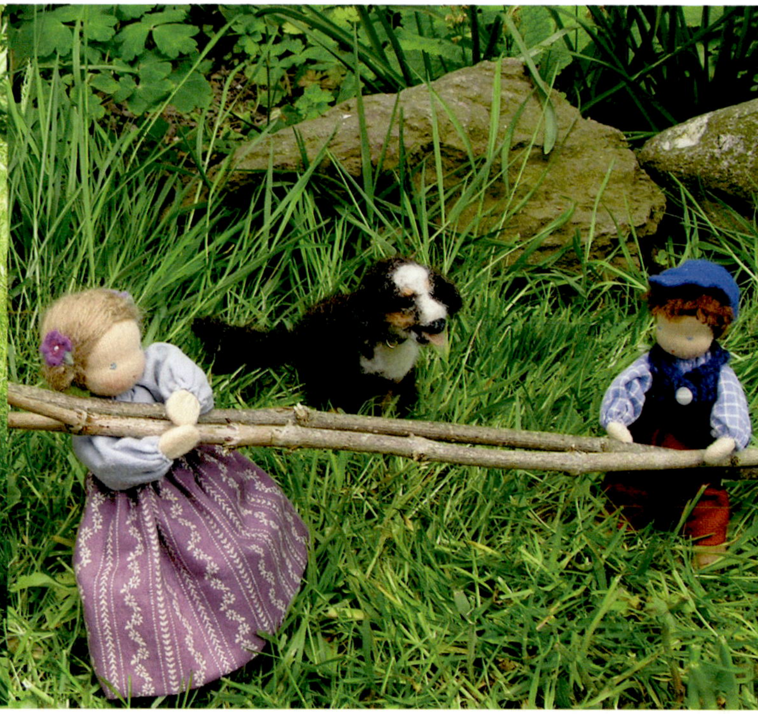
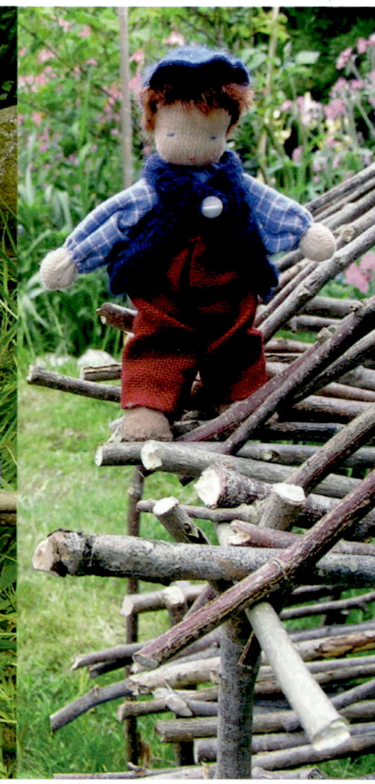

Puppenhäuser

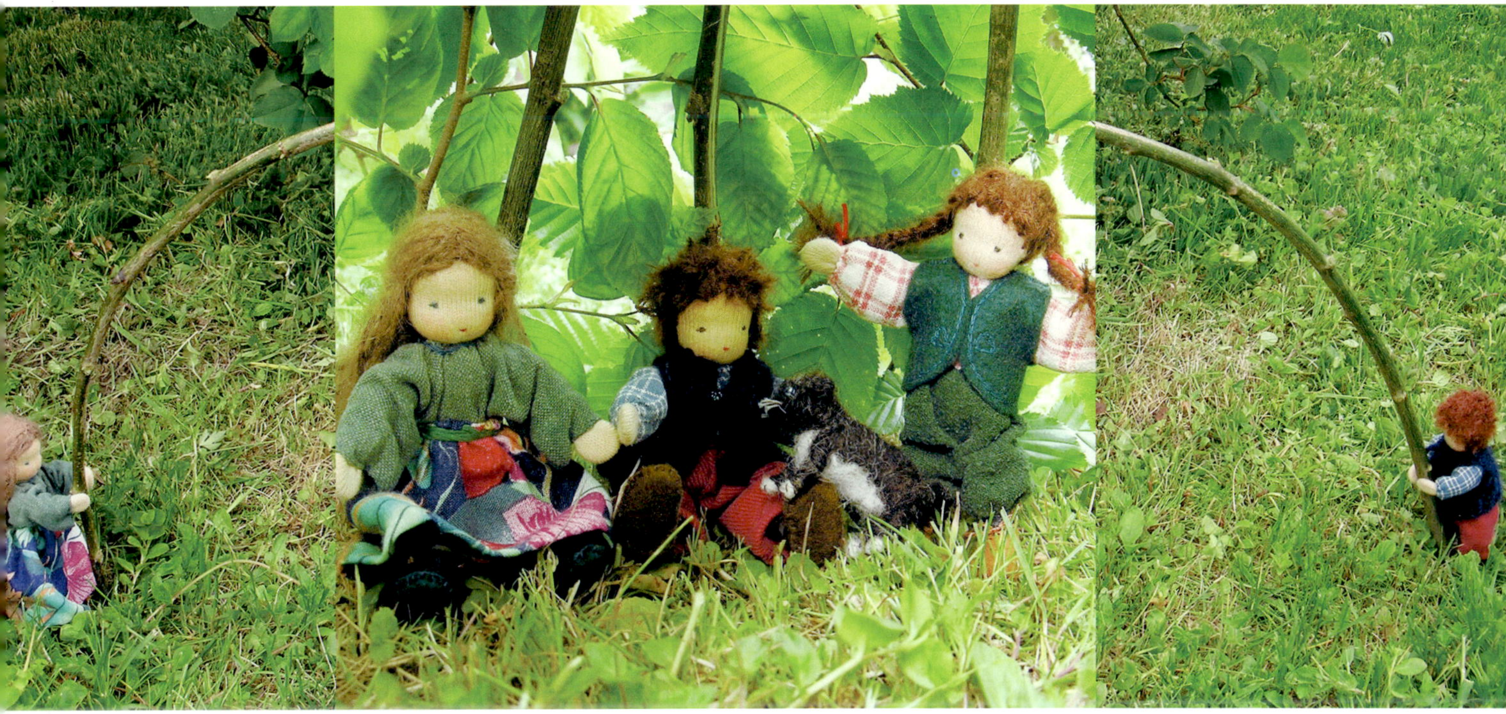

für die Kleinen

Das Rundhaus im Freien *

Spielen die Kinder im Garten, im Wald oder an einer anderen Stelle im Freien, genügen einige frische, biegsame Äste, um ein einfaches, rundes Häuschen zu gestalten. Es können Weidenzweige, Haselruten oder Zweige irgendeines Busches mit neuen, biegsamen Ästen sein. Neue Haselruten finden Sie schnell, weil sie ganz gerade und dicht an den alten Stämmen wachsen. Sie sind glatter und schlanker und haben weniger Nebenäste.

Bei dieser Gelegenheit können Sie Ihrem Kind zeigen, wie man behutsam mit den Sträuchern oder Bäumen umgehen kann. Zusammen können Sie überlegen, welcher Ast geeignet sein könnte, ohne dass man zu viel abzuschneiden braucht. Wichtig ist auch der richtige Umgang mit einer Gartenschere oder einem Messer. Wenn Sie den Ast einfach so abbrechen, verletzen Sie den Strauch. Nun können die Kinder diese abgeschnittenen Äste von allen seitlichen kleinen Zweigen befreien und, wenn gewünscht, die Rinde abschnitzen.

Mit diesen vorbereiteten Ästen können sich die Kinder ein gemütliches Plätzchen aussuchen, an dem sie gerne spielen möchten. Sie stecken den ersten Ast etwas tiefer an beiden Enden (also rechts und links) in die Erde, schon ist ein Bogen fertig. Wenn Sie viele dieser Bögen sternförmig und kreuzweise übereinander in die Erde stecken, wird Ihr Rundhaus breiter und «runder». Die Länge der Äste nimmt leicht zu, da die Bögen übereinander gesteckt werden.

Um diese Konstruktion herum können die Kinder mit Blättern ein Schutzdach auslegen. Bestimmt finden Sie auch kleine herumliegende Äste oder Moos. Lassen Sie sich durch das Material anregen, das Sie in Ihrer Umgebung finden. So lernen die Kinder, spontan aus allem etwas zu gestalten. Sie können die Freiräume der einzelnen Bögen auch mit Matsch, Lehm oder feuchter Erde ausstopfen oder das kleine Rundhaus mit einem Tüchlein zudecken. Für einen «Teppich» findet man sicher ein Stück Moos, eine Grassode, etwas Heu oder weiche Blätter.

In diese kleine Wohnung können nun unterschiedliche Bewohner einziehen: vielleicht selbst gemachte Zwerge aus Zapfen oder Eicheln für die Kleinsten, für etwas ältere Kinder kann es aber auch ein schönes Püppchen sein, das sich dort gemütlich einrichtet. Passend zum Material dieses Häuschen, könnte etwas Rinde ein Tisch werden, Blätter oder Eichelmützchen können sich in Teller verwandeln, kleine Astgabeln können als Besteck dienen …

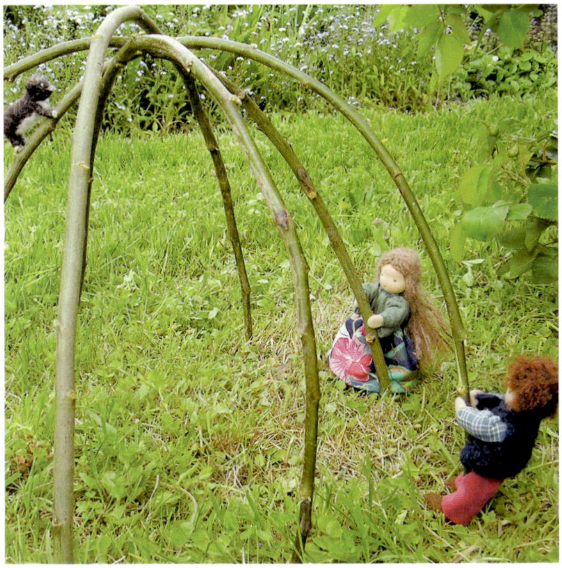

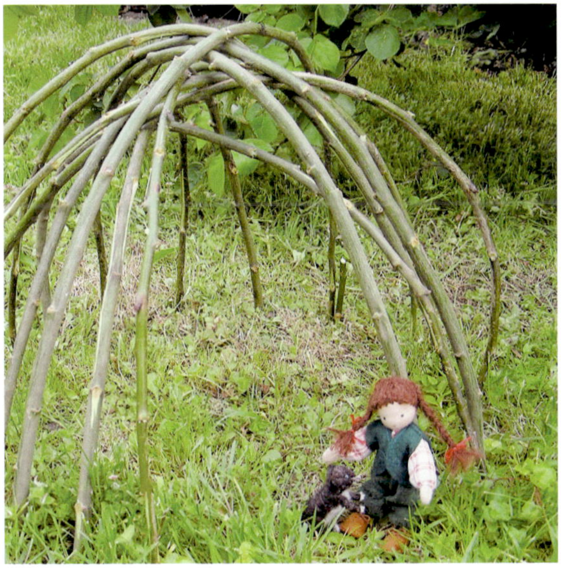

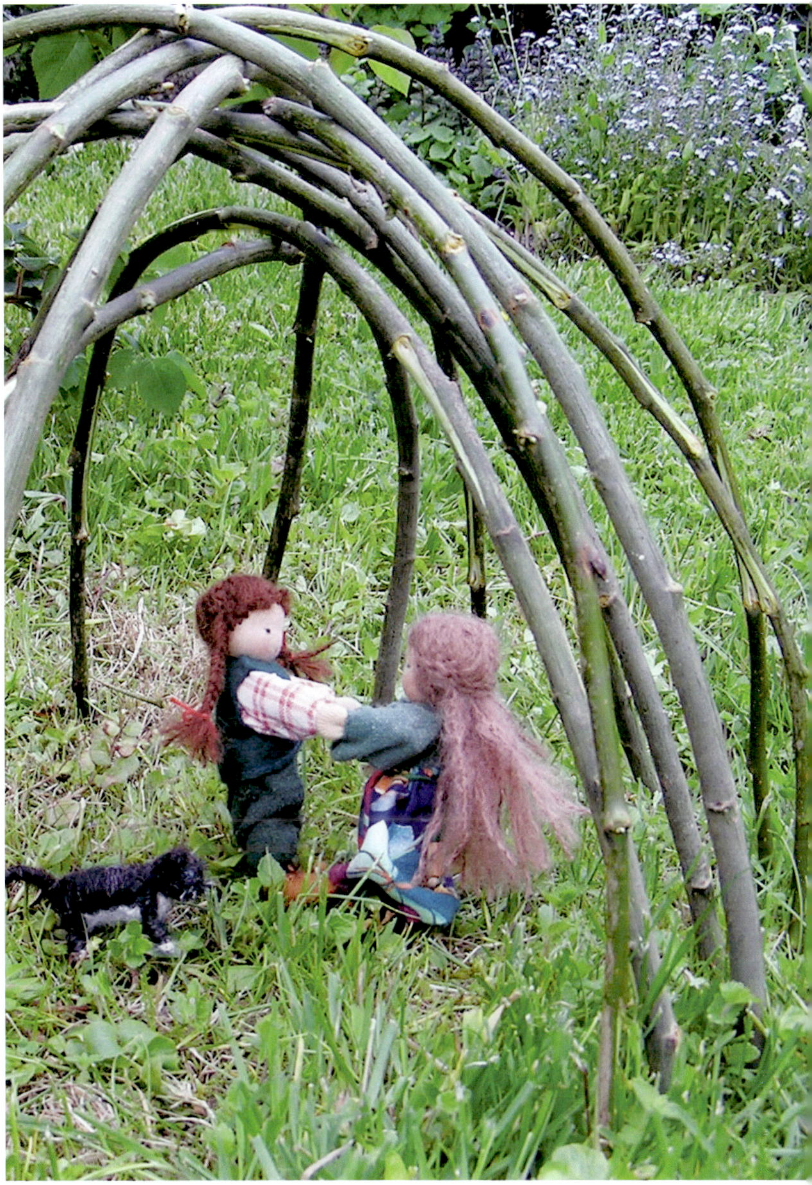

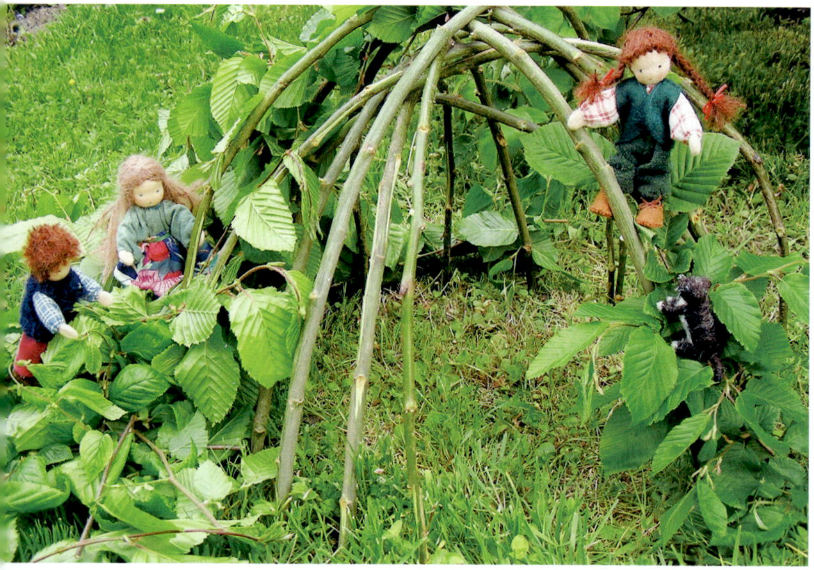

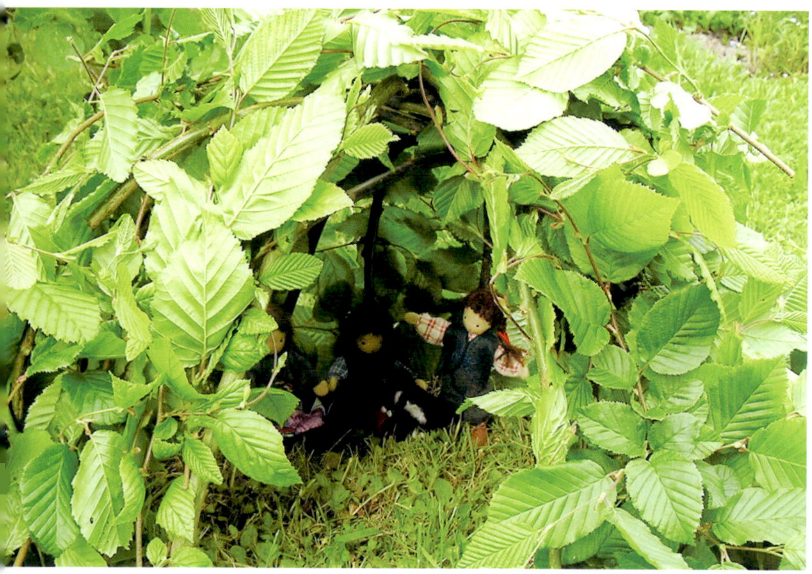

Und das Essen? Schauen Sie sich einfach um, was es geben könnte: Pulver von Haselnusswürmchen, getrocknete Samen als Reis, Blätterstückchen oder Gras als feines Gericht. Vielleicht gibt es schon «echtes» Essen in der Nähe, z.B. Johannisbeeren aus dem Garten, kleine Waldbeeren, Himbeeren … Die Kinder lernen dabei, was essbar (für die Puppeneltern) ist und was besser nur von einem Zwerglein oder einer Puppe verspeist werden sollte.

Kleine Kinder brauchen noch Ihre Unterstützung beim Bau dieser Häuschen. Selbst der «coolste» kleine Bub kann mit diesen primitiven Einrichtungen fein und sensibel spielen, und zwischen Jungen und Mädchen in diesem Alter werden Sie keine großen Unterschiede bemerken, wenn sie Ihnen beim Aufbau helfen. Speziell für die Buben gibt es viele Möglichkeiten, solch ein Rundhaus im Freien zu nutzen: Vielleicht bekommt ein Traktor mit Anhänger oder ein Auto gerade eine Garage, oder ein Tier bekommt einen Stall … Die Spielmöglichkeiten sind ähnlich.

Praktisch ist es, am Abend die Püppchen und das Auto wieder ins Haus zu bringen.

Das Rundhaus für drinnen*

Material
- ein Holzbrett
- zwei biegsame, ca. fingerdicke Weiden- oder Haselzweige
- Stoff für das Dach
- Nähzeug, Säge, Bohrer, Holzleim und Schleifpapier.

Dieses Häuschen kann auf eine Kommode oder in ein Regal gestellt und gut von einem Platz zum anderen getragen werden, weil es auf einem Brett steht und ziemlich leicht ist. Es besteht aus zwei Bögen, die parallel zueinander geleimt und mit Stoff bespannt werden. Diese Form des Hauses ist mir schon vor dreißig Jahren in unserem Kindergarten aufgefallen. Dort gab es ein «rundes» Puppenhaus, mit dem die Kinder wirklich sehr gerne und vielseitig spielten. So möchte ich Ihnen diese Anregung einfach mit eigenen Maßen weitergeben.

1. Für diese Puppenwohnung brauchen Sie erst einmal ein breites Holzbrett als **Fußboden**. Um ein einigermaßen spielbares Haus zu planen, ist eine eher großzügige Wohnfläche empfehlenswert. Enge Räume bringen kleinere Kinder oft in Verlegenheit, weil sie an alle Dingen leicht anstoßen können und beim Spielen vieles umwerfen. Mehr Platz eröffnet auch neue Möglichkeiten, um z.B. ein «Puppenhaus» in einen Tanzsaal, ein geräumiges Schloss oder Ähnliches zu verwandeln.
Wenn Sie die Größe des Hauses selber planen, können Sie ganz von Ihrem Gefühl und Ihrer individuellen Vorstellung ausgehen. Auch die Länge der Stöcke für die Bögen, mit denen die Höhe des Daches gestaltet wird, können Sie selbst festlegen. Die Stoffmenge wird in diesem Falle großzügig über die Bögen gelegt, mit Stecknadeln fixiert und abgeschnitten.
Falls Sie nach genauer Anleitung arbeiten möchten, finden Sie hier (Zeichnung 1, S. 27) die Maße, die für Biegepüppchen in allen vier Größen (9 cm, 11,5 cm, 13,5 cm, 16 cm) geeignet sind. Die Maße sind für ein Rundhaus berechnet, das gut zu tragen ist und Platz für einen kleinen Tisch mit Stühlchen und ein Bett bietet. Sie können sich am Foto orientieren und Ihre Vorstellung der Größe dementsprechend verändern.
Sie sägen sich ein Brett mit den Maßen 60 x 40 cm zurecht. Damit das Rundhaus nicht zu steif wirkt, wird der vordere Teil etwas breiter

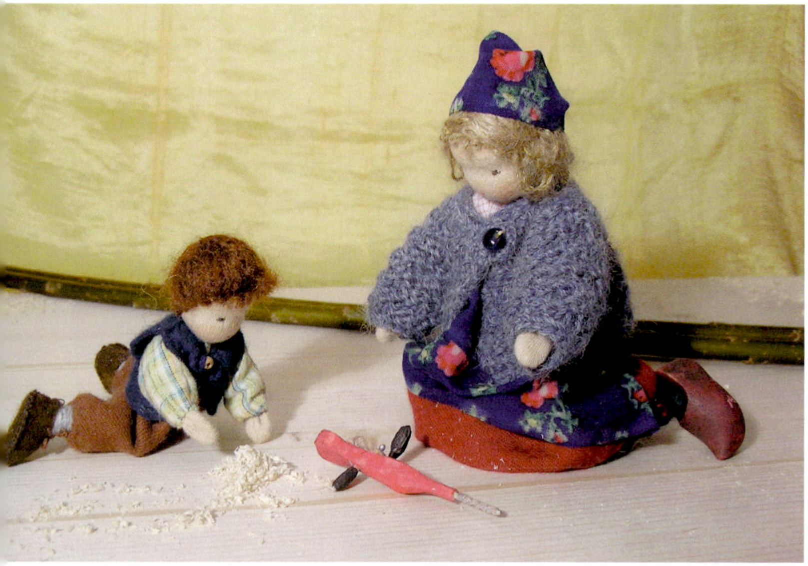

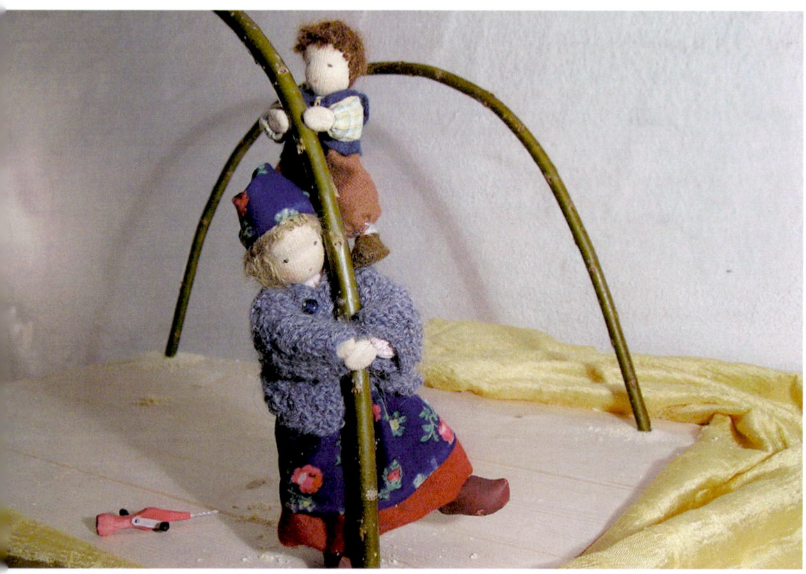

und die Hinterseite etwas schmaler geplant. Deswegen wird der hintere Rundbogen versetzt und mit einem kürzeren Bogen in das Holzbrett gesteckt. An der Zeichnung 2 können Sie sehen, wie es gemeint ist.

Das Brett können Sie an den spitzen Ecken abkanten oder abrunden, damit das Häuschen einen liebevollen Charakter bekommt. Nun zeichnen Sie mit einem Bleistift auf dem Holzbrett die Form vor und sägen das Brett zurecht. Diese Arbeit kann ganz gut von Kindern ausgeführt werden: Sie können sägen, die Ränder schön glatt mit Schmirgelpapier schleifen und das Brett nach Belieben einölen. Wenn Sie für das Einölen keine teuren Mittel kaufen möchten, können Sie ca. 10 cm (ungespritzte) Zitronenschale und einen Esslöffel Olivenöl mit einer Gabel in einer kleinen Tasse quetschen, und diese ölige Zitronenschale mit einem Tüchlein in Maserungsrichtung auf das Brett reiben. Wenn die Schale nicht mehr gleitet, wird sie einfach kurz in das Öl getaucht. Nachdem das Brett ganz eingerieben und das Öl etwas eingezogen ist, können Sie eventuelle Ölrückstände mit einem Haushaltstuch abreiben. Nun ist der Fußboden zunächst fertig, und er duftet sogar.

2. Für die **Wölbung des Rundhauses** brauchen Sie zwei stabile und biegsame Zweige von ca. 92 und 82 cm Länge. Weidenzweige oder neue Haselruten eignen sich dafür sehr gut.

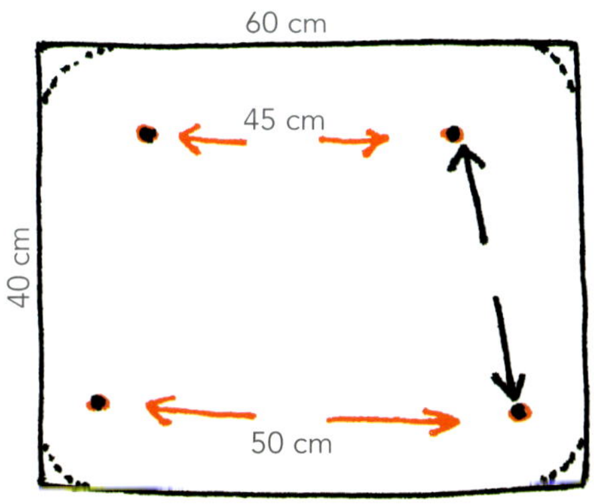

1: Maße des Brettes und Position der Bohrlöcher

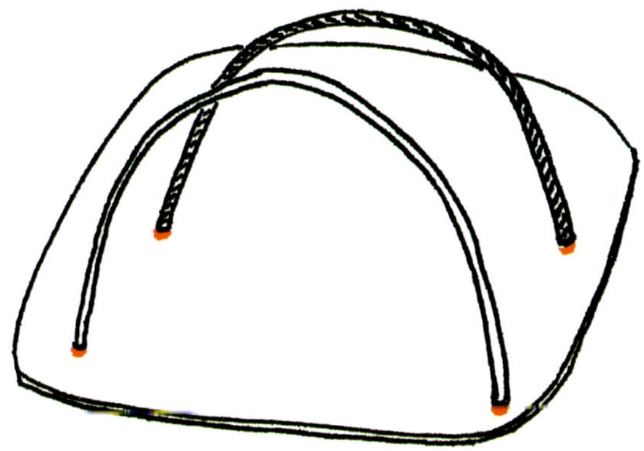

2: Bögen aus Weidenzweigen

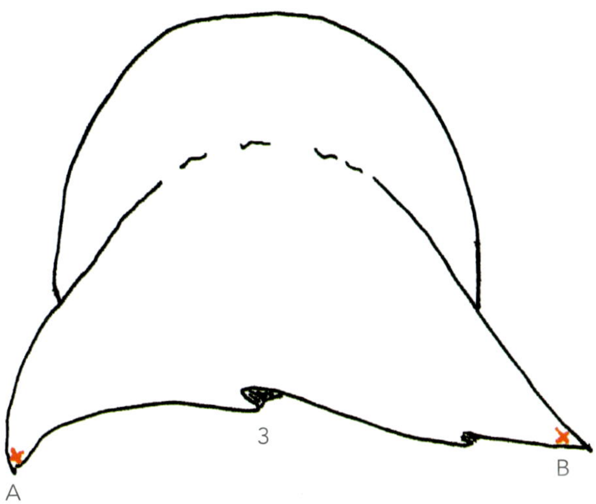

3

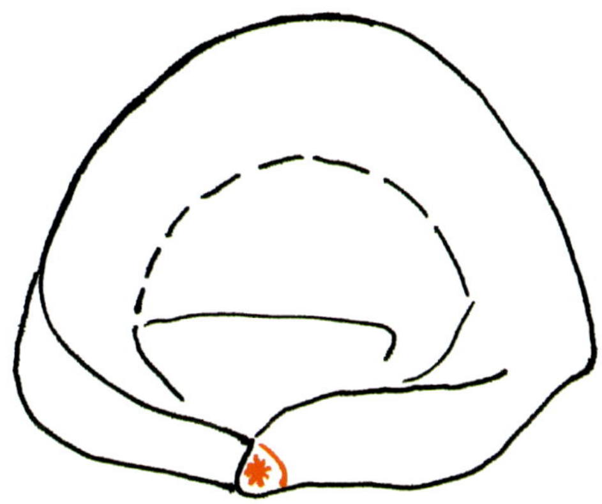

4

3 – 5: Stoffverkleidung

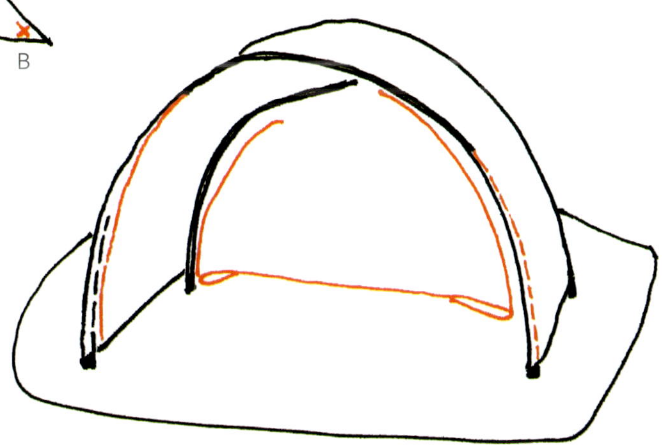

5

Die Enden werden später auf die passende Lochgröße (Ø 9/10 mm) zurechtgeschnitzt. Wenn die Äste nicht zu dünn ausgesucht werden, bekommt das Häuschen mehr Stabilität. Zudem lässt sich frisches Holz gut in die richtige Form biegen, trockene Äste dagegen würden brechen.

An der Zeichnung sehen Sie die vorgeschlagenen Lochstellungen. Der Abstand zwischen den Löchern in der hinteren Reihe beträgt 45 cm, zwischen den beiden vorderen 50 cm. Die beiden Reihen sind ca. 32 cm voneinander entfernt.

Ihr Kind kann diese Markierungen gut nachzeichnen. Im Kindergarten lieben die Kinder all diese Arbeiten, und die anschließenden Bohrungen machen ihnen besonders viel Freude. Dafür haben wir «altmodische» Bohrer mit seitlicher Kurbel. Das Tempo und die Kraft geben die Kinder selbst vor. Natürlich können sie eine «echte» Bohrmaschine, unter Ihrer Aufsicht, ebenfalls bedienen. Beim Bohren sollte man allerdings beachten, dass eine gute Unterlage die Arbeit erleichtert. Zum Bohren sind Holzbohrer mit 9 oder 10 mm Ø geeignet.

Nach Wunsch können Sie die Zweige schön säuberlich abschälen. Dann passen Sie die Stärke der Zweigenden dem Lochdurchmesser an. Mit etwas Holzleim drücken Sie die Astenden in die vier Löcher und lassen die Bögen gut trocknen.

Da manchmal die Weidenzweige an einer Seite wohl in die gebohrten Löcher passen, aber nicht gleichmäßig stark sind, kann es gut sein, dass Sie das zweite Loch für das andere Zweigende kleiner bohren müssen. Um den Zweig zu stabilisieren, können Sie auch ein kleines Zweigstückchen als Keil hineinklopfen oder aus Holzmehl (von den Bohrarbeiten) und einigen Tropfen Holzleim einen Brei anrühren und ihn mitsamt dem Zweig in das zu große Loch drücken. Bitte achten Sie darauf, dass beide Bögen schön gerade trocknen und nicht umfallen.

3. Wenn beide Zweige festgeleimt sind, können Sie für das **Dach** einen Stoffstreifen von 84 x 55 cm Größe zuschneiden. Ein Stoffdach hat den Vorzug, dass das Häuschen nicht so schwer wird; man kann es auch waschen oder austauschen. Umsäumen Sie alle vier Seiten des Stoffes. Eine Stoffzugabe von 2 cm ist an allen Seiten dafür eingeplant. Dann legen Sie den Stoff über beide geleimte Bögen. Da der Saum schon fertig ist, wird der Stoff mit seiner breiten Seite am vorderen Bogen umgeschlagen und zunächst mit einigen Stecknadeln festgesteckt. Dann verteilen Sie den Stoff gleichmäßig über das ganze Dach und über den hinteren Bogen, bis er hinten am Boden anstößt. Wenn Sie unten nicht durchschauen können, ist die Länge des Stoffes richtig. Ist er immer noch zu lang, muss der vordere Rand um den vorderen Bogen großzügiger umgeschlagen werden. Wenn

er zu kurz ist, müssen Sie den vorderen Saum knapp stecken. Jetzt kann der Stoff endgültig vorn festgenäht werden: Ich schlage einen kleinen Stich an der sichtbaren Außenkante und einen größeren Stich an der Innenseite des Häuschens vor.
Nun drehen Sie das Häuschen so um, dass Sie die Rückseite anschauen können. Die beiden hinteren Zipfel (A und B) werden übereinandergelegt und mit ein paar Stichen zusammengenäht (Zeichnung 3 und 4). Danach wird das Häuschen wieder gedreht, sodass Sie hineinschauen können. Wenn Sie mit beiden Händen den hinteren Stoff an der unteren Seite festhalten und leicht zu den Bogenseiten nach rechts und links spannen, bildet sich an jeder Seite eine Falte. Diese wird mit ein paar Stichen am Ende jedes Bogens befestigt. An der Zeichnung 5 können Sie diese Näharbeit sehen.

Bei diesem Häuschen kann Ihr Kind die anfallenden Näharbeiten leicht selbst ausführen. Es lernt dabei die koordinierten Bewegungen, die man beim Nähen am vorderen Bogen braucht, und es lernt, sich bei den Nadeleinstichen mit beiden Händen abzuwechseln.

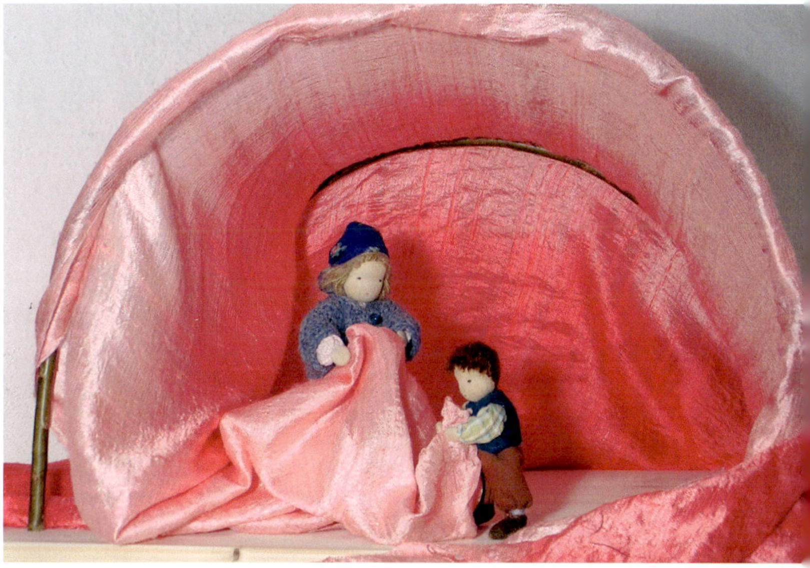

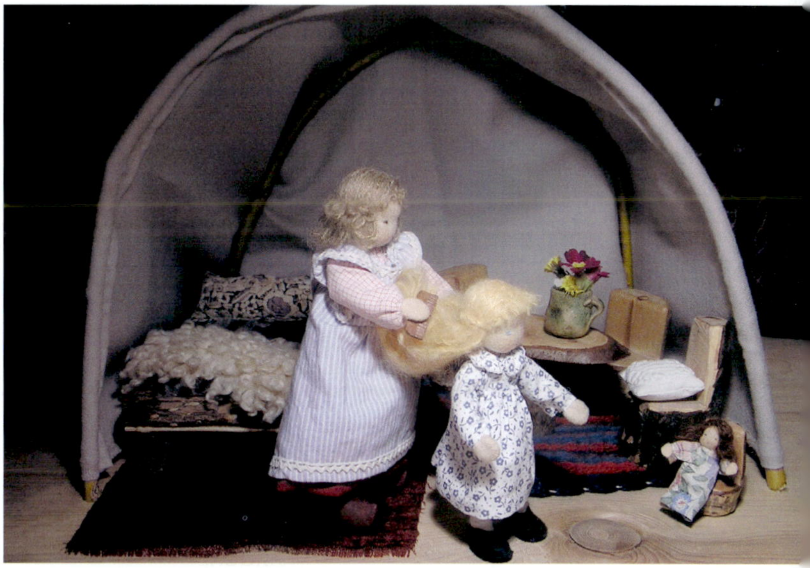

Das spitze Haus*

Material

- 13 Weiden- oder Haselzweige (oder andere gerade gewachsene Zweige), ca. 7–10 mm ∅
- ein mindestens 35 x 35 cm großes Holzbrett für den Boden
- verschiedene Materialien nach eigener Wahl zum Ausflechten: z.B. dickere Woll- oder Baumwollfäden, dünnere Weidenzweige oder weiche Haselruten, Lederbänder, ungesponnene Schafwolle, Papierstreifen oder Stoffreste in Streifen
- Zirkel, Papier, Schere und Holzleim
- nach Wunsch: Schmuck, z.B. Perlen, Federn und Filzstoff, Stickgarn

Dieses Modell ist Ihnen sicher bekannt: Es erinnert an ein Indianerzelt. Die Aufbauweise ist uralt, aber gehört unbedingt beachtet.

1. Zunächst legen Sie zwei DinA4-Blätter nebeneinander und kleben sie mit Tesa-Film zusammen (also an der Längsseite). Auf die zwei Blätter zeichnen Sie einen Kreis mit einem Radius von 14 cm und schneiden ihn aus. Nun falten Sie ihn viermal zusammen, sodass Sie sechzehn Teile bekommen, und entfalten ihn dann wieder. An den Segmenten können Sie die Stellung der Löcher sehen (Foto S. 31 o.). Entscheiden Sie, an welcher Stelle der Eingang des Hauses sein soll. Markieren Sie dreizehn Punkte hintereinander, indem Sie den Papierkreis auf die Holzplatte legen und die Faltstellen anzeichnen. Mit einem Bohrer von 7–10 mm ∅ (je nach Stärke Ihrer Zweige) bohren Sie dreizehn Löcher. Die Lücke von drei Löchern ist für den Eingang gedacht.
In jedes Loch wird etwas Holzleim getropft und das dickere Ende der Weidenzweige gedreht. Da auch hier die Weidenstärke zufällig ist, können Sie die dickeren Enden eventuell etwas anschnitzen (S. 31 u.). Wenn alles gut getrocknet ist, werden die Weiden oben mit etwas Draht fest zusammengebunden und alle auf eine Länge abgeschnitten.

2. Mit dem Material Ihrer Wahl werden nun die Weiden zugewebt (S. 31 r.). Sie beginnen etwa beim dritten oder vierten Weidenzweig vor dem äußeren Zweig (des Eingangs) und flechten so lange hin und her, Schicht für Schicht, bis Sie ganz oben angekommen sind. Wenn Sie die Webmaterialien abwechseln oder eine andere Farbe nehmen möchten, genügt es, den Faden an der gewünschten Stelle abzuschneiden und mit dem Neuen zusammenzuknoten. Stoff-

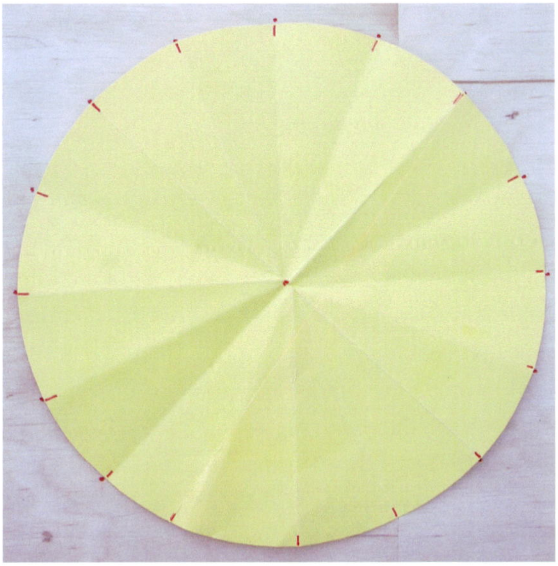

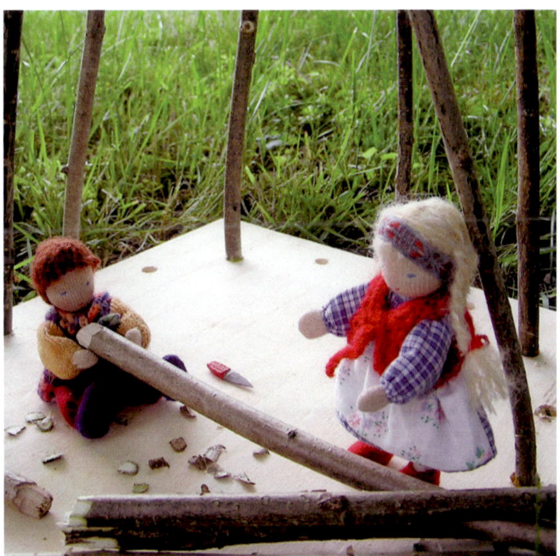

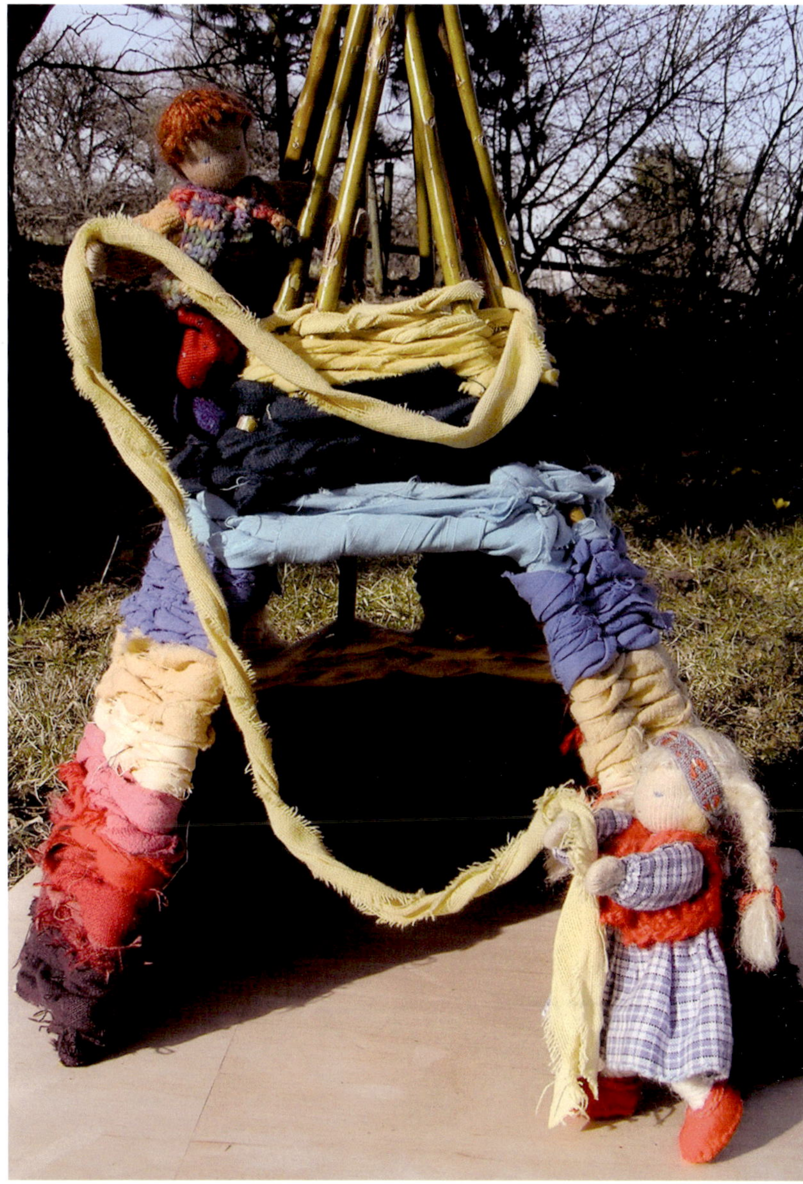

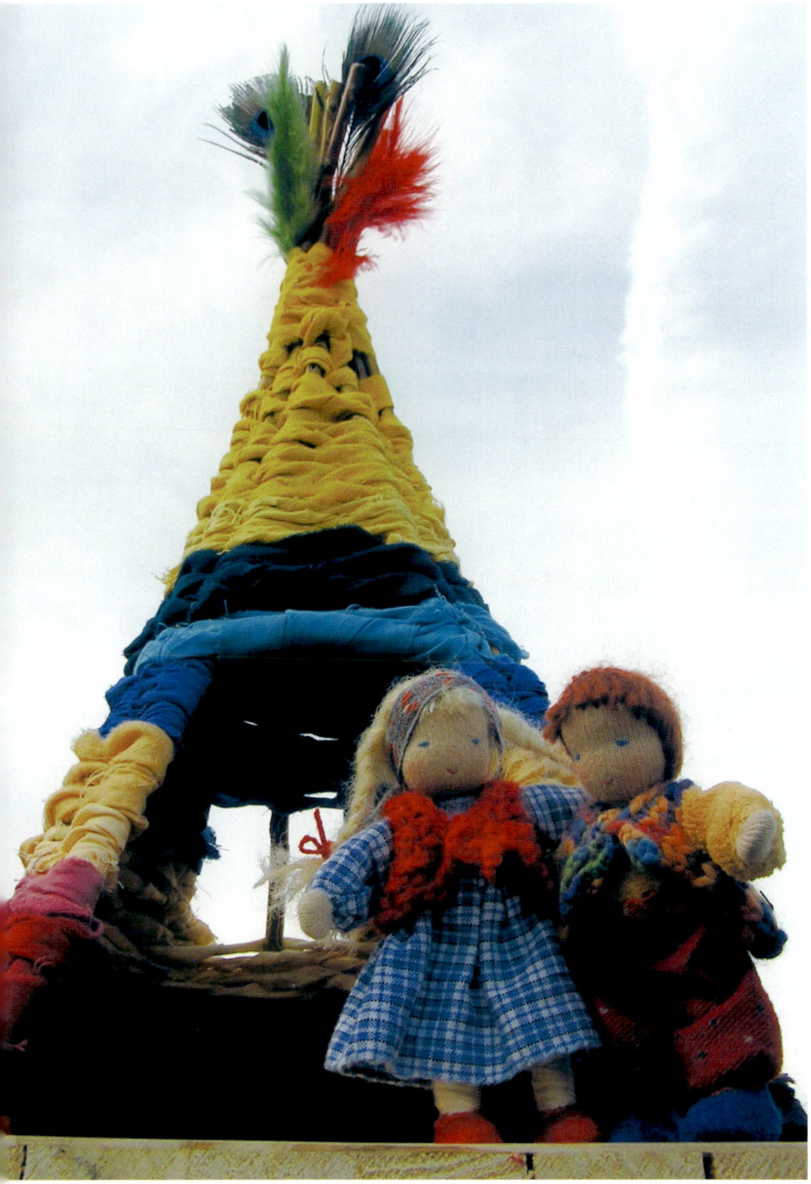

streifen von 2 – 3 cm Breite können schöner verwebt werden, wenn sie vorher gedreht werden. Der neue Stoffstreifen wird mit vier Stichen am alten Streifen angenäht.

Falls eine Fensteröffnung gewünscht wird, sparen Sie an dieser Stelle die Webarbeit aus, indem Sie früher zurückweben. Sie arbeiten mit einem neuen Faden spiegelbildlich an der anderen Fensterseite genauso. Ist Ihnen dieses «Loch» groß genug, können Sie nun mit einem Faden fortfahren und bis hoch zur Spitze fertig weben.

Zum Abschluss können Sie mit passendem Material den Draht abdecken, indem Sie ihn umwickeln und, wenn Sie möchten, die Enden der Äste mit bunten Federn, Bändern oder Perlen schmücken. Falls gewünscht, können Sie aus buntem, fröhlichem Filzstoff einen Vorhang als Tür nähen und einen weichen Stoff als Teppich in das Spitzhaus legen.

Manchmal drehen die Kinder bunte Kordeln, indem sie mehrere Strickwollfäden in verschiedenen Farben zusammenzwirbeln, um mit diesen Schnüren ihr Häuschen bunt zu gestalten. Kinder im Vorschulalter lieben die Arbeit an «ihrem» Spitzhäuschen sehr, weil sie alle Arbeitsschritte gut selbstständig ausführen können und, durch die Vielfalt der Materialien, unterschiedliche Fingerfertigkeiten lernen und Tasterfahrungen machen. Wenn Sie noch nicht die Gelegenheit hatten zu weben, können die Kinder diese Arbeit als Einstieg mit Ihrer Anleitung schnell lernen, und sie wird ihnen viel Freude bereiten.

Ein Haus aus Astgabeln */**

Dieses Häuschen ist schnell gemacht und braucht für den Aufbau nur unterschiedliche Astgabeln und Stöckchen, die Sie mit den Kindern im Park, unter Bäumen oder im Wald überall am Boden finden. Es erinnert an Pfahlbauten oder an Hütten aus dem Urwald. Sogar die Kleinsten der Familie schleppen begeistert dürre Äste herbei und schauen gespannt zu, wie die Größeren vertieft bauen. Vor allem Väter werden ihren Spaß daran haben! Das Häuschen ist zwar schlicht, steckt aber voller Überraschungen – Sie werden sehen.

1. Vier dickere und fast gleichlange Astgabeln werden an vier Ecken fest in den Waldboden gesteckt: Die Astgabeln zeigen nach oben und paarweise zueinander (s. Foto links der Doppelseite 20/21). Sie sind die Eckpfeiler des Hauses. In diese Zwischenräume legen Sie einen waagerechten Ast. Er soll mit seiner Länge etwas über die Astgabel hinausragen. Wenn Sie diese beiden Seitenteile mit vielen Ästchen verbinden, ist das «Dach» (oder der erste Fußboden) fertig (Foto S. 34 l.). Als erste Etappe könnte der Aufbau, bis hierher, genügen, denn für die Kleinsten ist dieses Häuschen vollkommen ausreichend. Wenn Sie möchten, können Sie an dieses erste Gabelhäuschen viele seitliche Stöckchen anlehnen, dann bekommen Sie kleine Seitenwohnungen bzw. schräge Wände.

2. Mit «älteren» Kindern können Sie so fortfahren: Dicht neben den zuerst gesteckten vier Astgabeln kommen neue, längere hinzu. Sie werden, genauso wie die ersten, in die Erde gedrückt und zueinander gedreht. Weil sie länger sind, wird das Häuschen höher. Diese neuen Gabeln werden ebenfalls mit zwei waagerechten Ästchen verbunden. Wenn Sie diese wiederum verbinden, bekommen Sie einen zweiten Boden über dem ersten – als Decke sozusagen (Foto S. 34 o.). Sie können beliebig Ihr Häuschen erhöhen, wenn Sie mit dieser Methode so fortfahren. Je höher Sie bauen möchten, umso stabiler müssen die tragenden Astgabeln sein (quasi die Eckpfeiler); sie dürfen nicht zu dünn sein.

3. Wenn Sie jetzt ein spitzes Dach als Abschluss gestalten möchten, legen Sie keinen Boden mehr auf die zwei Seitenbalken, sondern

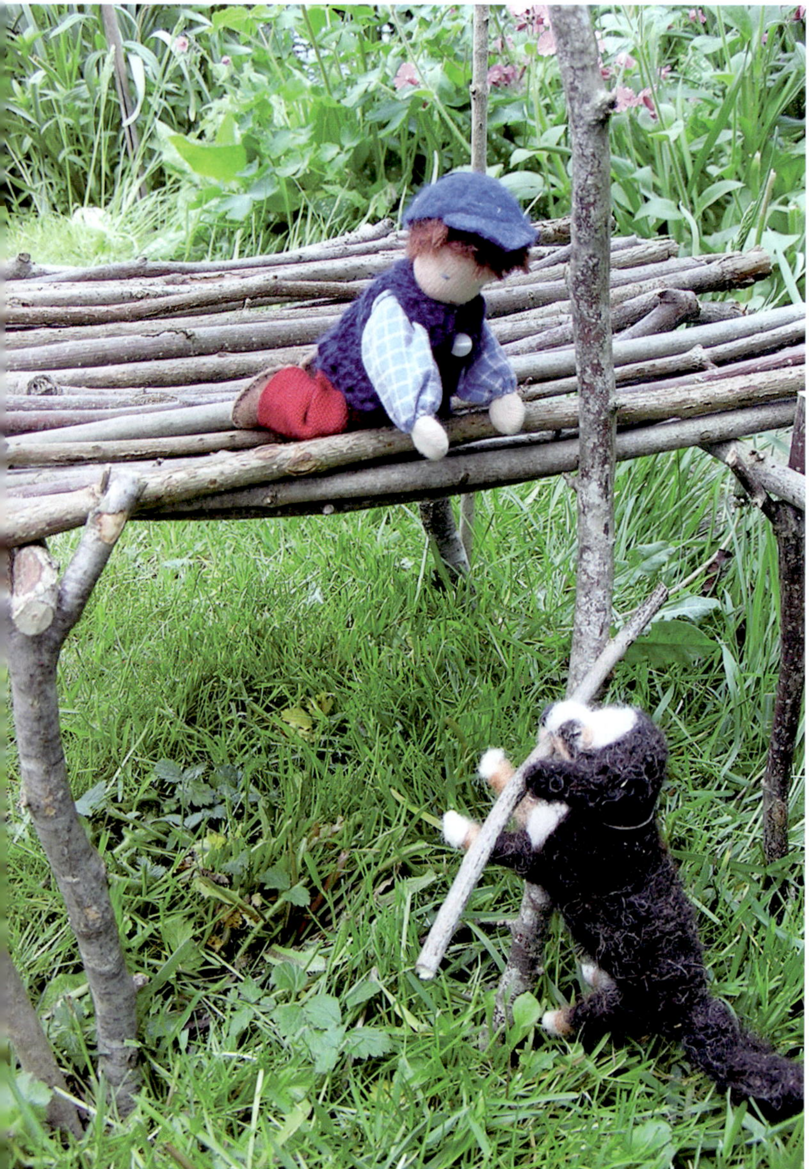
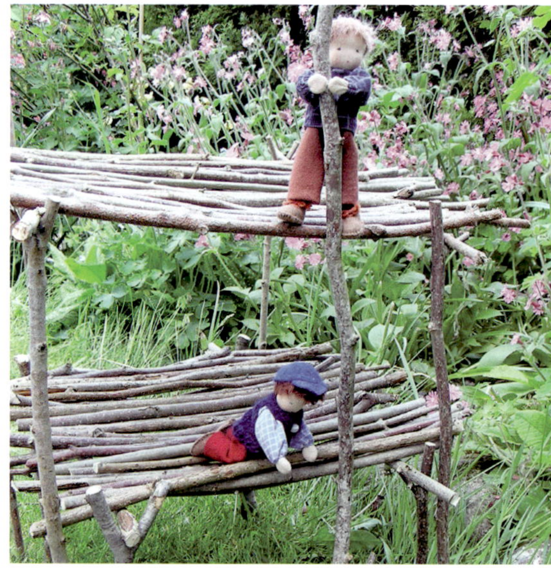
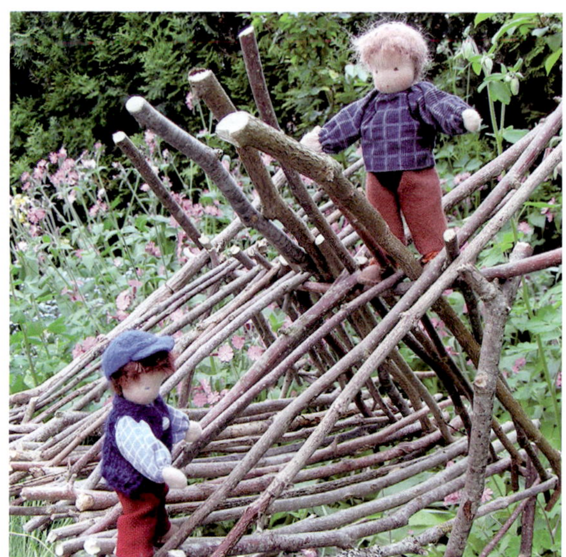

suchen zwei ähnliche Astgabeln, die viel länger sein müssen als das gesamte Haus; sie werden den Giebel tragen. Dafür werden sie seitlich, mittig zu den bisher gebauten Böden, tief in den Boden gesteckt und mit einem einzelnen Ast verbunden (Foto rechts). So haben Sie den Unterbau für das Dach. Wenn Sie nun zum Abschluss die tiefer gelegten Querbalken mit dem oberen Giebel verbinden, ist Ihr Dach fertig. Diesmal können Sie keine glatten Äste wie für die Böden verwenden, sondern, brauchen viele einzelne Astgabeln. Alle werden mit der *Gabel nach unten* auf den tiefer gelegten Balken gesteckt und geben dadurch der ganzen Konstruktion Halt. Das Ende der Stöckchen zeigt nach oben. Sonst würde Ihnen das Dach durch die schräge Lage abrutschen (s. S. 34 r. u. und Foto 3 der Doppelseite 20/21).

Manchmal ergibt es sich auf einem Spaziergang irgendwo am Waldrand, dass die Kinder verweilen möchten und mit Freude dieses Gabelhäuschen bauen. Der Schwung beeinflusst die Tätigkeit des Bauens: Es ist ein Erlebnis, das sich auf die Dauer des Aufenthalts beschränkt. Das Material kann zwar schnell ergänzt werden, aber es bleibt ein Spielzeug mit einem spontanen, aus der Situation entstandenen Charakter. Falls Sie daraus ein länger nutzbares Spielzeug machen möchten, ist es ratsam, einen ruhigen Standort für dieses

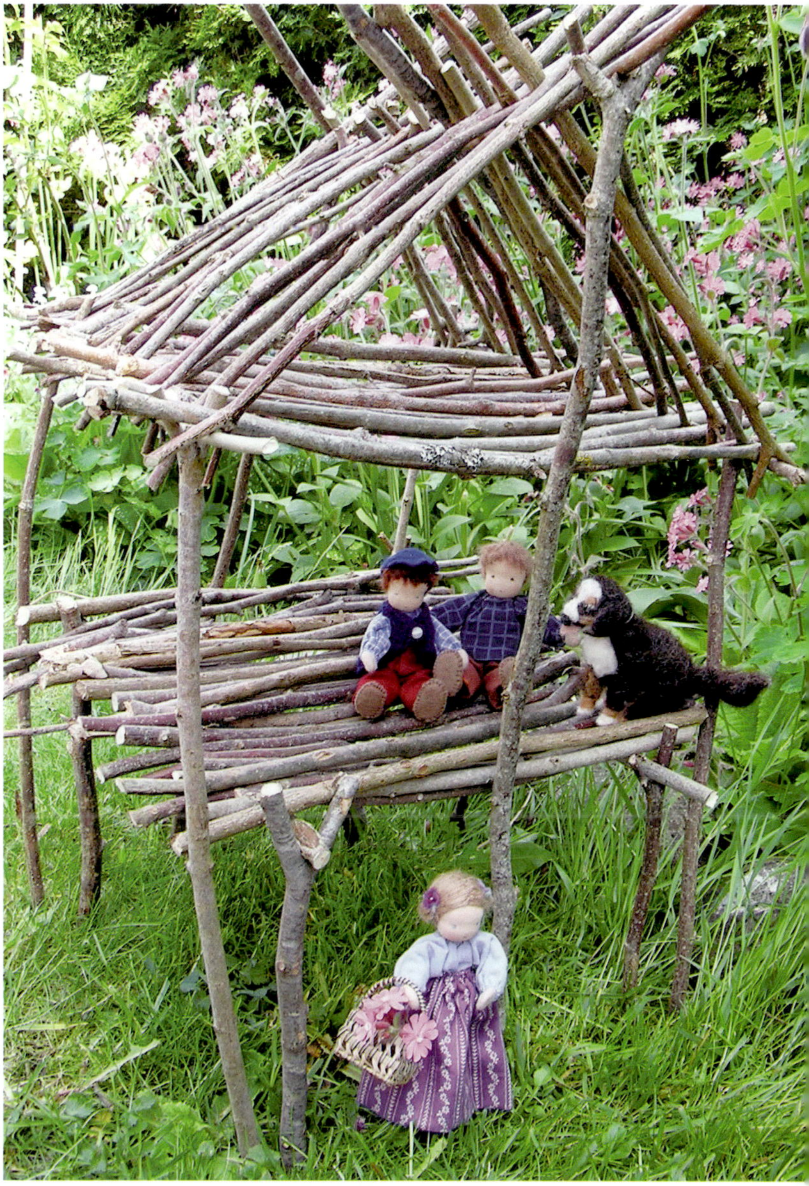

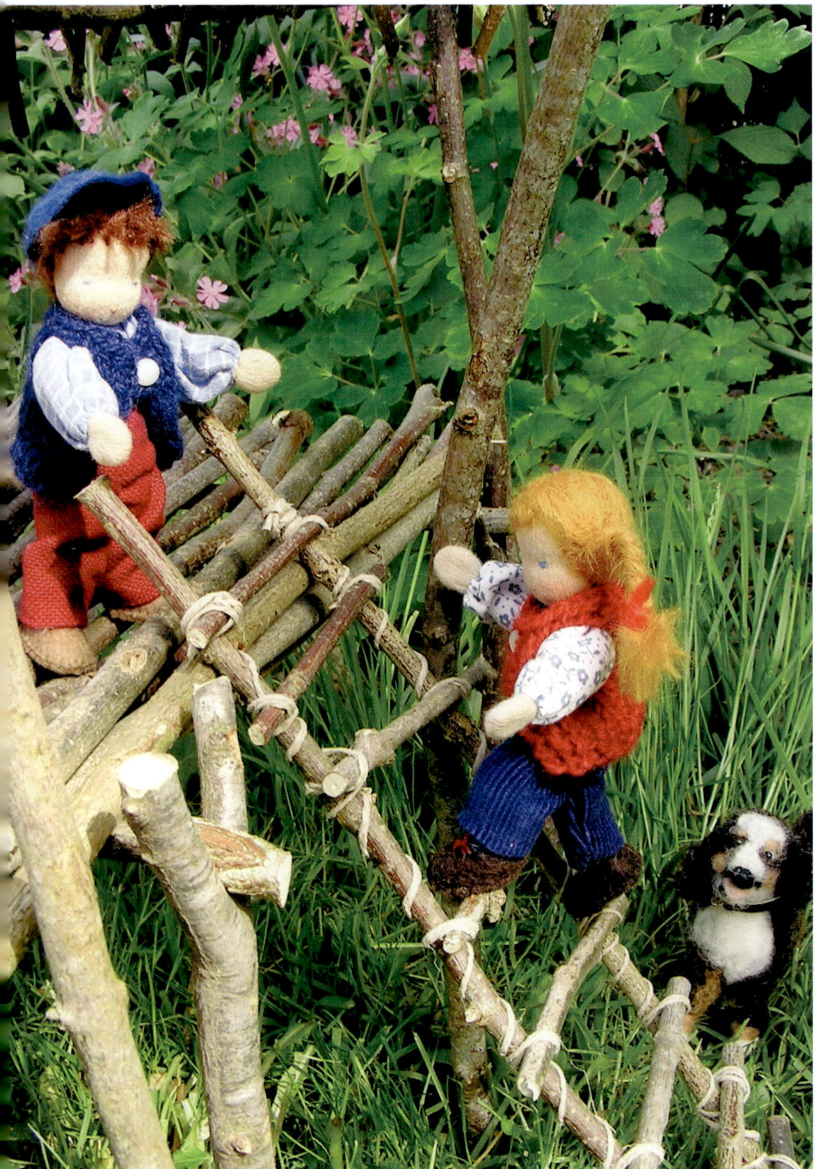

Häuschen zu suchen, an dem Sie gerne wieder vorbeikommen und / oder der für die Kinder leicht zugänglich ist. Wenn Ihr Gabelhäuschen in Ihrem Garten oder in einem Blumentopf auf dem Balkon entstanden ist, können Sie zur zusätzlichen Stabilisierung einige Seitenteile mit Schnüren zusammenbinden.

4. Auch das Gelände um dieses Gabelhäuschen kann in vielseitiger Weise mit einbezogen werden (Foto rechts). Wenn kleine Tiere mitspielen sollen, können die Kinder kleine Umzäunungen machen und für sie mehrere kleine Areale abstecken. Dafür können sie einige herumliegende Ästchen in kleinen Stückchen brechen und einfach so, in den Waldboden oder in die Gartenwiese hineindrücken. Ein Zaun kann, nach Belieben, mit Querstöckchen verstärkt werden, und wenn Sie viele kleine Stöckchen zusammenbinden, können Sie auch Hängebrücken oder Leitern (Foto links) daraus bauen.

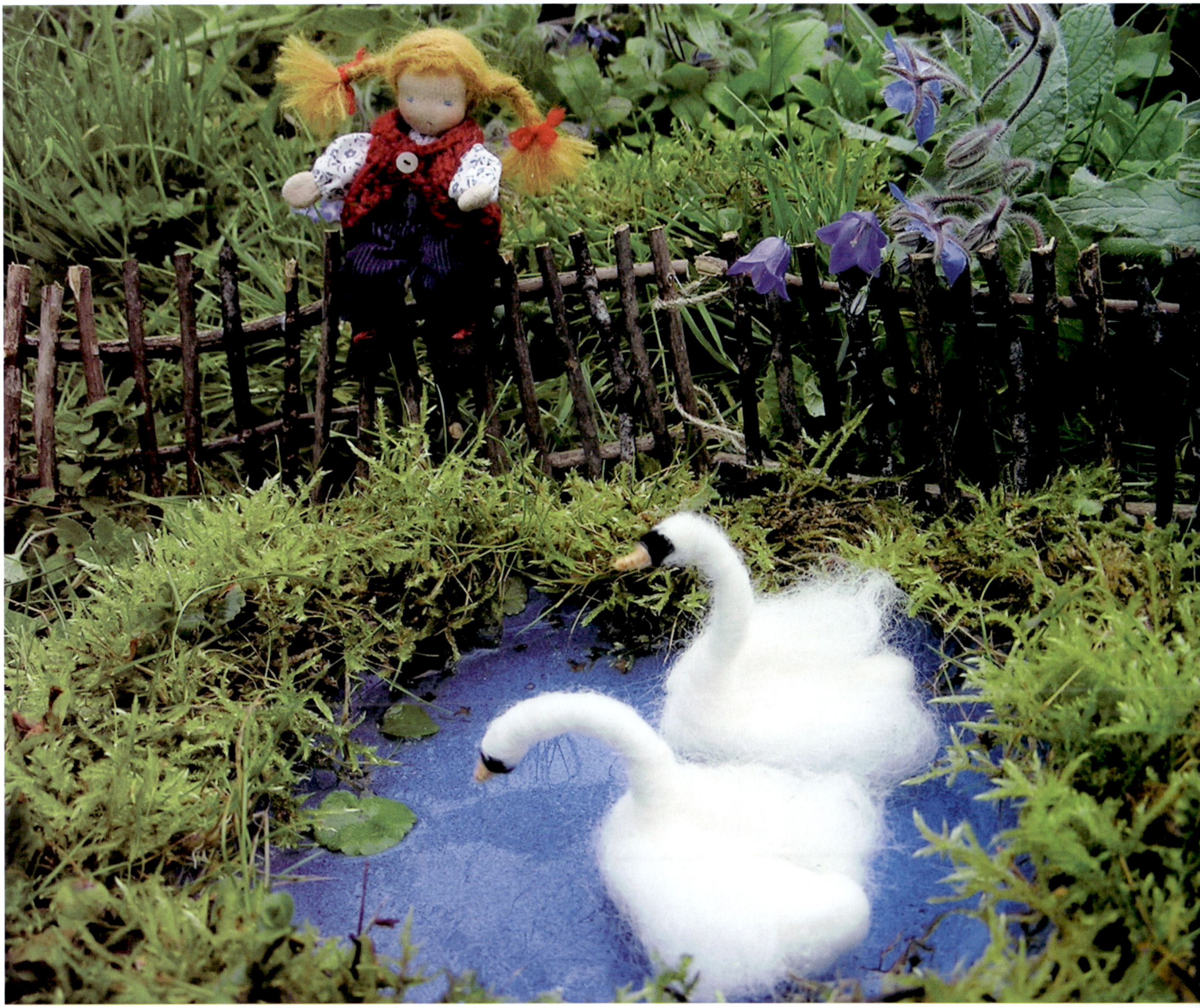

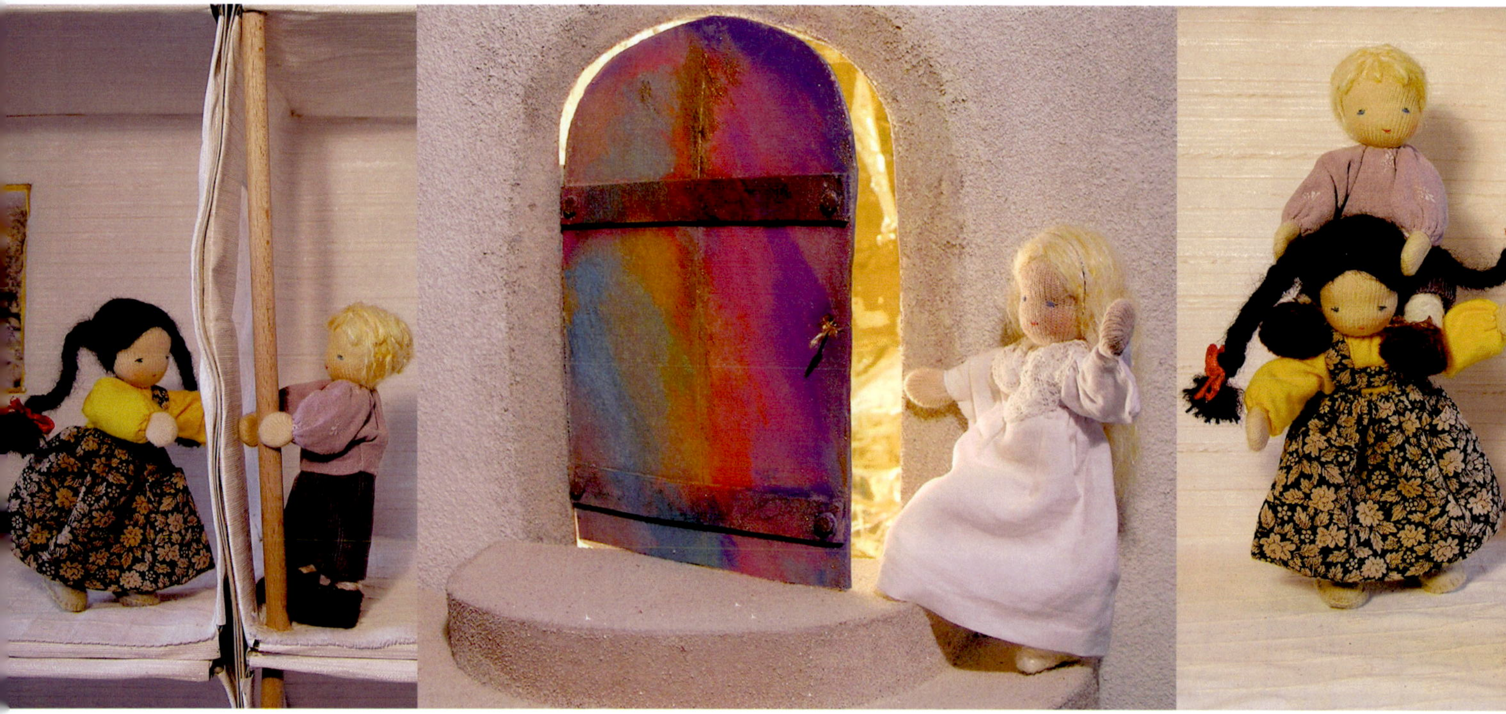

Puppenstuben

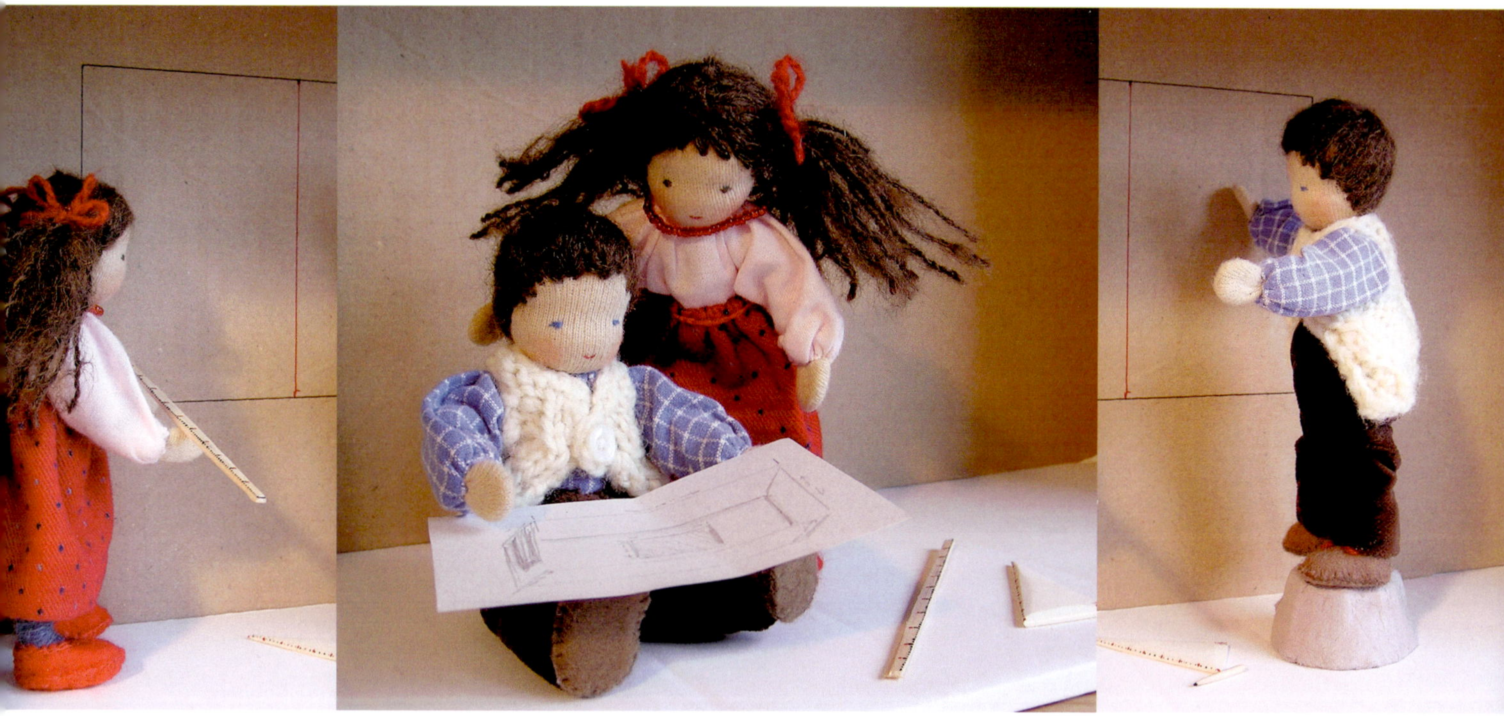

aus Pappe

Ein Puppenzimmer aus Pappe und Papier**

Material
- ein größerer Karton
- Kleister, Schere
- Geschenkpapier oder weißes Papier
- nach Wunsch: Farben / Stifte
- eventuell Stoffreste

Sie können sich zwischen drei Möglichkeiten der Gestaltung entscheiden:
- Das Puppenzimmer wird mit Papier bezogen.
- Das Puppenzimmer wird mit Stoff ausgekleidet.
- Sie malen den Schuhkarton einfach mit Farben bunt an.

Die Idee für dieses Puppenzimmer entstand wohl aus der Not, die ja erfinderisch macht … Suchen Sie sich einen größeren Pappkarton aus (z.B. von größeren Lieferungen). Er sollte so geräumig sein, dass die Puppenstubenpüppchen gemütlich darin wohnen können. Ein hochkant aufgestellter Schuhkarton ist für ein Puppenstübchen leider nicht tief genug.
Da der Karton meist innen grau oder braun ist, können Sie die Innenwände nach eigenem Geschmack hübsch gestalten. Sie können ihn mit Papier, Tapete oder Stoff auskleiden. Mit Ihrem Kind können Sie, wenn Sie möchten, auch weißes Papier für die Auskleidung mit Farben frei bemalen, mit Mustern oder kleinen Blümchen oder mit Stempeln bedrucken, batiken, marmorieren oder mit Wasserfarben lasieren.
Zuerst stellen Sie Ihren Karton aufrecht auf den Tisch, sodass Sie hineinschauen können: So wird später das Puppenzimmer stehen. Wenn Sie eine Fensteröffnung wünschen, orientieren Sie sich bitte an den Fotos 4 und 6 der Doppelseite 38/39 und S. 41 o. sowie der Beschreibung im nächsten Kapitel «Ein Puppenhaus aus Kartons» (S. 48 f.).

1. An den Außenwänden des Kartons, von rechts nach links, können Sie die Maße für die «Tapete» ausrechnen. Sie werden über die gesamte Fläche gemessen. Da die Kartons unterschiedlich ausfallen, können hier keine genauen Maße angegeben werden. Wichtig ist nur, dass Sie das Prinzip verstehen, dann kommen Sie mit jeder Kartongröße zurecht.
Falls Sie nur zwei Seitenwände und die Rück-

wand tapezieren möchten, genügt ein langer passender Papierstreifen mit den genauen Maßen Ihrer Wände (s. Zeichnung 5). Wenn Sie den *ganzen* Karton auskleiden möchten, können Ihnen die folgenden Zeichnungen (S. 45) diese Arbeit verständlich machen:
Bei den Außenmaßen von 15 cm (ein Seitenteil) + 30 cm (Rückwand) + 15 cm (zweites Seitenteil) haben Sie eine *Gesamtlänge* von 60 cm (Zeichnung 1). Die *Höhe* des Puppenzimmers richtet sich ebenfalls nach Ihrem Karton. Um im Beispiel zu bleiben: sie beträgt auf der Zeichnung 25 cm. Sie bräuchten also in diesem Fall ein Papierrechteck von 60 x 25 cm, um drei Wände auszukleiden (Zeichnung 2).
Die Decke und der Boden haben beide die gleichen Maße und werden *zuerst* zugeschnitten und verarbeitet. In diesem Fall haben beide Flächen einen Grundriss von 15 x 30 cm. Da der Übergang von den Seitenteilen zum Boden bzw. zur Decke nicht immer sauber geklebt werden kann, ist es praktisch, wenn Sie bei den ausgerechneten Maßen (15 x 30 cm) an allen vier Seiten 1 cm dazugeben. Diese Zugabe wird jetzt *nach innen* umgefaltet. Danach werden in den Winkeln kleine Vierecke eingeschnitten, um den Papierbogen glatt einzukleben (s. Zeichnung 3). Entweder schneiden Sie beide Teile, für die Decke und den Boden, aus demselben Papier, oder Sie nehmen für den Fußboden eine andere Farbe oder ein anderes Material.

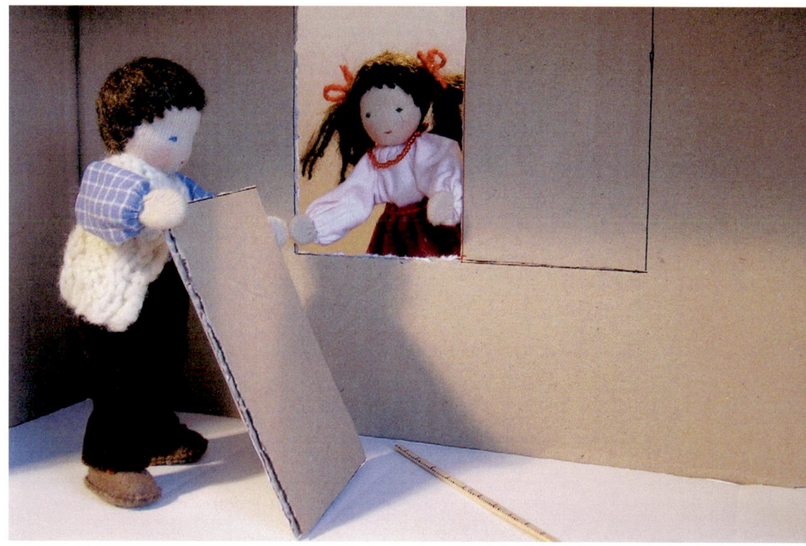

Fenster ausschneiden

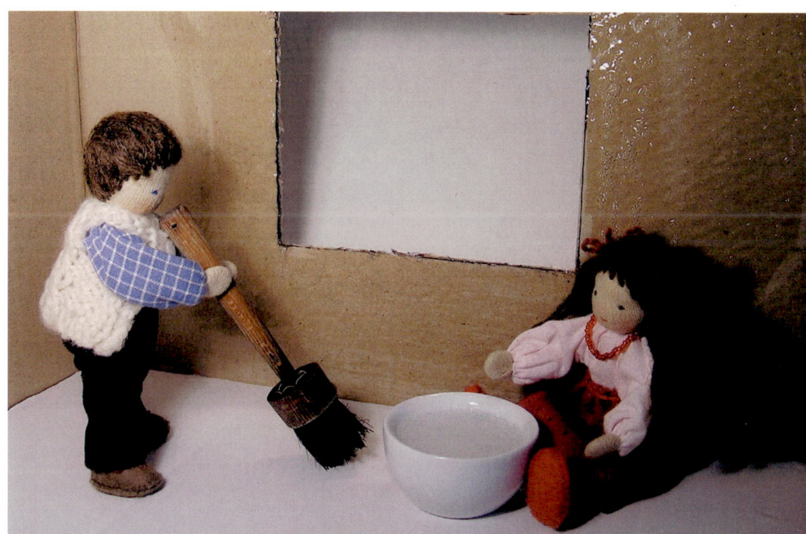

Einkleistern der Wände

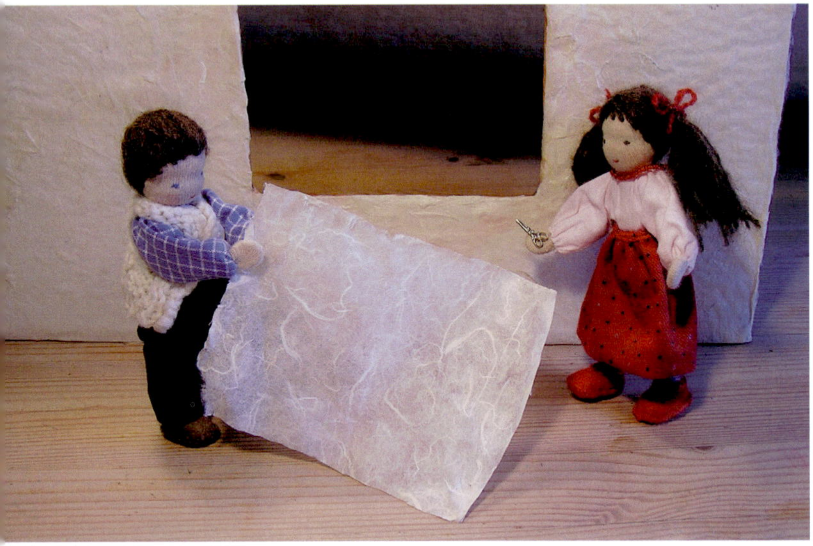

Rückseite: Fensteröffnung mit ausgeschnittener Tapete

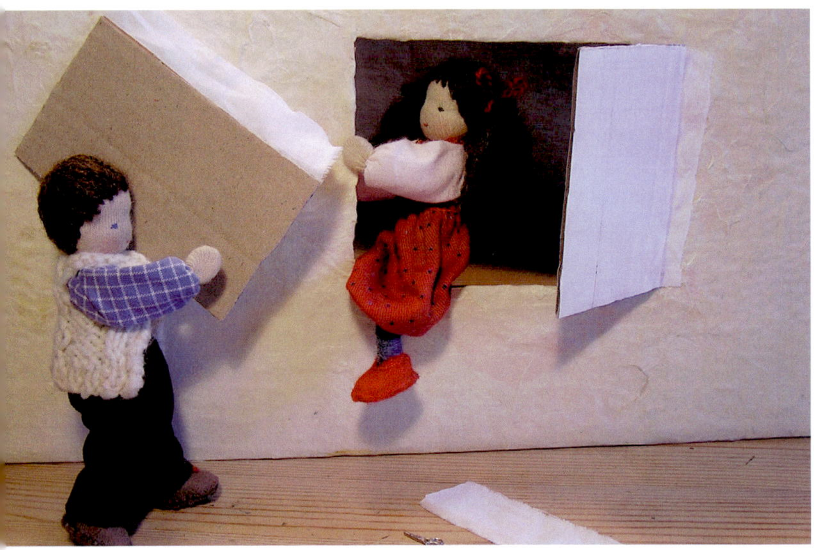

Die Fensterläden werden angeklebt.

2. Vorbereitung: In einer Schüssel werden ca. ein gehäufter Teelöffel Kleisterpulver und 150 ml kaltes Wasser mit einem Schneebesen gut geschlagen und eine Viertelstunde ziehen gelassen, wenn Sie diesen Kleister gleich benutzen möchten. Hat die Kleistermasse eine sahnige Konsistenz, ist sie richtig. Erscheint sie Ihnen zu dick, kann sie mit etwas Wasser verdünnt werden. Umgekehrt heißt das: Ist sie zu flüssig, wird sie mit einigen Prisen Kleisterpulver angedickt. Bitte beachten Sie, dass die Kleistermasse mit der Zeit immer dickflüssiger wird.

3. Nun werden die zwei vorbereiteten Papierteile des Bodens oder der Decke in den Karton eingeklebt (Zeichnung 4). Mit einem breiteren Pinsel streichen Sie den Leim gleichmäßig auf die Rückseite Ihrer zugeschnittenen Papierteile. Dafür legen Sie diese auf eine abwaschbare Unterlage.

Wichtig

Wenn Sie mit zartem Papier arbeiten möchten (z.B. mit Strohseide, Bananenpapier oder Ähnlichem), wird es nicht eingekleistert, sondern nur die zu beziehende Fläche des Kartons eingestrichen und das dünne Papier daraufgelegt und vorsichtig festgestrichen. Auf diese Weise verhindern Sie ein eventuelles Einreißen des Papiers.

«Normale», stabile Tapeten werden mit einer Kleisterschicht bestrichen, ca. 5 Minuten zusammengefaltet ziehen gelassen und dann beliebig weiter verwendet (s. auch Kapitel «Ein Puppenhaus aus Kartons»).
Dann halten Sie das eingekleisterte Papier für den Boden oder der Decke vorsichtig in den Karton, etwas «luftig» sozusagen, um sich erst einmal zu orientieren. Wenn die ausgeschnittenen Viereckchen mit den Ecken des Kartons übereinstimmen, lassen Sie die ganze Fläche herunter. Jetzt streichen Sie mit den Fingern schnell mit gleichmäßigen, sternförmigen Bewegungen von der großen Fläche zu den Ecken und Knickstellen der Seitenwände hin. Mit den Fingerspitzen drücken Sie das Papier an diesen Stellen zusätzlich gut fest. Der 1 cm breite Seitenrand wird an drei Wänden ringsherum nach oben angeklebt. Die vierte Seite wird *vorne unter* der Schachtel festgeleimt (Zeichnung 4). Dadurch bekommen Sie einen schönen Abschluss. Dann reiben Sie noch einmal mit der ganzen Handfläche das ganze Papier ein. Um jetzt die Decke oder den Boden auf der gegenüberliegenden Seite ankleben zu können, drehen Sie einfach den Karton um 180 Grad und wiederholen die letzten Arbeitsschritte (Zeichnung 6).

4. Die Seitenwände werden tapeziert. Dafür wird zuerst der längliche Streifen eingeteilt und geknickt: in diesem Falle nach 15 cm und nach

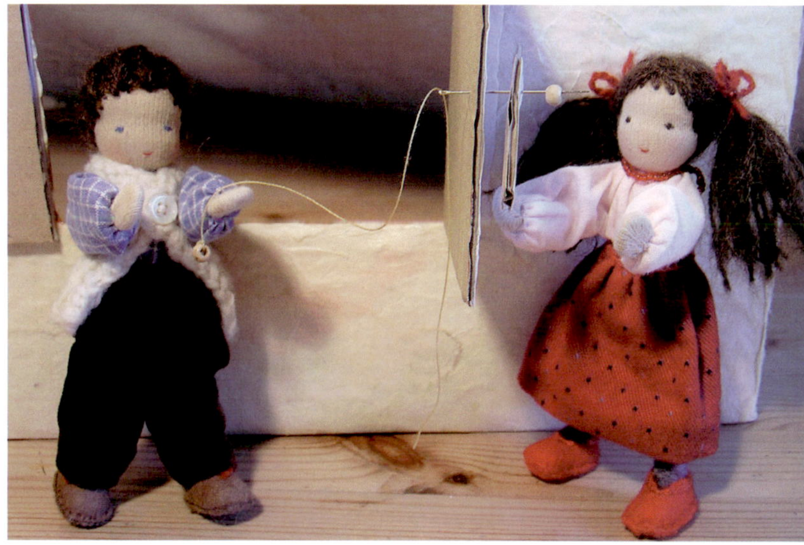

Ein Riegel mit Perlen

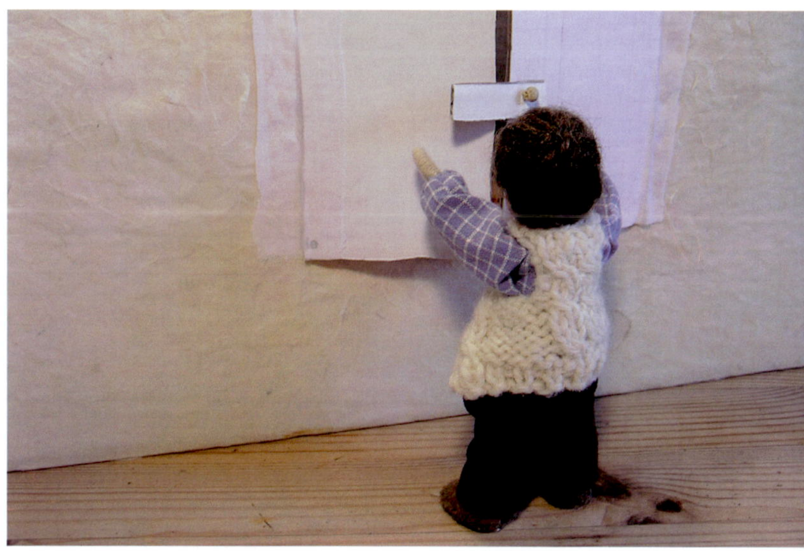

Die Fensterläden werden geschlossen.

30 cm (Zeichnung 5). Durch diese Faltstellen können Sie die Gesamtfläche des Papierstreifens leichter überschauen. Nun streichen Sie diesen Wandstreifen ebenfalls an der Rückseite gleichmäßig mit Kleistermasse ein und lassen ihn auch ca. 5 Minuten ziehen. Dann beginnen Sie mit dem Auskleiden der Wände an einer Seite. Sie orientieren sich an Ihren Knickstellen und arbeiten von einer Wand zur nächsten. Im Beispiel der Fotos S. 42/43 wurde das Fenster einfach «übertapeziert», als wäre es nicht da. Nach dem Trocknen wird diese Öffnung ausgeschnitten (Foto S. 42 o.).

Zur Beruhigung

Falls das Papier kleine Unebenheiten oder Luftblasen bekommen hat, könnte es daran liegen, dass der Kleister unterschiedlich schnell getrocknet ist. Sie streichen mit den Fingern das Papier nochmals an diesen Stellen vorsichtig fest und lassen das schöne, ausgekleidete Puppenzimmer noch etwas nachtrocknen. Die Wellen an Ihrem Papier verschwinden nach dem Trocknen alle von selbst. Trocknungszeit: ca. 6 Stunden.

Sie können jederzeit das Tapetenpapier ohne Probleme wieder anstückeln, falls es verrutscht oder gerissen sein sollte oder die Gesamtlänge nicht reicht (s. Fotos S. 66). Nach diesem Prinzip können Sie auch den Karton außen verkleiden, falls er Ihnen, so wie er ist, nicht gefällt (s. Fotos S. 43).

Diese vorgeschlagene Technik, ein Puppenzimmer mit Papier auszukleiden, kann ebenso mit *Stoffmaterialien* angewendet werden. In diesem Fall ist verdünnter Holzleim besser zu verarbeiten als Kleister. Dafür wird etwas Holzleim in einem leeren Plastikbecher mit wenig Wasser zu einer sahnigen Konsistenz angerührt.

Die passenden Papiermöbel zu diesem Puppenzimmer werden im Kapitel «Möbel» (S. 140 ff.) gesondert beschrieben.

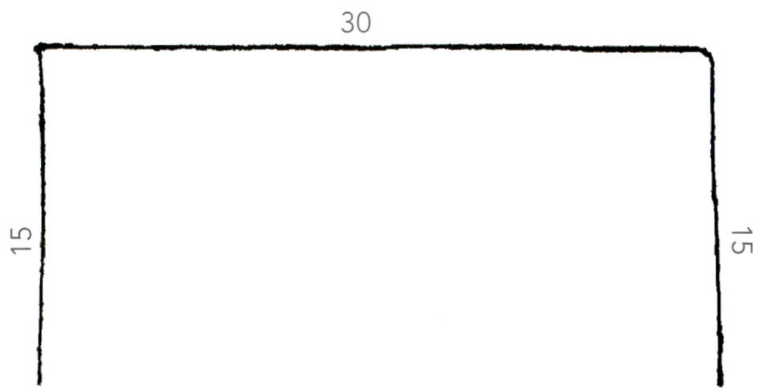

1: Länge von Rückwand und Seitenwand

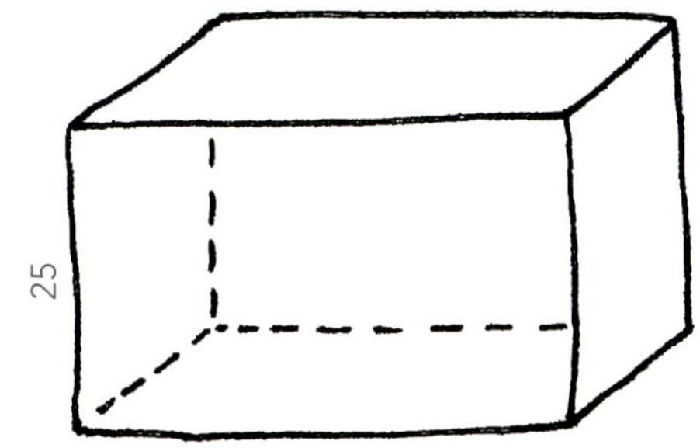

2: Höhe der Wände

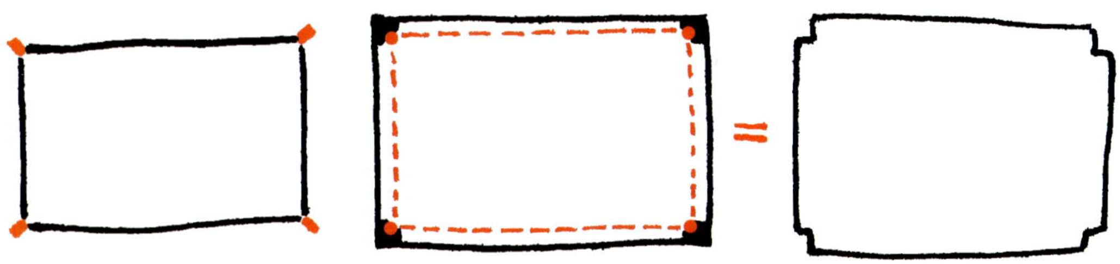

3: Boden und Decke ausschneiden

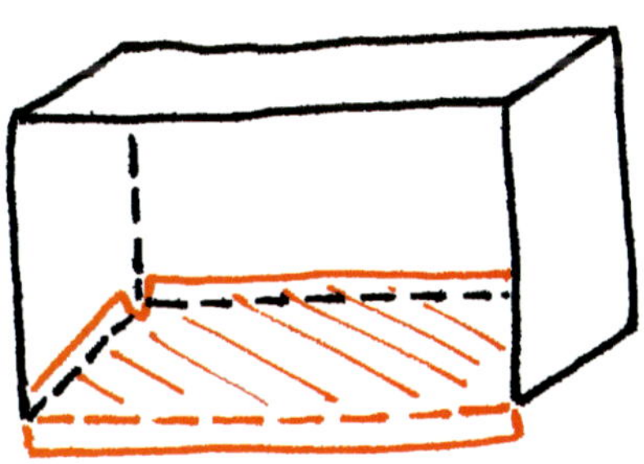

4: Boden mit Papier oder Tapete bekleben

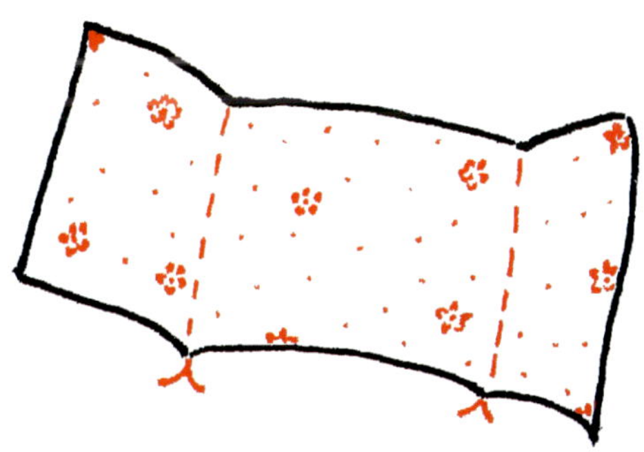

5: Verkleiden der Wände mit Tapete

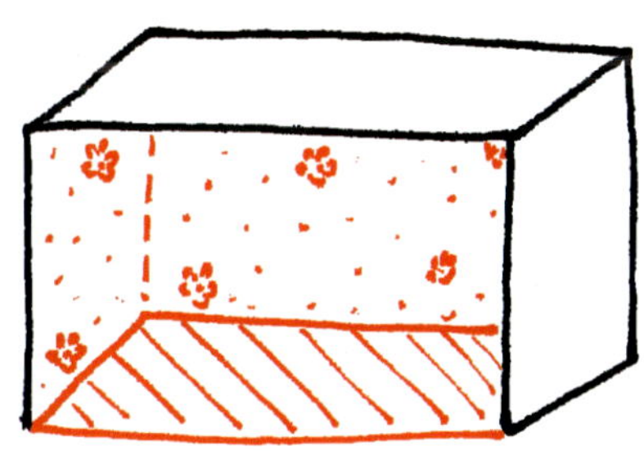

6: Bekleben der Decke

Ein Puppenhaus aus Kartons**

Material
- vier gleich große und stabile Kartons gleicher Sorte
- zwei passende Deckel
- Kleister, Holzleim
- ein gutes und scharfes Tapeziermesser, Schere, Nagelschere, Wäscheklammern
- ein Bogen fester Karton (z.B. von einem großen Kalenderrücken) für die Rückwand oder andere Pappreste
- nach Bedarf: Tapetenreste oder andere ähnliche Materialien wie Geschenkpapier oder Stoff, um das Haus zu tapezieren
- Gouache-Farben oder andere wasserlösliche Farben, um das Haus bunt zu bemalen.

Dieses Puppenhaus kann recht stabil werden, auch wenn Papier leichter ist als Holz. Es bekommt durch diesen Charakter eine besondere «zarte» Note – ein bisschen asiatisch … Manche Familien können keine Holzbretter beschaffen; vielleicht gibt es keinen Baumarkt in ihrer Nähe. Oder sie haben keine geeigneten Werkzeuge, dürfen in der Wohnung keinen «Lärm» machen oder das Material Holz ist einfach zu teuer. Kartons kann dagegen jeder leicht bekommen. Und der Bau und die Gestaltung eines solchen Puppenhauses kann gut von Kindern ausgeführt werden. Mit Papier und Pappe kann man nicht so schnell etwas falsch machen. Falls man sich verrechnet oder verschnitten hat, ist es leicht, Teile wieder anzukleben und zu improvisieren.
Sie können das ganze Puppenhaus innen oder auch außen tapezieren oder bunt bemalen, ganz nach Ihrem Geschmack. Der Charme des Hauses überwiegt!

1. **Planung**: */** Um sich eine Vorstellung des Hauses zu machen, stapeln Sie erst einmal alle Kartons übereinander (Fotos rechts). Eine klassische Möglichkeit wäre, sich für zwei Etagen zu entscheiden: zwei unten und zwei obendrauf. Das Dach wird zuletzt gemacht. Wenn Sie sehr gute und stabile Kartons bekommen haben und Ihnen die Höhe des Puppenhauses nicht ausreicht, können Sie eine weitere Etage draufstapeln. Bei großen Kartons kann man auch ein kleineres Puppenhaus planen, indem man nur zwei Schachteln übereinanderstapelt; das Haus hat dann pro Etage nur ein Zimmer.
Lassen Sie sich Zeit für die Planung. Sie können

auch zunächst das ganze Haus auf den Tisch stellen, um alles besser zu sehen. Sitzen Sie nun vor Ihrem «zukünftigen» Häuschen und betrachten es, ist es eine Hilfe, wenn Sie sich innerlich klein machen, als spazierten Sie dort hinein, um eine ungefähre Vorstellung zu bekommen, wie Sie es gerne einrichten würden. Auch eine Zeichnung ist hilfreich.

Auf den folgenden Fotos sehen Sie zur Abwechslung keine Puppen bei der Arbeit, sondern ein zwölfjähriges Mädchen, das diese «Bauarbeiten» selbstständig durchführt. Chiara hatte eine konkrete Vorstellung, wie die Einteilung der Zimmer in diesem Haus sein sollte. Daher hat sie die Fenster an unterschiedlichen Stellen geschnitten, und sie stehen nicht wie üblich symmetrisch zueinander.

Fenster lassen Licht hinein, und Türen ermöglichen einen Durchgang von einem Zimmer ins andere. Wird das Puppenhaus an einer Wand aufgestellt, können die Fensteröffnungen auch seitlich geplant werden, weil die Fenster sonst verdunkelt blieben. Diese Überlegungen sind die Voraussetzungen dafür, wo Sie Fenster und Türen platzieren. Nun markieren Sie die ausgesuchten Stellen an den Wänden mit einem kleinen Zeichen. Wünschen Sie lieber ein größeres, *durchgehendes* Puppenzimmer, ist es einfacher, es für die obere bzw. letzte Etage zu planen; im Erdgeschoss würde das Gewicht der oberen Räume den Pappboden herunterdrücken und zu stark wölben.

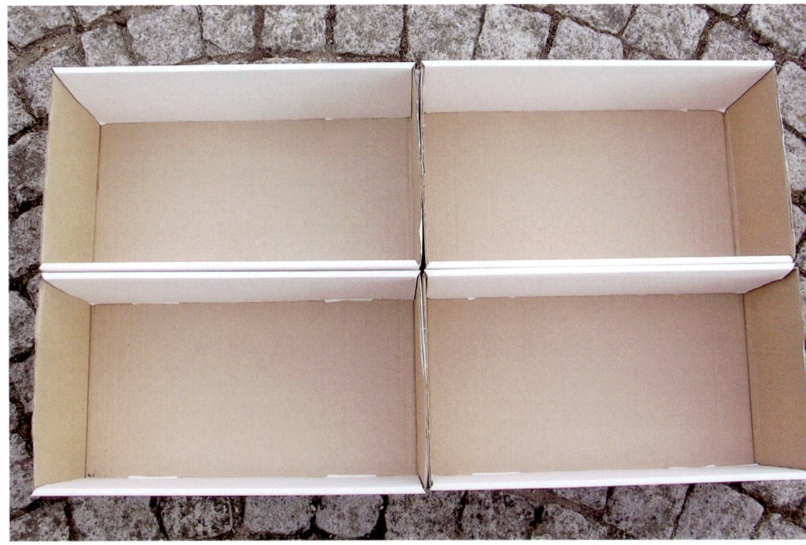

Schachteln für ein Puppenhaus aus Karton

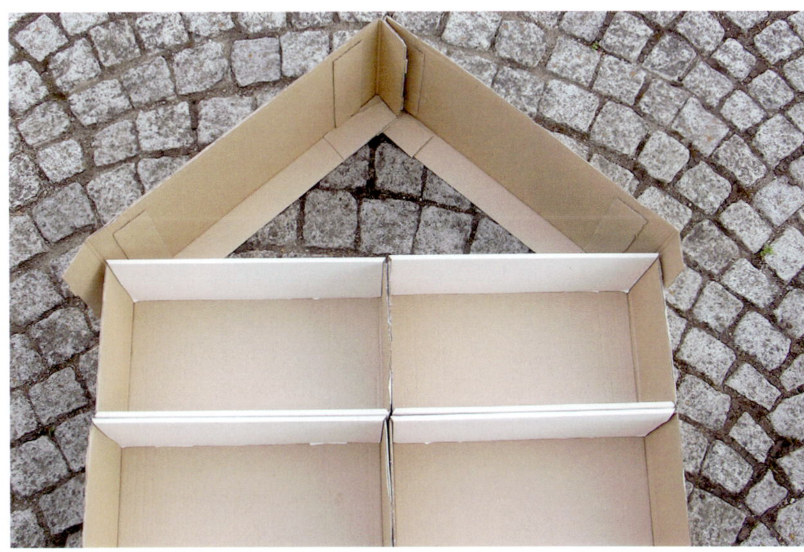

Alle Kartons werden zunächst lose aneinandergelegt.

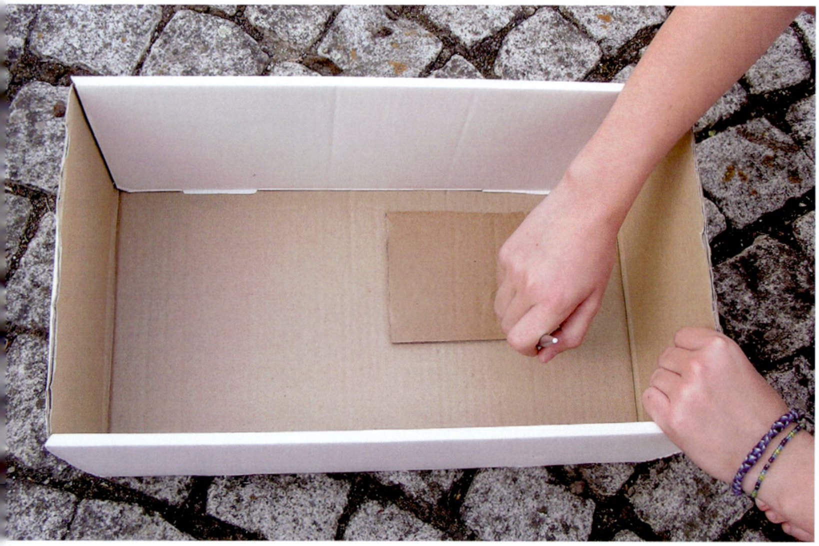

Fensteröffnung ausschneiden

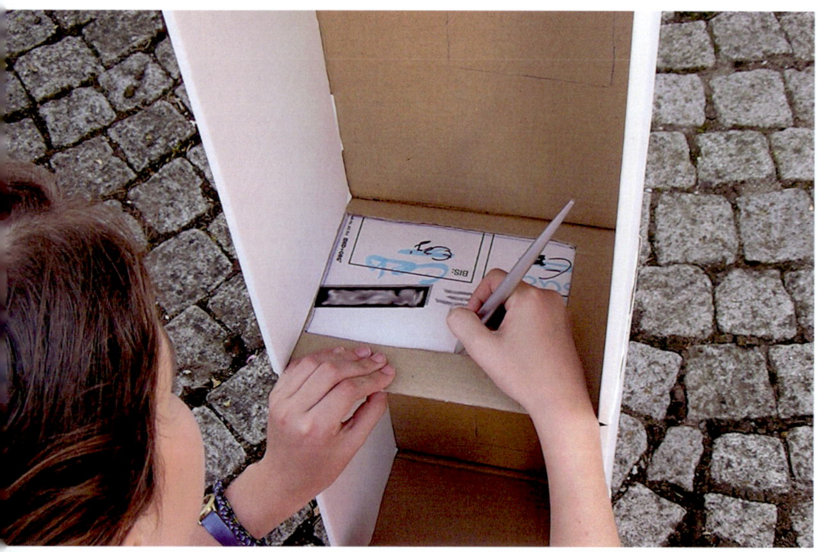

Türöffnung ausschneiden

2. **Erste Arbeitsschritte**: Suchen Sie sich einen Karton aus der untersten Etage aus, und räumen Sie alle anderen zur Seite. Für die Gestaltung der Fenster gibt es drei Möglichkeiten:

- Sie schneiden das Fenster einfach nur aus und möchten keine Fensterläden.
- Sie planen «fest eingebaute» Fensterläden (Zeichnung 7).
- Sie machen bewegliche Fensterläden, die man auf- und zuklappen kann (Zeichnung 8).

Nun zeichnen Sie auf irgendeinen Rest Pappe die gewünschte Fenstergröße auf und schneiden sie aus. Mit dieser Schablone können Sie alle Fenster vorzeichnen (Foto links oben).

*** Die Schneidearbeiten für die Fenster werden ordentlicher, wenn Sie mit einem Tapetenmesser arbeiten. Legen Sie bitte ein Holzbrett unter die Pappe! Weil dieses Werkzeug sehr gefährlich ist, lassen Sie die Kinder sicherheitshalber nur zusehen. Diese Arbeit kann auch mit einem scharfen Küchenmesser ausgeführt werden.

** Wenn Sie eine Schere benutzen möchten, ist eine Nagelschere für das Pappmaterial besser geeignet als andere Scheren. Diese Schneidearbeit ist nicht gefährlich.

Je nach Fenstersorte gibt es auch vier Möglichkeiten, sie auszuschneiden:

- Sie schneiden um den ganzen «Fensterrahmen» herum.
- Sie zeichnen die Mitte der Fenster auf und schneiden an dieser Linie entlang und zu-

sätzlich an beiden gezeichneten horizontalen Linien (s. Zeichnung 7).

- Sie schneiden das Fenster sorgfältig aus und teilen diese Pappe für zwei Fensterläden, die nachträglich befestigt werden, in der Mitte durch.
- Sie schneiden aus Pappresten Fensterläden, die größer sind als die jeweiligen Fenster. Durch diese Möglichkeit «versinken» die Läden nicht nach innen, sondern sie liegen an der Außenwand auf (Zeichnung 8).

Das Schneiden der Fensteröffnungen wird an allen Schachteln wiederholt. Heben Sie sich alle eventuellen Fensterläden gut auf und markieren (oder nummerieren) Sie sich diese Teile für die späteren Arbeitsschritte.

Bei den Türen ist die Arbeitsweise ähnlich wie bei den Fenstern (Foto S. 48 u.). Sie können gern die Tür einmal anders gestalten, etwa mit geschwungenen statt geraden Formen (s. Foto S. 38 Mitte.

Ein durchgehendes Zimmer ergibt sich von allein in der obersten Etage, weil die Schachteln aufgehört haben. Wenn Sie in einer anderen Etage ein durchgehendes Zimmer haben möchten, schneiden Sie in die Innenwandpappe eine großzügige Öffnung ein. Lassen Sie aber unbedingt eine Stütze am Rand stehen, damit das Haus seine Stabilität behält s. S. 54 l. u.). Der Karton, der hier anliegt, bekommt spiegelbildlich dieselbe Öffnung. Zwi-

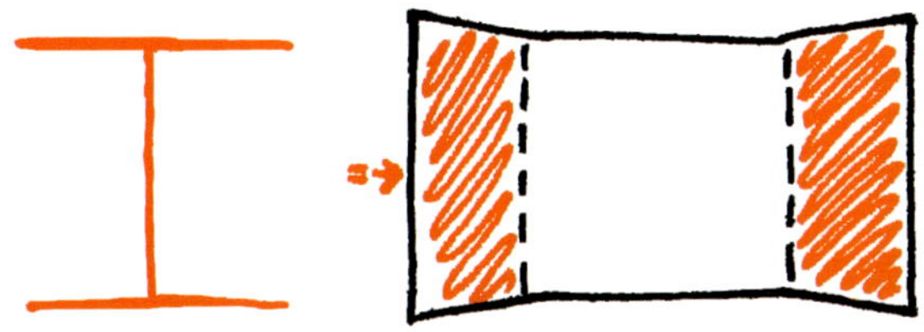

7: Fenster mit festen Fensterläden

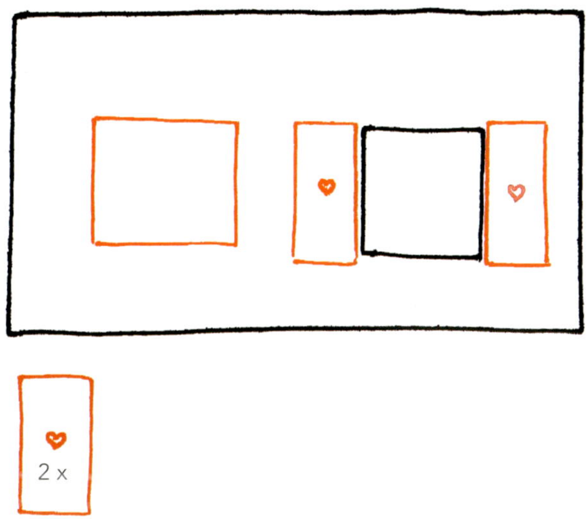

8: Fenster mit zusätzlich ausgeschnittenen Fensterläden

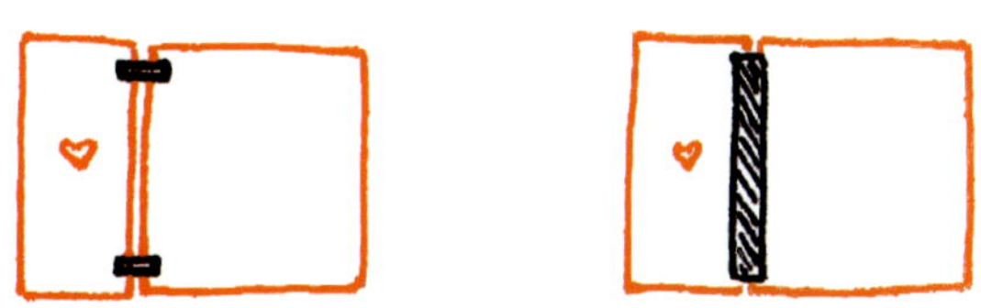

9: Zwei Beispiele für unterschiedliche Scharniere

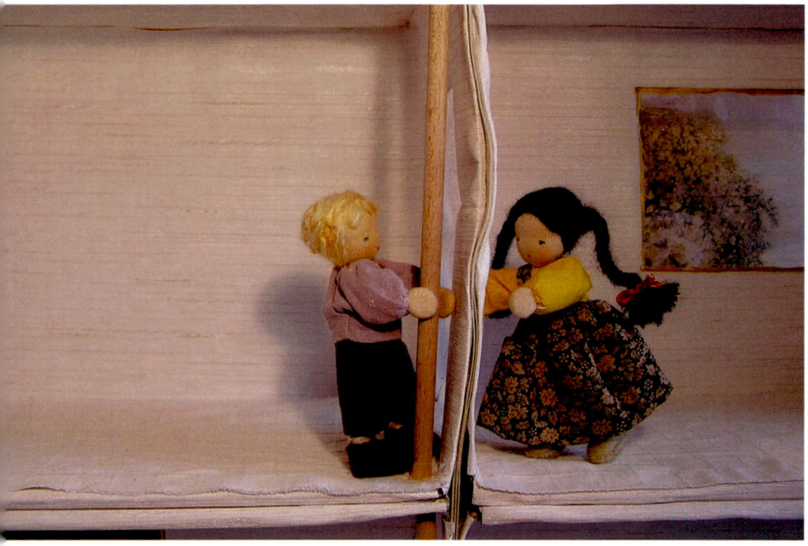

Verstärkung der Rahmen mit einem Rundholzstab

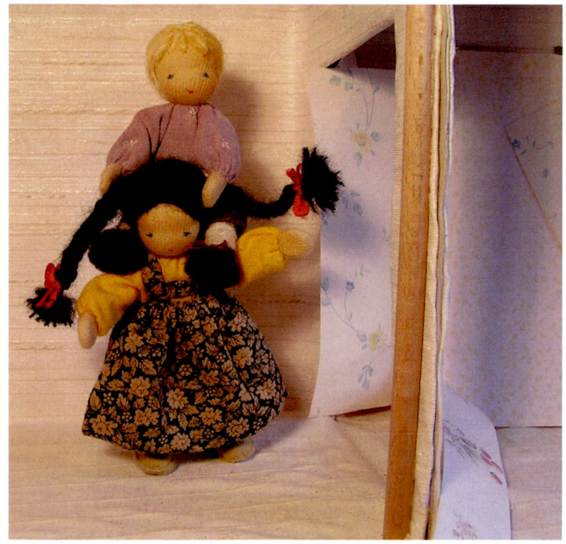

Die Stützen halten.

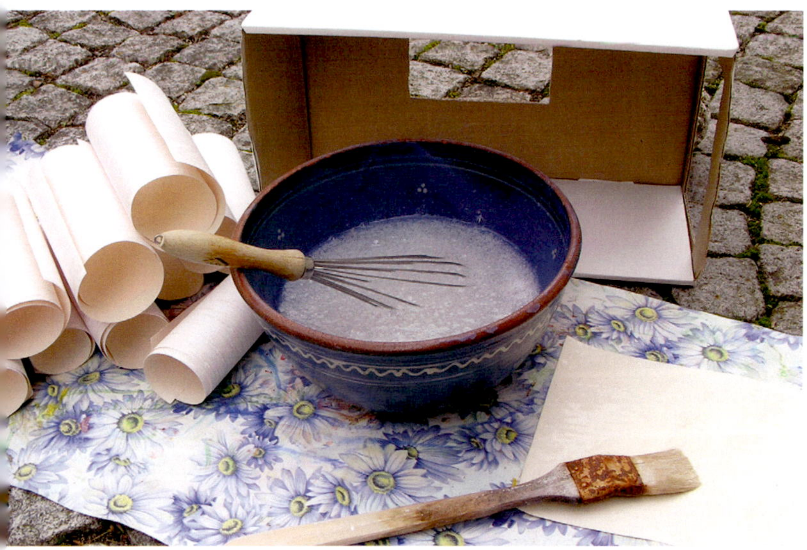

Zugeschnittene Tapeten werden eingekleistert.

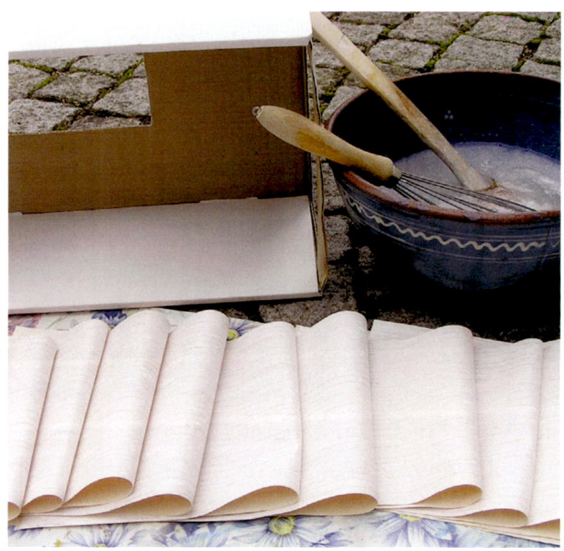

Der Kleister zieht ein.

schen diesen äußeren Türrahmen muss ein zusätzlicher Pappstreifen eingeklebt werden, um die dünne Pappe in der Traglast zu unterstützen. Auch hier eignet sich Holzleim am besten. Mit Wäscheklammern alle Leimarbeiten einige Stunden trocknen lassen.
Da dieses Häuschen noch eine Stütze braucht, können Sie mit einem einfachem Rundholz den Rahmen verstärken (Fotos links oben).

3. **Innenwände tapezieren** (wenn gewünscht): Richten Sie sich nach der Beschreibung im vorangegangenen Kapitel (S. 40 – 45), da die angewandte Technik dieselbe ist, und nach den hier abgebildeten Fotos (S. 50 und 52).

Tipp

Falls Sie eine Vorliebe für «richtige» Tapeten haben, können Sie in einem Inneneinrichtungsladen, einem Malergeschäft oder eventuell auch im Baumarkt Mustermappen in großer Auswahl bekommen. Sie werden vor allem am Jahresende gerne ausgewechselt und daher meist verschenkt. Damit haben Sie vielleicht nicht immer dieselben Tapeten für alle Räume, aber auf jeden Fall ähnliche. Gewiss werden Sie Freude am Kombinieren der verschiedenen Muster haben.
Sie messen die Tapetenstücke aus und schneiden sie sich zurecht. Bei gleich großen Schachteln sind alle Maße gleich. Dann in einer Schüssel Kleistermasse mit 2 EL Kleisterpulver und zunächst 250 ml Wasser vorbereiten. Mit einem Schneebesen alles tüchtig durchschlagen. Nach einer halben Stunde sehen Sie, ob die Masse verarbeitet werden kann oder noch etwas flüssiger sein sollte. Die Tapetenstücke alle auf einer Unterlage einstreichen, zueinander falten und ca. zehn Minuten ziehen lassen. Je nach Papierstärke braucht die Tapete unterschiedlich viel Zeit, um sich vollzusaugen. Nun werden die Kartons einzeln bezogen und fertig gemacht. Jeder Tapetenboden wird um die «eigene» Schachtel umgeklappt und geleimt. Falls sich die Tapete nicht fest und gleichmäßig an den Rändern mit der Schachtel verbunden hat, können Sie alle lockeren Teile mit Klebestift oder Holzleim jederzeit nachträglich befestigen.
Lassen Sie sich nicht von den Fenster- oder Türöffnungen stören. Sie arbeiten wie beschrieben, so als wären die Wände noch *geschlossen* (Foto S. 52, Schritt 1), und schneiden diese Öffnungen nachträglich aus, wenn alles gut getrocknet ist (am besten über Nacht). An den Zeichnungen auf S. 67 und den Fotos auf S. 52, Schritt 2 und 3, können Sie sehen wie Sie dann die Ränder, Fenster- oder Türrahmen schön säuberlich nach außen umschlagen.

4. **Aufbau**: Sie beginnen mit der untersten Etage und legen zwei vorbereitete Puppenzimmer nebeneinander. Wo sich beide Kartons berühren, werden die Pappwände

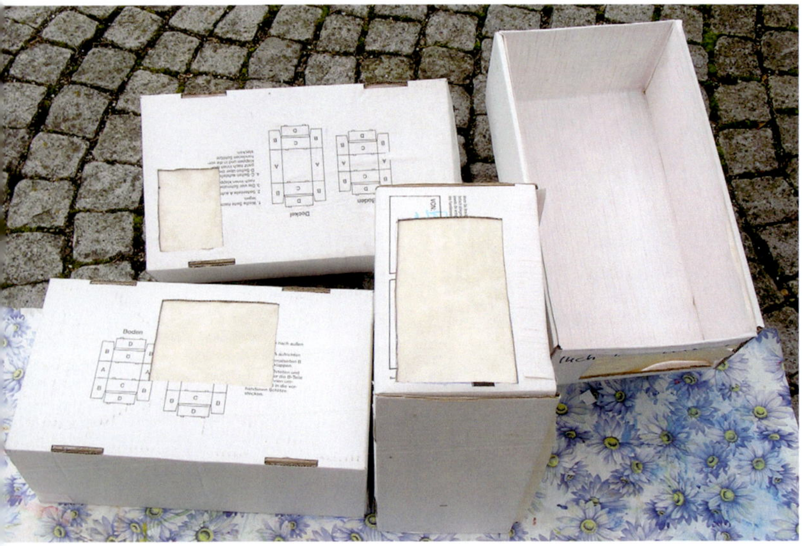

1. Alle Schachtelwände werden tapeziert.

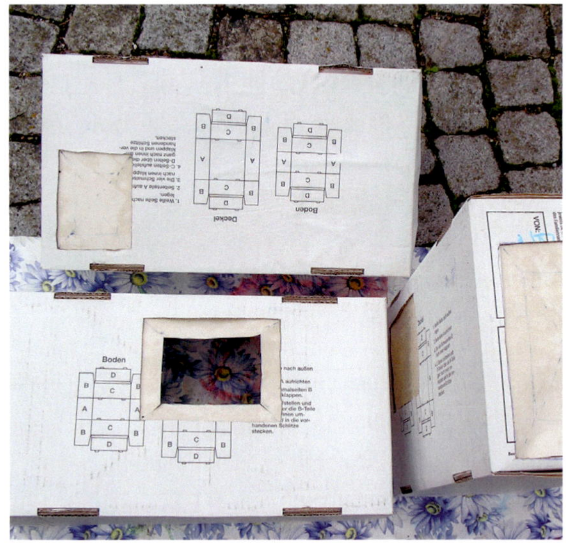

2. Fenster und Türen werden eingeschnitten.

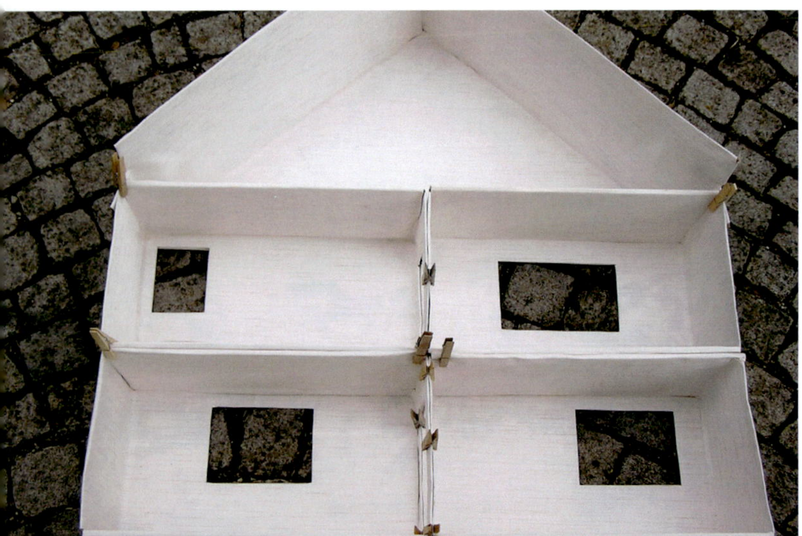

4. Die einzelnen fertigen Schachteln zusammenkleben

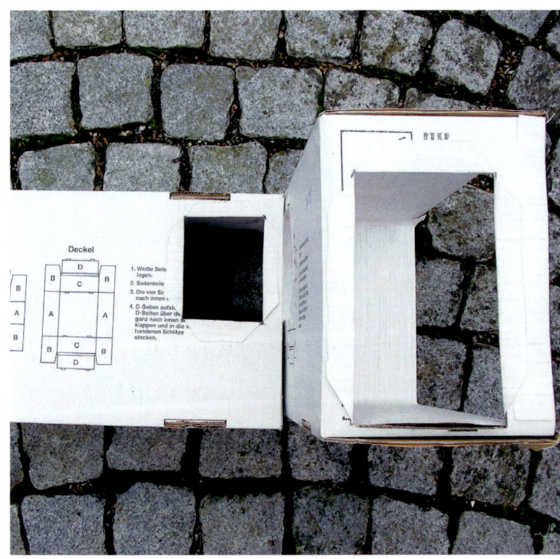

3. Die Ränder werden umgeklappt.

gleichmäßig mit Holzleim bestrichen und zusammengedrückt. Weil Pappe aus Fasern besteht, die dem Holz ähneln, ist Holzleim der geeignete Klebstoff für diese Arbeit. Alle möglichen freien Ränder dieser sich berührenden und geleimten Pappwände werden mit vielen Wäscheklammern festgeklemmt. Solange diese Arbeit in Ruhe trocknet, können Sie die nächste Etage vorbereiten. Die zweite Etage wird auf der vorbereiteten unteren gut festgeleimt.

5. **Dach herstellen**: Nun werden die Deckel für die Dachgestaltung vorbereitet.

Beispiel 1 mit Faltdeckel

Auf dem Foto rechts oben sehen Sie einen auseinandergefalteten Deckel. Er liegt flach vor Ihnen. Eine längere Kante wird (oben) abgeschnitten und benutzt, um die Knickstellen zu stabilisieren. Dann nehmen Sie den zweiten Deckel und wiederholen die letzten Schritte. Nun werden die zwei Deckel mit der kleinen, schmalen Kante nebeneinandergelegt. Diese Berührungsfläche wird mit Holzleim geleimt, fest zusammengedrückt, durch Wäscheklammern stabilisiert und gut trocknen gelassen (Foto rechts unten). Das ist der obere Giebel. Die beiden restlichen schmalen Ränder werden später zum Befestigen benutzt. Die glatte Seite der Deckel ist die Außenseite des Daches. Da Pappe relativ biegsam ist, können Sie den ge-

Das Dachteil. Langen Rand abschneiden.

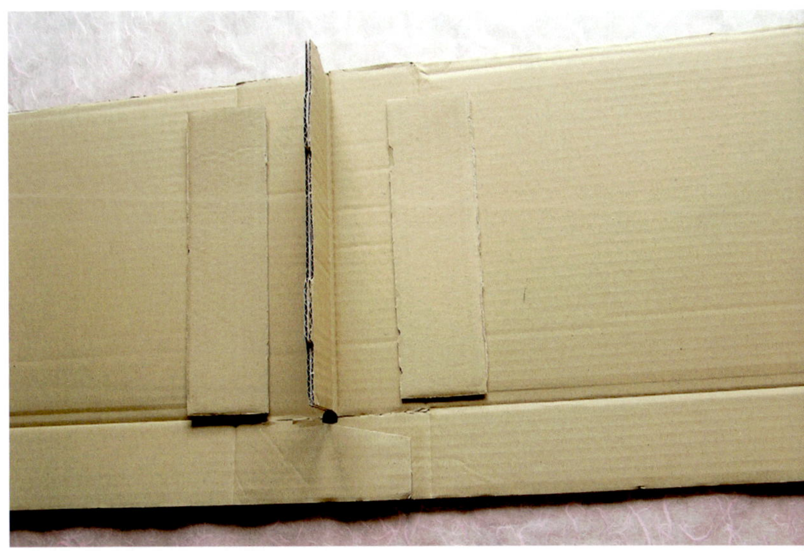

Beide Deckel werden zusammengeklebt.

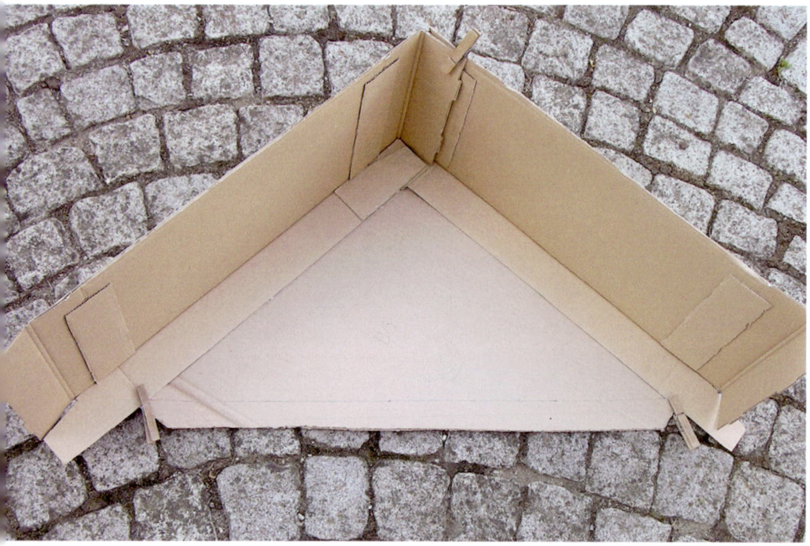

Das Dach mit Rückwand

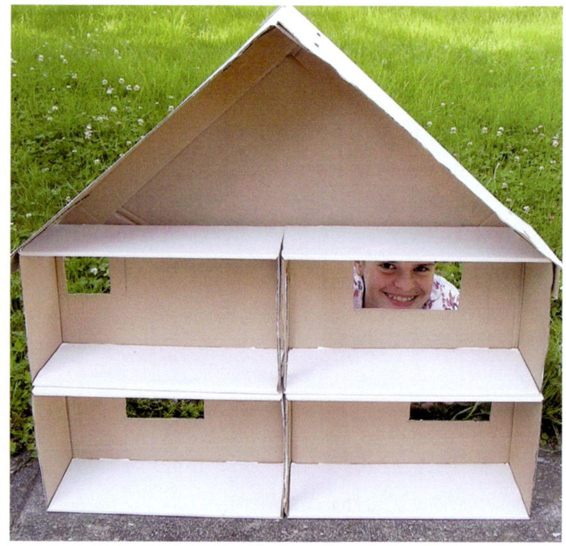

Der «Rohbau» ist fertig.

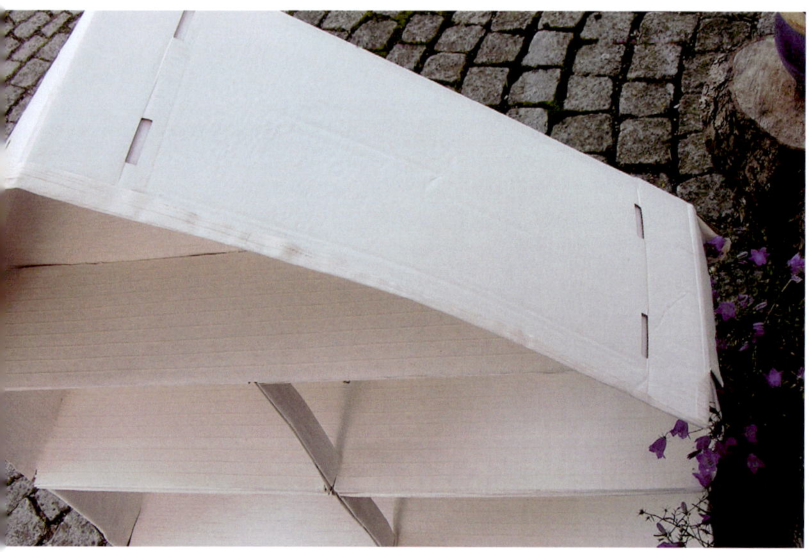

Das Dach soll verkleidet werden.

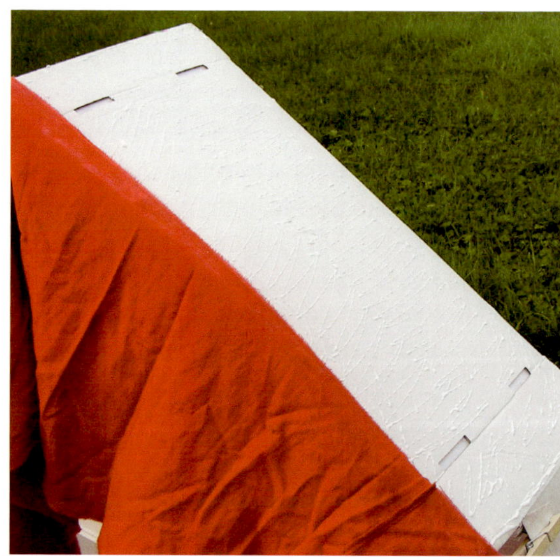

Der Stoff wird angeklebt und umgeklappt.

klebten Deckel etwas zueinanderdrücken, um einen spitzen Dachgiebel zu erhalten .

Beispiel 2 mit festem Deckel

Sie können ebenso zwei Deckel pro Seite aneinanderkleben, um eine längere Dachfläche zu bekommen, falls die Deckel einzeln zu kurz sein sollten. Dafür schneiden Sie ebenfalls eine längere Kante ab und am zweiten Deckel auch eine schmale Seite. Dadurch können Sie diese beiden Deckel «schuppenweise» übereinanderlegen und die gewünschte Dachlänge bekommen. Je nachdem, wie viel sie überlappen, verändert sich die Länge.

Das ganze Dach wird nun vorsichtig auf das Puppenhaus gelegt. Jetzt können Sie die genaue Länge des Daches abschätzen, zurechtschieben, markieren und zum Abschluss in sich festleimen (Foto S. 54 l. o.).

Auf S. 54 r. o. sehen Sie das ganze Puppenhaus als Rohbau fertig: Das Dach ist passend gemacht und nur *lose* auf die Kartons gelegt. Alles wird zunächst tapeziert, bevor es endgültig steht.

Die gesamte Dachstuhlfläche wird innen ebenfalls mit schönem Papier tapeziert und an den Berührungspunkten mit den Hausetagen am besten mit Heißkleber gleichmäßig fixiert. Das Dach kann zum Abschluss mit einem fröhlichen (roten?) Papier oder Stoff für die Dachziegel beklebt werden. Oder Sie bemalen auf einfarbigem Papier «Ihr» Dach selbst.

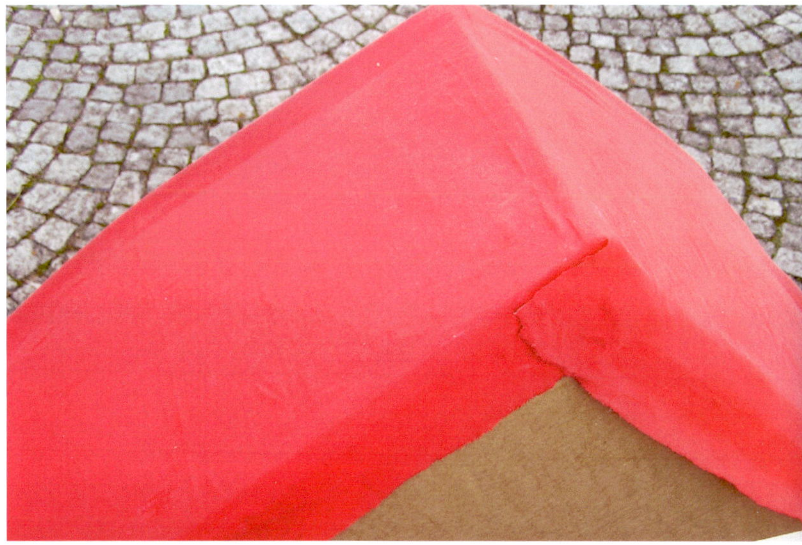

Dachansicht Rückseite

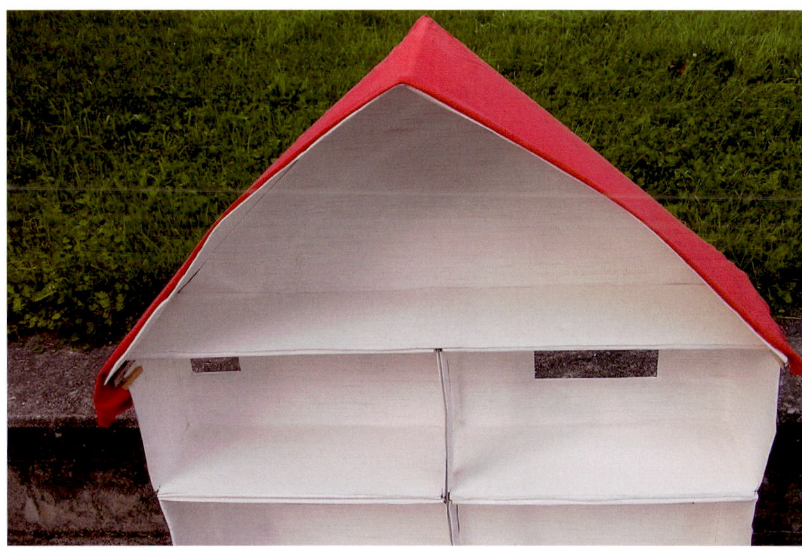

Die Dachflächen sind bezogen.

6. Möchten Sie **Fensterscheiben**?*** Dazu schneiden Sie einzelne Rechtecke mit ca. 2 cm Rand zuzüglich der Fenstergröße aus und kleben sie mit Klebestift an der Rückseite des Papphäuschens an. Legen Sie das Haus dafür flach hin und lassen Sie alles gut trocknen. Nach Wunsch können Sie mit Window Color den Übergang von der Scheibe zum Fensterrahmen ausfüllen. Diese Arbeit am besten über Nacht trocknen lassen.

7. Die **Fensterläden** werden mit Scharnieren aus Stoff an die Wand geklebt: Zählen Sie alle Fensterläden durch und nehmen Sie die Zahl mal zwei, weil Sie für jeden Fensterladen zwei Scharniere benötigen (Zeichnung 9, S. 49). Legen Sie für jedes Fenster die passenden Fensterläden auf einer Unterlage nebeneinander auf den Tisch. Suchen Sie sich einen stabilen Stoffrest aus, der farblich zu den anderen Farben des Hauses passt, ohne zu stark aufzufallen, und schneiden Sie daraus einen Streifen mit einer Breite von 1cm aus. Schneiden Sie jetzt diesen Stoffstreifen in viele einzelne Stückchen mit 2 cm Länge. Mit Holzleim kleben Sie an jeder Außenkante eines Fensterladens – oben und unten – einen kleinen Stoffstreifen. Drücken Sie alles gut fest und warten Sie, bis der Holzleim getrocknet ist. Falls gewünscht, können Sie an dieser Stelle die Fensterläden verkleiden. Sie sehen hübsch aus, wenn sie mit einem Papier überzogen werden, in einer kräftigen fröhlichen Farbe, die sich von der Hauswandfarbe absetzt.
Sind die Läden alle fertig, wird die andere Hälfte der Scharniere ebenfalls an das Puppenhaus angeklebt. Sie können für eine Stunde die zu klebende Wand flach, also waagerecht, hinlegen, so fallen Ihnen die Fensterläden nicht herunter. Nach dem Trocknen können die Kinder gut mit dieser Konstruktion spielen.
Sie können als Scharnier auch einen durchgehenden Stoffstreifen zuschneiden, der den gesamten Fensterladen seitlich an der Wand trägt (s. Zeichnung 9 sowie Fotos S. 42 und 43 u.).

8. **Türen**: Die Türen werden wie die Fensterläden an den Zimmerwänden befestigt. Die Scharniere bestehen für dieses Papierhaus ebenfalls aus stabilem Stoff; sie werden nur breiter zugeschnitten (Vorschlag: 3 x 4 cm). Auch hier können Sie wieder einen durchgehenden Stoffstreifen zuschneiden, der die gesamte Tür seitlich an der Wand trägt.
Als Außentür wird auf S. 38 eine Tür gezeigt, die mit Wasserfarben bemalt und aus einem dickeren Kalenderrücken geschnitten wurde. Die Wände sowie die Treppe wurden ebenfalls mit Pappe vorgeformt und mit Holzleim aneinandergeklebt. Nach dem Trocknen wurden alle Pappen der Eingangstreppe sowie der Türrahmen mit verdünntem Holzleim eingepinselt und mit Vogelsand bestreut. So haben Sie eine Sandstein-Optik.

8. **Abschluss**: Die sichtbare freie Stelle am Dachboden können Sie auch mit einem schönen Papier zukleben (Fotos rechts), bevor Sie als Abschluss die Rückenwand anbringen. Legen Sie das ganze Puppenhaus *flach* auf den Boden und schieben Sie den großen Pappbogen so darunter, dass die offene Dachbodenlücke eine Wand bekommt und die ganze Rückenwand des Puppenhauses zusätzlich stabilisiert wird. Die Länge des Bogens kann komplett übernommen werden.

Dann übertragen Sie die Dachschräge auf Ihre Pappe mit einem Bleistift und schneiden die Form aus. Falls der Pappbogen schmaler als das gesamte Haus ist, müssen Sie die Rückwand anstückeln. Dafür legen Sie zwei Pappbögen schön bündig mit der Kante aneinander und kleben ein breites Klebeband aus Papier darauf. Oder Sie schneiden sich stattdessen einen breiten, langen, neutralen Papierstreifen zurecht und leimen ihn als Verbindung an die Pappteile. Die vorbereitete Papprückenwand wird jetzt gut mit Holzleim bestrichen. Dann legen Sie das gesamte Puppenhaus auf diese Pappe und drücken es an den Berührungsstellen mit den Handflächen fest zusammen. Lassen Sie es noch eine Weile flach liegen und beschweren Sie die Innenwände zusätzlich mit Büchern. Nach dem Trocknen können Sie das geleimte Papierhaus wieder aufstellen. Damit es gut steht, können Sie den Boden zusätzlich auf eine starke Bodenpappe kleben.

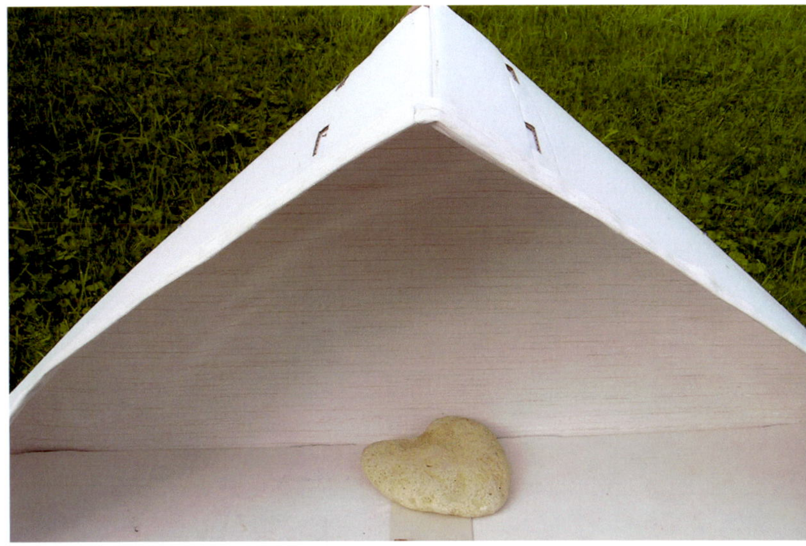

Die Lücke wird zugeklebt und beschwert.

Beispiel für eine Stoffverkleidung

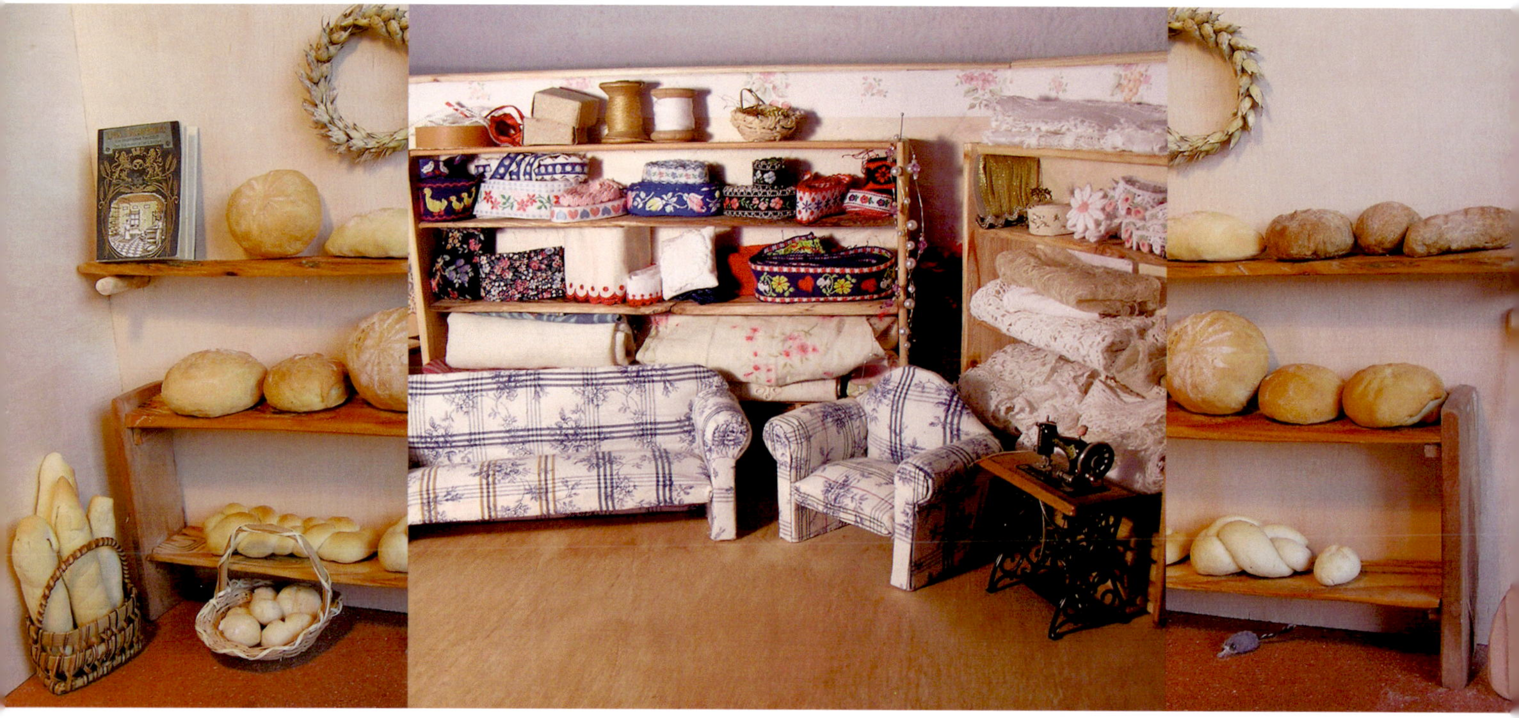

Puppenzimmer

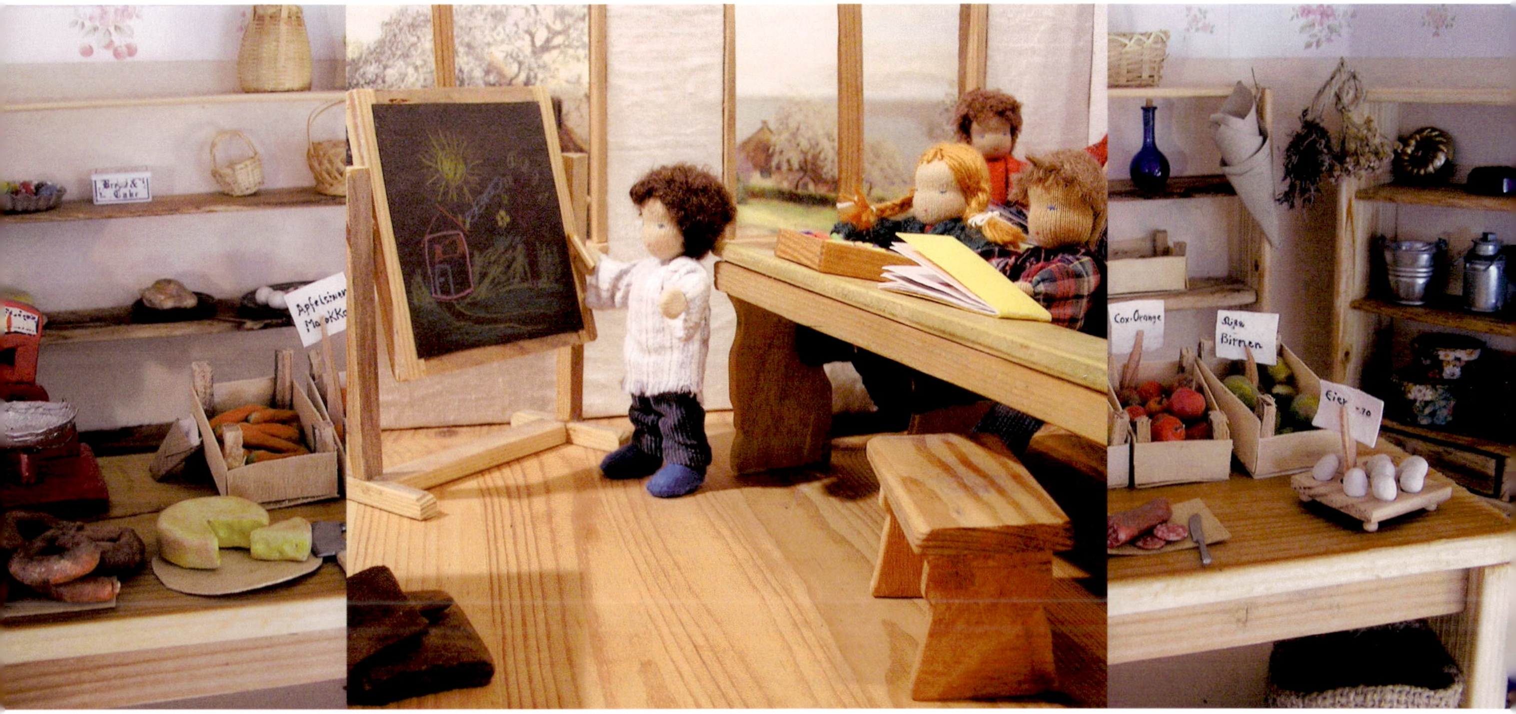

aus Holz

Ein Puppenzimmer ohne Decke **/***

Für die Zwei- bis Dreijährigen genügt ein schöner Platz auf einer Fensterbank, unter einem Stuhl oder in einem Regal, um fantasievoll zu spielen. Es liegt an ihren täglich neuen Einfällen, spontan zu sein. Weil ihre Puppen überall mitwandern, ziehen sie mit ihnen jeden Tag fröhlich aufs Neue um. Falls Sie, liebe Eltern, die aufgebaute «Wohnung» länger stehen lassen wollen, können Sie immer wieder beobachten, dass der Bezug, die Verbindung zum gestrigen oder vergangenen Spiel völlig vergessen ist. Ihre Spielintensität wird nur durch das tägliche, erneuerte Tun belebt. Ein «Auffrischen» ist ihnen völlig fremd.

Geben Sie Ihren Kindern deswegen nur gute Rahmenbedingungen: verschiedene Stoffmaterialien, Handtücher, Laken – was Sie zur Verfügung stellen können. Damit werden die Kinder vielleicht die Stühle zuhängen, um darunter eine Höhle oder eine Puppenwohnung zu bauen. Puppe und Kind sind im Spiel noch nicht getrennt: Es kann sein, dass plötzlich die eigene Puppe am Boden liegen bleibt und die Kinder in die Puppenwohnung schlüpfen …

Das Spielverhalten ändert sich mit zunehmendem Alter der Kinder. Der Abstand wächst, somit auch die Fähigkeit, ein Rollenspiel zu spielen und tatsächlich zum Papa oder zur Mutter für einen Teddy oder eine Puppe zu werden. Schon bei vierjährigen Kindern können diese Spielsachen wirklich über viele Tage friedlich in einem festen Häuschen sein. Eine kleine Kiste oder eine vorgefertigte Holzkiste aus dem Baumarkt wäre fürs Erste wirklich gut geeignet.

Ein Puppenzimmer aus Papier hat einen luftigen und etwas vergänglicheren Charakter. Holz dagegen ist ein sehr stabiles Material; je nach Größe und Holzart kann ein Puppenzimmer oder ein großes Puppenhaus recht schwer werden. Der Unterschied zu den zuletzt beschriebenen Bastelideen ist, dass so ein Puppenhäuschen immer mehr zu einem Möbelstück wird. Es braucht einen guten Platz, an dem es länger stehen kann und für die Kinder leicht zugänglich ist.

Bitte beachten Sie, dass meine Anregungen nicht mit den bestehenden «Puppenhausbörsen» in Konkurrenz treten sollen. Es gibt so viele Puppenhausspezialisten und -sammler! So viele Nachbildungen alter Häuser und Einrichtungen, dass man nur staunen kann. Natürlich könnten wir alte viktorianische Puppenhäuser nachbauen, und es gibt auch wirklich sehr viele schöne Dinge in dieser Branche … Aber, wo blieben dann unsere Ideen? Mein Wunsch ist, auch Erwachsene anzuregen, mit Freude und Mut ihre eigenen Ideen umzusetzen – weil wir in der *heutigen* Zeit leben und weil wir fast alles, statt es zu kaufen, mit einfachen Mitteln genauso gut selbst herstellen können. Auch die folgenden Anregungen richten sich nach der Größe meiner Biegepüppchen (Maßangaben siehe Vorwort).

Wir kommen nun den geläufigen Puppenhäusern immer näher. Zunächst können wir ein Puppenzimmer ohne Decke bauen. In einem Puppenhausmuseum wird diese traditionelle Form – neben den hohen Puppenhäusern und den Klapphäusern – am häufigsten ausgestellt. Die Form ist etwas auslaufend, mit leicht abgeschrägten Seitenwänden. Dadurch ist die Form dieser Puppenwohnung einerseits freilassend, gibt andererseits durch die Wände klare Grenzen.

Maße für ein breiteres Beispiel: Lassen Sie sich beim Baumarkt ein abgepacktes Kiefernholzbrett (120 x 30 x 1,8 cm) zuschneiden: Zwei Stücke à 36,5 cm für beide Seitenwände, das übrig gebliebene Teil benutzen Sie für die Rückenwand. So haben Sie keine unnötigen Holzreste, da die nächste vorhandene Größe der abgepackten Holzbretter (mit 150 x 30 cm)

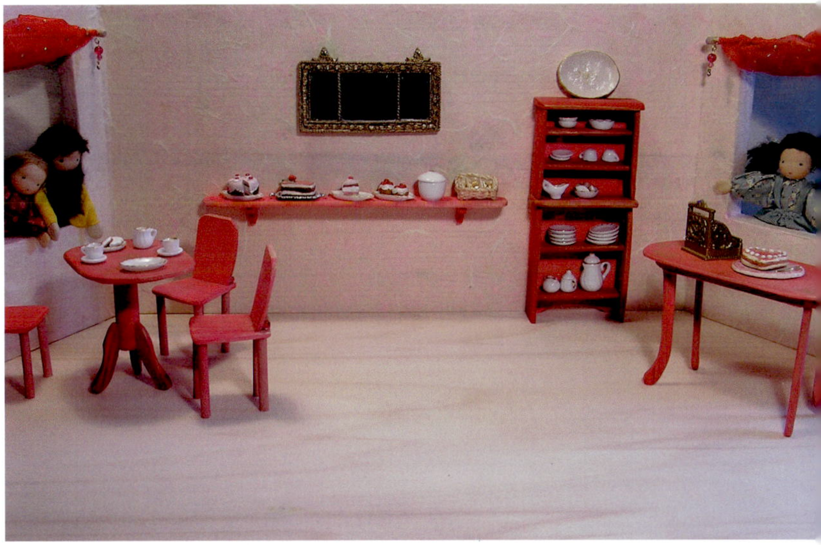

Ein Puppenzimmer aus Holz – als Café gestaltet

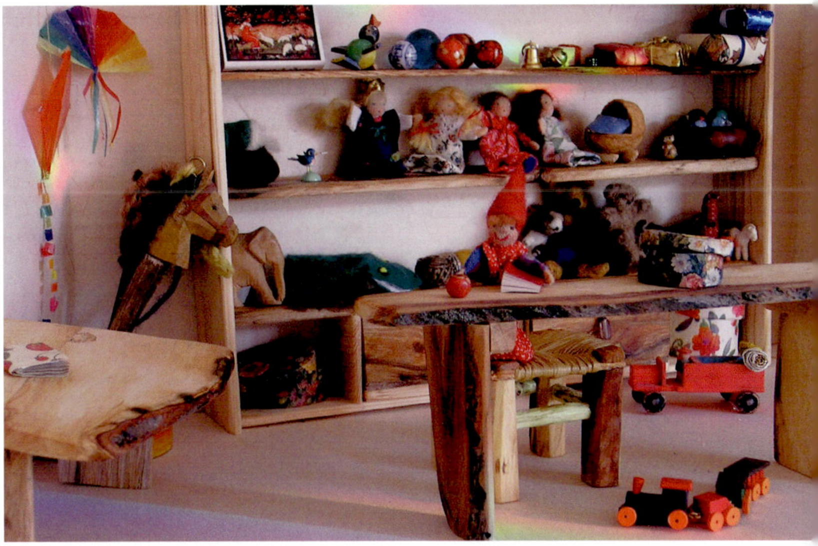

Der Kaufladen. Mit Spielzeug.

zu lang wäre. Danach benötigen Sie noch zusätzlich eine 1 cm starke Sperrholzplatte mit den Maßen 80 x 34 cm für den Boden. *Werkzeug:* eine Stichsäge oder Kreissäge, Holzleim, Zwingen, Hammer, Nägel und Schleifpapier. Eventuell eine hübsche Leiste als Abschluss.

Maße für ein schmaleres Beispiel: Sie lassen sich das Standardbrett (120 x 30 cm) auf 26 cm Höhe zuschneiden. Daraus ergeben sich dann zwei Brettchen von je 26 cm für die jeweiligen Seitenteile und ein Stück mit 50 cm Länge für die Rückwand. Hier bleibt ein kleiner Rest übrig. Für den Boden benötigen Sie eine 1 cm starke Sperrholzplatte mit den Maßen 72,5 x 34 cm.

1. **Planen und Sägen**: Dieses Puppenzimmer kann später vielseitig verwendet werden. Hier folgt ein Beispiel, mit dem Sie ein gemütliches «Einzimmer»-Puppenstübchen, einen kleinen Kaufladen, eine Schulstube, eine Puppenküche, eine Konditorei, eine Schneiderwerkstatt usw. einrichten können. Sie können zwischen beiden Größen wählen, je nach Bedarf.
Wir lernen zunächst, die Wände zu bauen, das äußere Gerüst. Die Seitenwände werden etwas schräg nach außen an die Rückwand gestellt. So bekommt die Puppenstube einen Innenwinkel von 120 Grad (Zeichnung 1). Das Sägeblatt einer vorhandenen Kreissäge wird mit einer Neigung von 30 Grad verstellt und die Bretter werden so schräg gesägt (Zeichnung 2). Als Erklärung: Weil wir von der horizontalen Linie ausgehen, wäre der ganze Winkel 180 Grad. Der gewünschte Winkel von 120 Grad für das Puppenzimmer wird abgezogen, also verbleiben 60 Grad (Zeichnung 3). Sie werden geteilt, weil sich zwei Bretter mit zwei Schrägen berühren: So entsteht der 30-Grad-Winkel, den Sie brauchen (Zeichnung 4).

Tipp

Falls Sie nicht die Möglichkeit haben, das Brett selbst zu sägen, kann Ihnen ein Schreiner, ein Fachmann in einem Baumarkt oder in einer Holzhandlung behilflich sein. Sie können diese Seitenteile dann dort zusägen lassen.

Für einen guten Abschluss müssen die Seitenbretter an beiden Enden ebenfalls mit derselben Winkelstellung schräg abgesägt werden (s. Zeichnung).
An der Rückwand oder an den Seitenwänden können Sie auch ein Fenster einplanen.
Falls das Puppenzimmer ein Fenster haben soll, zeichnen Sie die Fensteröffnung auf die gewünschte Holzwand und sägen Sie sie aus. Dafür müssen Sie zuerst mit der Bohrmaschine (mit einem Holzbohrer von 10 mm ∅) in jeder Ecke der Fensterzeichnung ein Loch bohren. Durch diese gebohrten Löcher können Sie das Sägeblatt einer Stichsäge stecken und das Fenster aussägen. Dann schmirgeln Sie alle Ränder schön glatt.

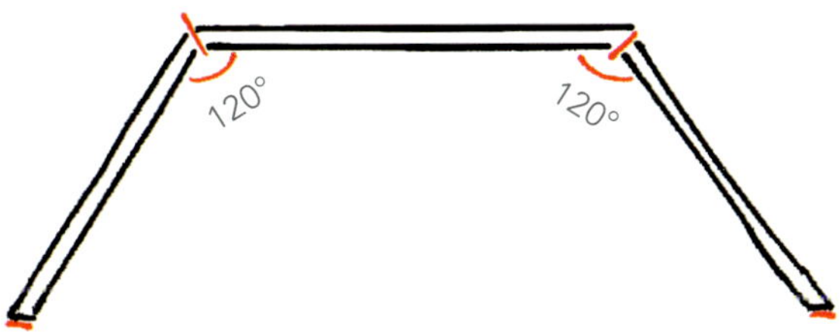

1

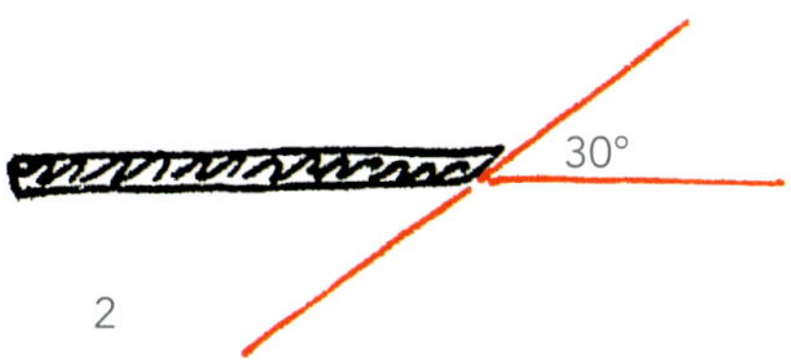

2

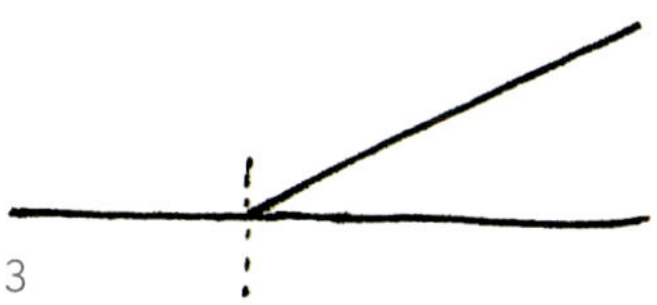

3

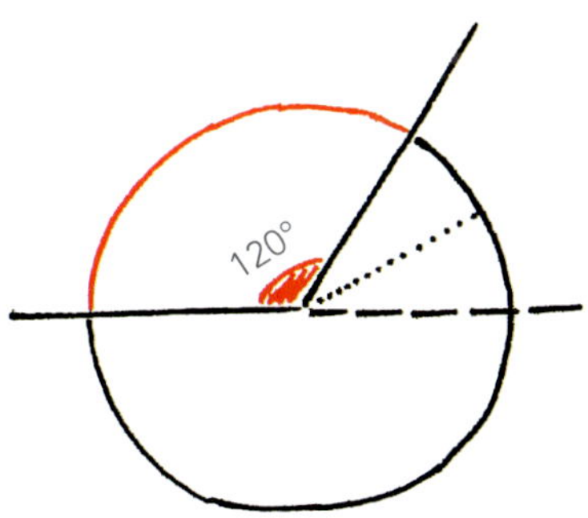

4

1 – 4: Die Puppenwände werden in einem Winkel von 120 Grad aufgestellt.

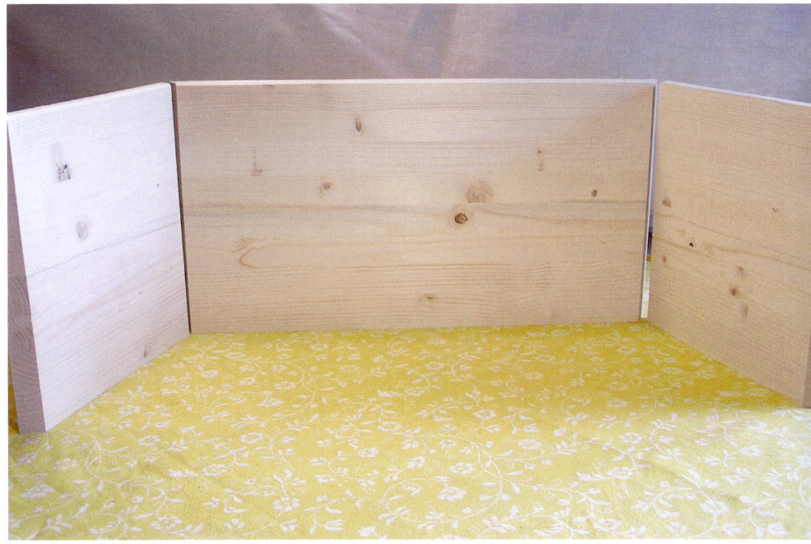

Die Wände sind lose aufgestellt.

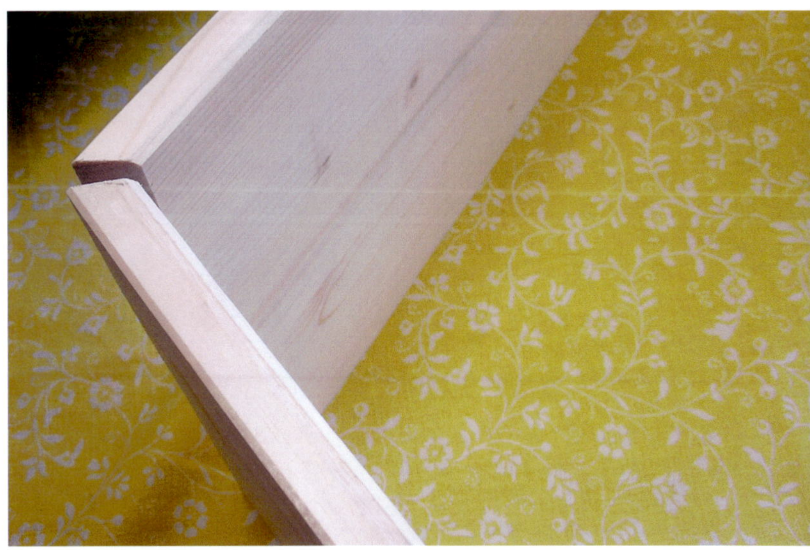

Der 30°-Winkel von oben

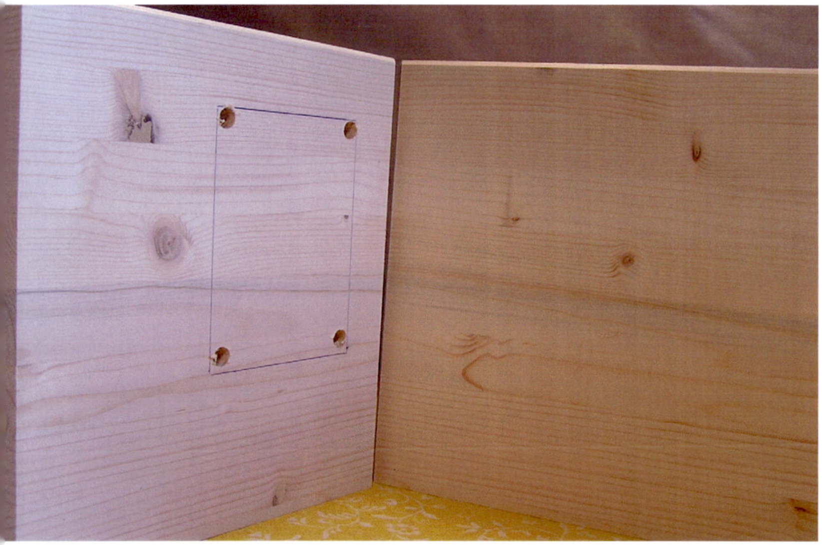

1. Fenster einzeichnen und anbohren.

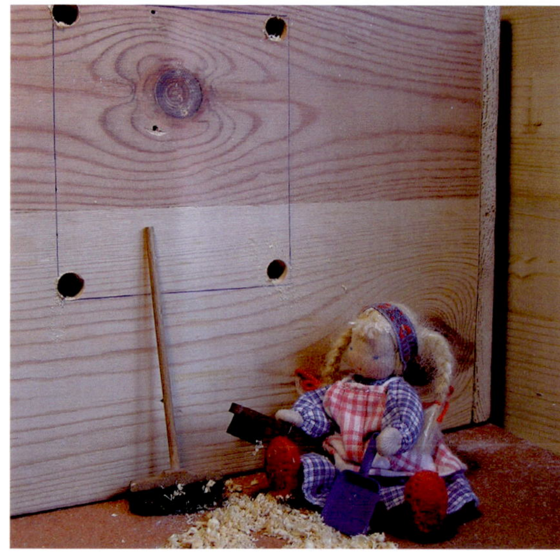

2. Die Fensteröffnung kann ausgesägt werden.

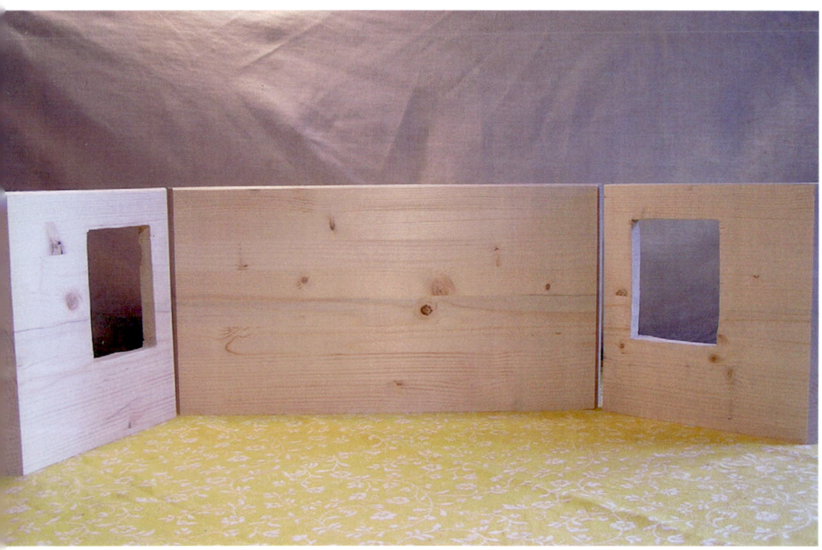

4. Beide Fenster sind fertig.

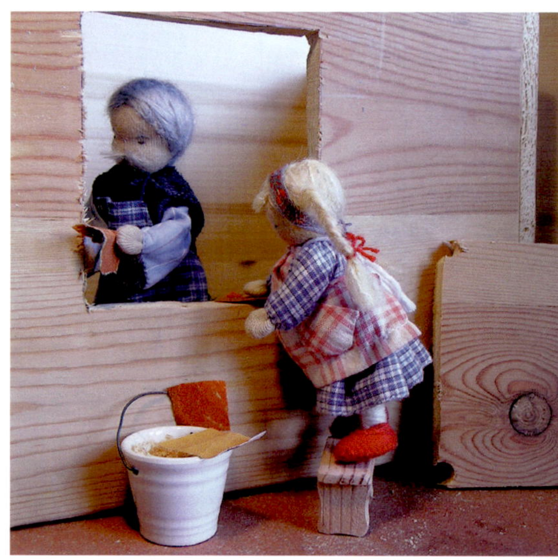

3. Alle Ränder glatt schleifen.

Tipp

Falls Sie keine Werkbank oder eine geeignete Arbeitsfläche zur Verfügung haben, können Sie über der Küchenspüle arbeiten. Sie wird erst mit dem Stöpsel abgedichtet, sodass kein Holzmehl in den Abfluss fallen kann. Weil das Spülbecken einen Rand hat, können Sie Ihr Holzbrett gut abstützen. Und weil die Stichsäge immer unterhalb des Sägeschnittes herauskommt, ist die Beckenrundung sehr gut dafür geeignet. Nach dem Sägen können Sie die Sägespäne mit einem feuchten Papiertaschentuch leicht einsammeln und entsorgen.
Der Fußboden wird nach Arbeitsschritt 2. (nach dem Zusammensetzen der Wände) zugesägt.

2. **Zusammensetzen**: Alle Wände werden an den Berührungsstellen gleichmäßig dünn mit Holzleim bestrichen, dann aneinander auf einer geraden Fläche aufgestellt und zusammengedrückt. Weil die zwei seitlichen Holzbretter angewinkelt stehen, ist es etwas mühsam, die geleimten Bretter trocknen zu lassen, ohne dass sich die Arbeit manchmal verschiebt. Lassen Sie sich davon nicht entmutigen … Man kann zur Stabilisierung zwar keine Zwingen benutzen, aber Sie können die Puppenzimmerwände von beiden Seiten mit dicken Büchern abstützen. Nach der ersten Trocknung können die Innenkanten der Bretter zusätzlich mit einem Streifen Holzleim abgedichtet werden, indem Sie mit der Flasche die

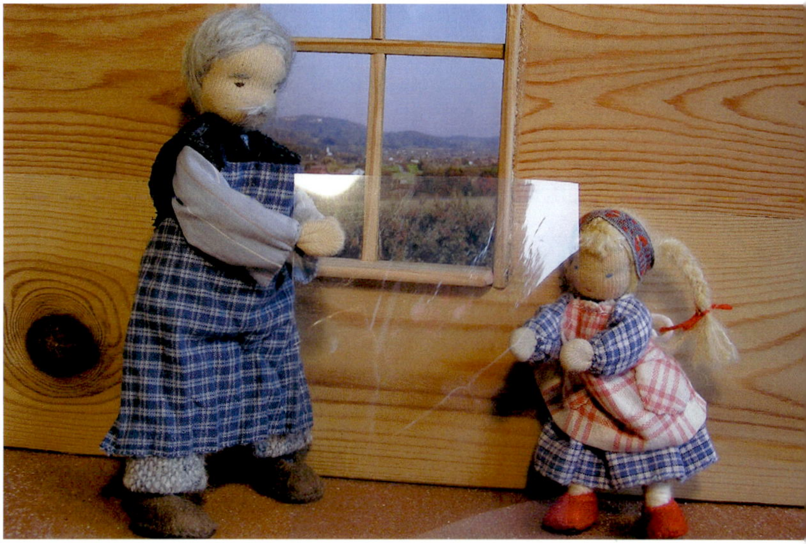

Folie einsetzen.

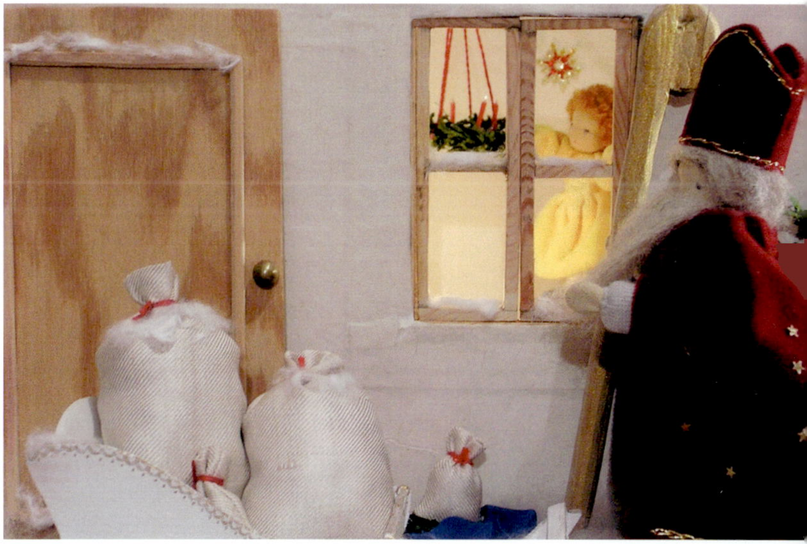

Ein Fenster und eine Tür aus Holz. Beispiel.

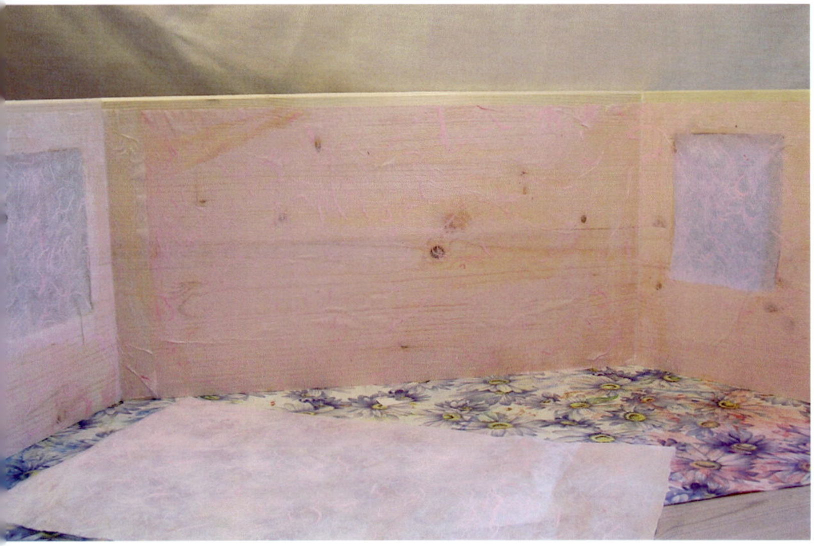

Die Wände werden tapeziert.

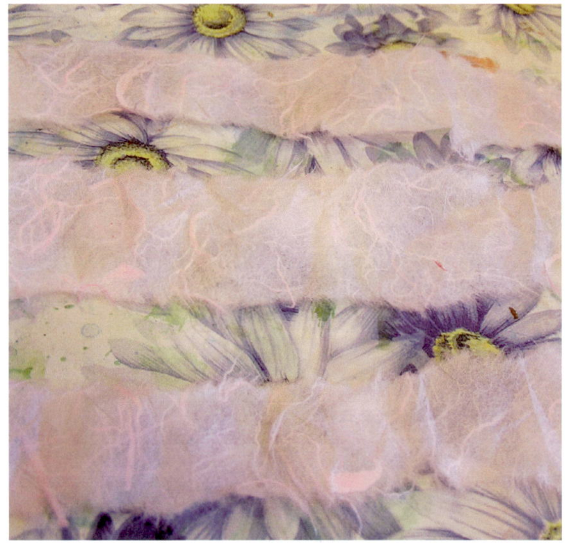

Streifen aus Tapentenresten für feine Übergänge

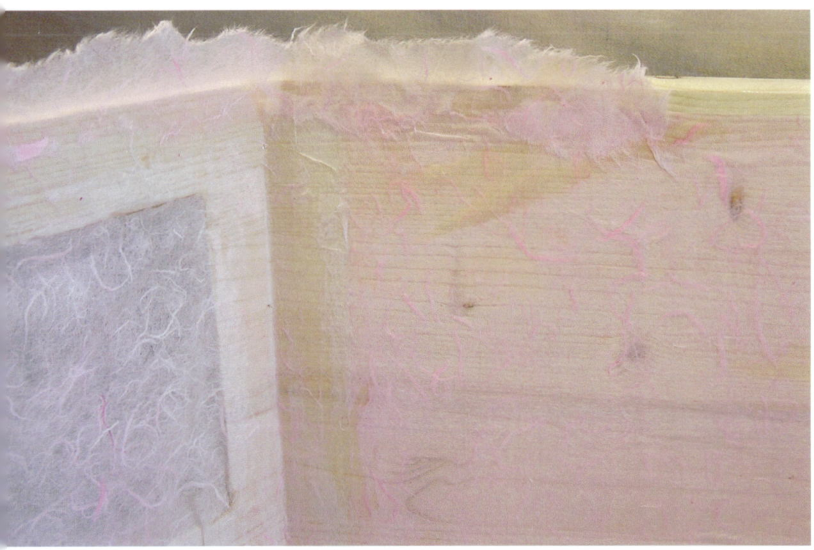

Tapete anstückeln, wenn es knapp wird

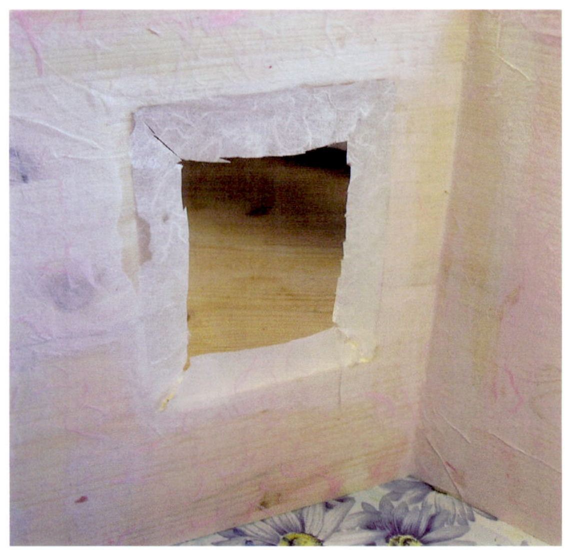

Das Fenster wird vorbereitet.

Ritze entlangfahren und mit einem Finger den Leim glatt streichen.

Nun können Sie zwischen zwei Möglichkeiten wählen: Möchten Sie die Holzwände schlicht lassen? Dann lesen Sie gleich ab Abschnitt 3 weiter. Oder möchten Sie die Wände Ihres Puppenzimmers mit «Tapeten» verkleiden? Dann ist jetzt der richtige Zeitpunkt dafür. Mit Kleistermasse kann man sehr gut Papier auf eine Holzunterlage kleben. Im Kapitel «Ein Puppenzimmer aus Pappe und Papier» werden diese Arbeiten beschrieben. Sie sind in der Ausführung ähnlich. Der Unterschied liegt in der Höhe der Tapeten. Rechnen Sie die Stärke Ihrer Bretter jeweils zweimal zur normalen Wandhöhe für die obere und die untere Kante dazu, damit Sie das Papier an der Kante des Brettes umschlagen können. Die Maße sind in diesem Fall: für das größere Puppenzimmer 42 cm Breite mal 125 cm für die gesamte Länge aller Wände aneinandergerechnet; für das kleinere Puppenzimmer betragen sie: 30 cm Breite mal 117 cm Länge.

Falls Sie eine Fensteröffnung eingeplant haben, können Sie sie, wie an den Zeichnungen 5 – 7 ersichtlich, ebenfalls in die Tapezierarbeit einbeziehen. Die Fensteröffnung wird zunächst mit der ganzen Wandtapete überklebt und so trocknen gelassen. Dann wird das Papier eingeschnitten (s. rechts und das Kapitel «Ein Puppenhaus aus Pappe und Papier», Schritt 3).

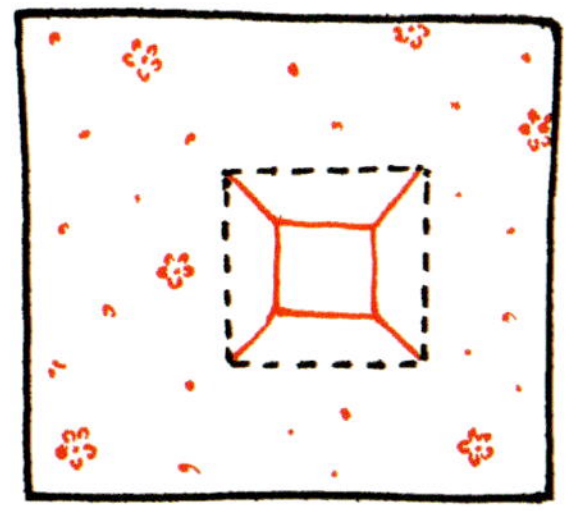

5

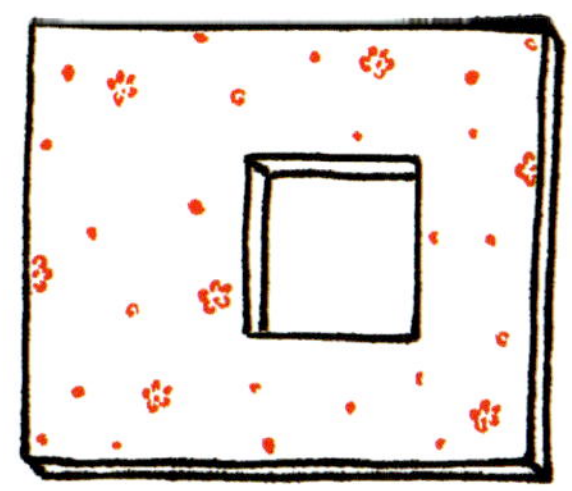

6

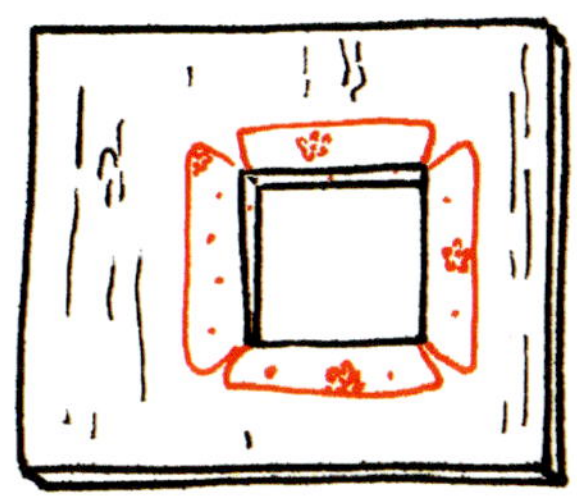

7

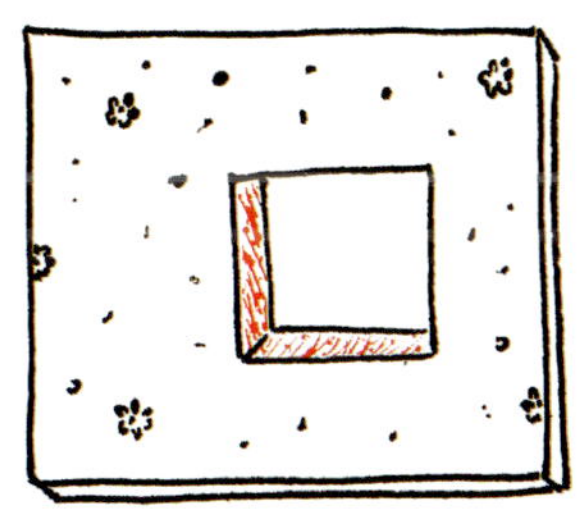

8

5: Kleines Innenviereck ausschneiden und bis zu den Fensterecken Diagonalen einschneiden.
6: Die Tapete wird nach außen geklappt.
7: Nach außen geklappte Tapete (Ansicht Rückseite).
8: Den Fensterrahmen zusätzlich mit einem schmalen Papierstreifen auskleiden.

Weil das Holz eine gewisse Stärke hat, muss ein schmaler Papierstreifen von 2 cm Breite mal die Länge des Fensters den Fensterrahmen zusätzlich auskleiden.
Nach Wunsch können Sie in diese Fensteröffnung eine «ungefährliche» Scheibe einbauen. Echtes Glas kann für manche Kinder gefährlich sein; das Puppenhaus soll ja ohne Bedenken benutzt werden. Als Alternative können Sie eine Scheibe aus einem Stück stabiler Plastikfolie, z. B. von einem Schnellhefter, ausschneiden. Diese härtere Folie kann man nach Bedarf auch mit Window Color (abziehbare Transparentfarben auf Wasserbasis) bemalen. Man kann auch einen Rest Plexiglas benutzen oder das Fenster einfach «offen» lassen und sich die Scheibe dazudenken …
Ein Fensterbrett wird erst aus Papier vorgeschnitten und am Fenster angepasst, bevor es aus einem dünnen Brettchen zugesägt wird.

3. Der Boden: Die getrockneten Außenwände werden auf die Bodenplatte gestellt. Die hintere Zimmerwand wird an die längere Bretterkante bündig hingeschoben, und die hintere Kante der Platte wird den schrägen Wänden angepasst und am Boden übertragen, indem Sie mit einem Bleistift unten die Form entlangzeichnen. Dann stellen Sie die Wände vorsichtig zur Seite, sägen an den Linien den Boden aus und schmirgeln die gesägten Ränder ebenso glatt. Die drei Wände werden vorsichtig umgedreht, sodass die Kante, die später den Boden berührt, nach oben kommt. Diese Kanten werden alle mit Leim bestrichen, und der zugesägte Boden wird bündig daraufgestellt.
Mithilfe von Zwingen können Sie nun den Boden mit den Seitenteilen festklammern und diese mit etwas gefaltetem weißem Papier unterlegen. So schützen Sie das Holz oder die frischen Tapeten. Bevor Sie die Zwingen wieder abmachen, können Sie den Boden mit einigen dünnen Nägeln festklopfen. Das Puppenzimmer kann jetzt umgedreht werden.
Manche Puppenstuben dieser Art bekommen oben und an den Kanten der Seitenwände, sozusagen als Abschluss der Bretterkante, eine schöne, schmale Holzleiste ringsherum, die Sie entweder mit dünnen Nägelchen oder nur mit Leim befestigen können.
Die Durchführung dieser Bastelarbeit mit Ihrem Kind oder Ihrem Enkelkind kann sehr viel Spaß machen, und der Bezug zum Spielzeug wächst durch die gemeinsame Arbeit. Jetzt können Sie das Puppenzimmer nach eigenen Wünschen einrichten. Soll es eine Puppenwohnung, ein Kaufladen, eine Konditorei oder eine geräumige Küche werden? Auf den folgenden Seiten können Sie einige Beispiele sehen.

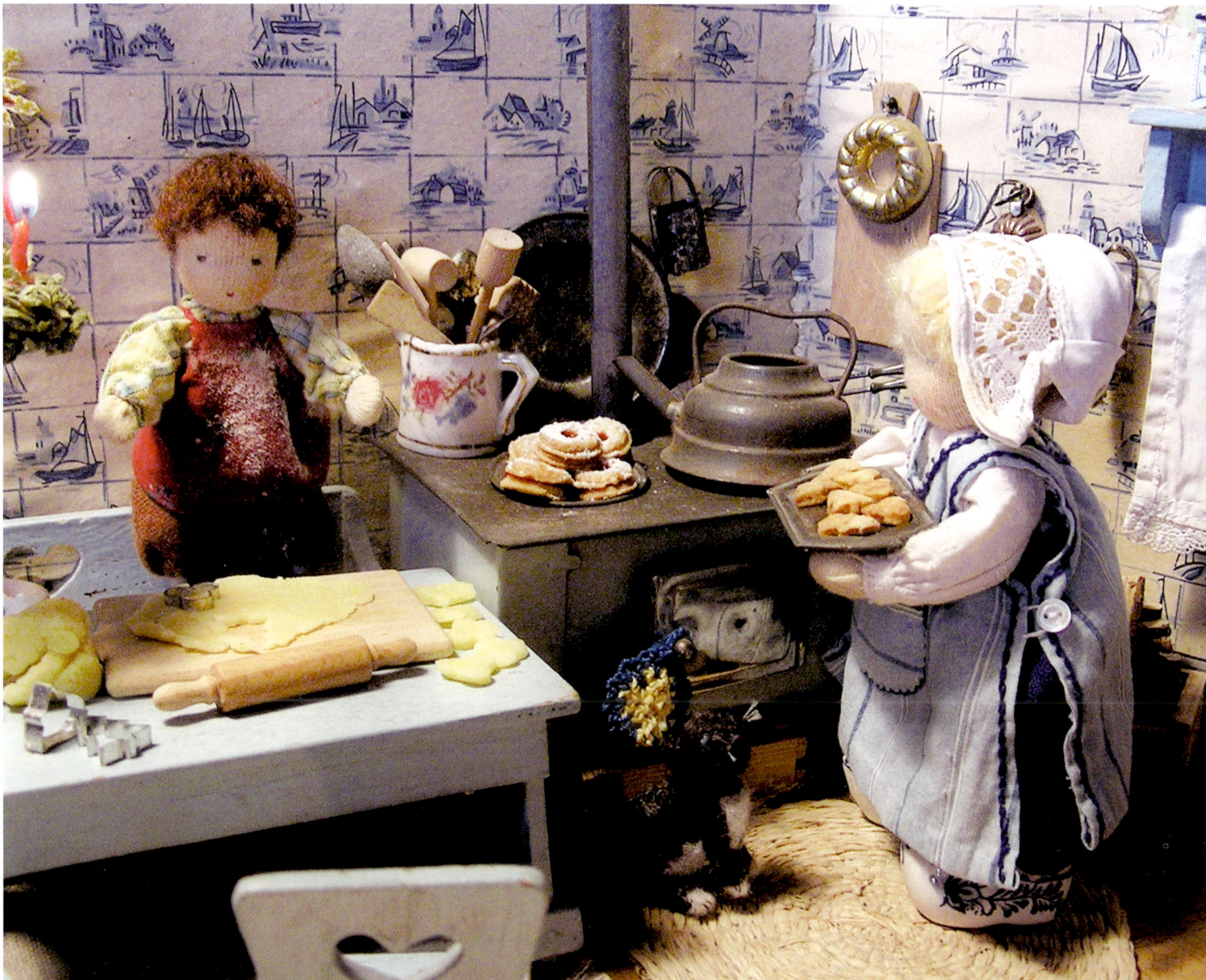

Der Kaufladen ***

Material

Siehe Kapitel «Puppenzimmer aus Holz», Seite 61 f.

Zusätzlich benötigen Sie:

- einen länglichen Holzklotz (z.B. von einer Wegwerfpalette) oder einen trockenen, dickeren Ast von Obstholz (aus dem Garten oder auf einem Spaziergang gefunden), den Sie in dünne Scheiben sägen können, oder schon vorbereitetes dünneres Holz (stabile Obstkisten, Sperrholzreste vom Baumarkt) für die Inneneinrichtung und die Regale
- Stoff für kleine Säckchen, braunes Papier von Gemüse oder Packpapier für kleine Tüten
- Ton, Schere, Kleber, Farben usw.

Für einen kleinen Puppenkaufladen wird zuerst ein Puppenzimmer aus Holz gebaut – mit oder ohne Fenster. Danach planen Sie die Innengestaltung. Vielleicht zeichnen Sie alle zusammen, Groß und Klein, einen eigenen «Tante-Emma-Laden»?

Schulkindern macht diese Arbeit sehr viel Spaß! Sie haben Geschick und können sich viele Kleinigkeiten dazu ausdenken. Diese Tätigkeiten werden den wachsenden konkreten Vorstellungen der Kinder gerecht und ermöglichen viele realistische Ausgestaltungen. Orientieren Sie sich an der Größe Ihrer Puppen für die Möbel.

1. **Die Inneneinrichtung**: Für so einen kleinen Laden brauchen Sie erst einige Regale (oder kleine Schränkchen) und einen Tisch. Wenn Sie eine Kreissäge haben, sägen Sie sich aus einem trockenen, dicken Holzklotz viele gleich starke Scheiben, ca. 5-7 mm stark, zurecht. Dieses Holz sieht, wenn man es verarbeitet, viel schöner aus als Sperrholz, und die Möbel daraus wirken wie echt. Falls Sie aber das Holz sowieso bunt lackieren wollen oder Ihnen dieser Vorschlag nicht gefällt, können Sie auch mit anderem Holzmaterial arbeiten.

Schöne, längere Flächen sind eine gute Voraussetzung, um allerlei darauf zu präsentieren. Hier ein paar Beispiele, wie Sie kleine **Regale** bauen können:

- Ein einfaches Regal, in einer griechischen Bäckerei gesehen, mit Holzästen, die aus der Wand kommen, und mit Brettern darauf (Foto S. 71 oben und S. 164/165). Dafür bohren Sie in die Wand passende Löcher

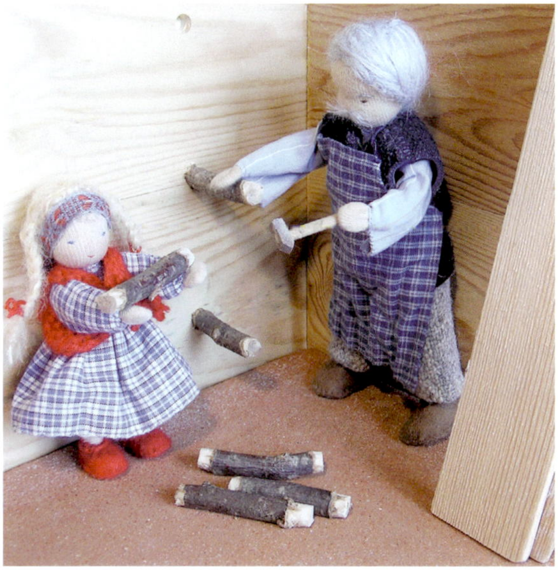

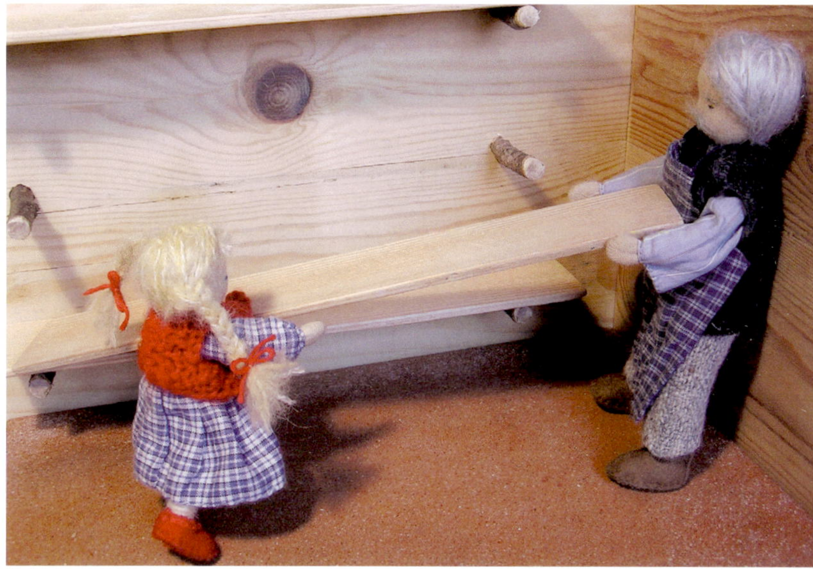

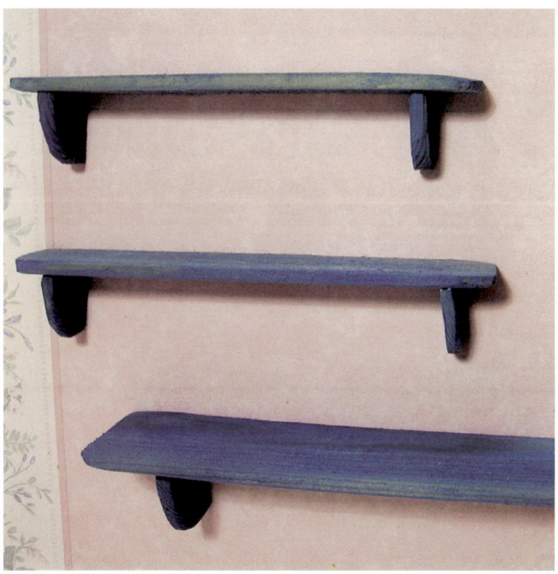

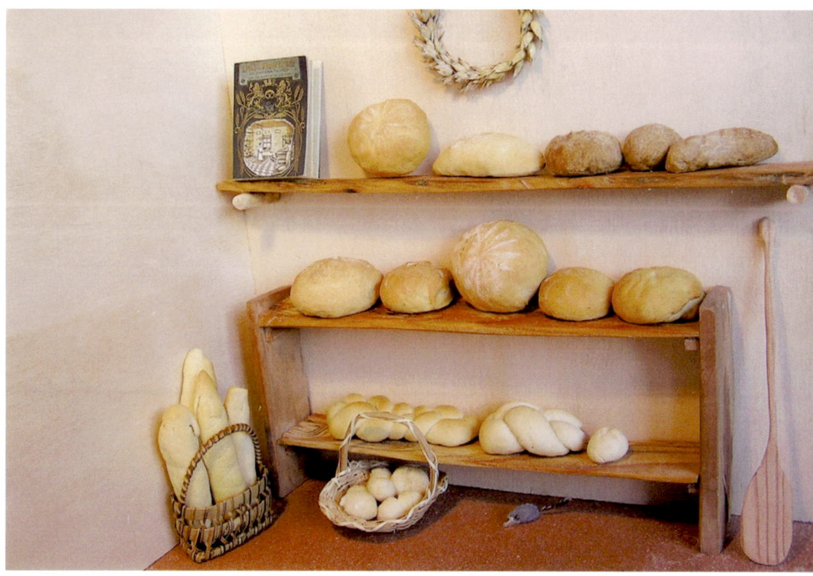

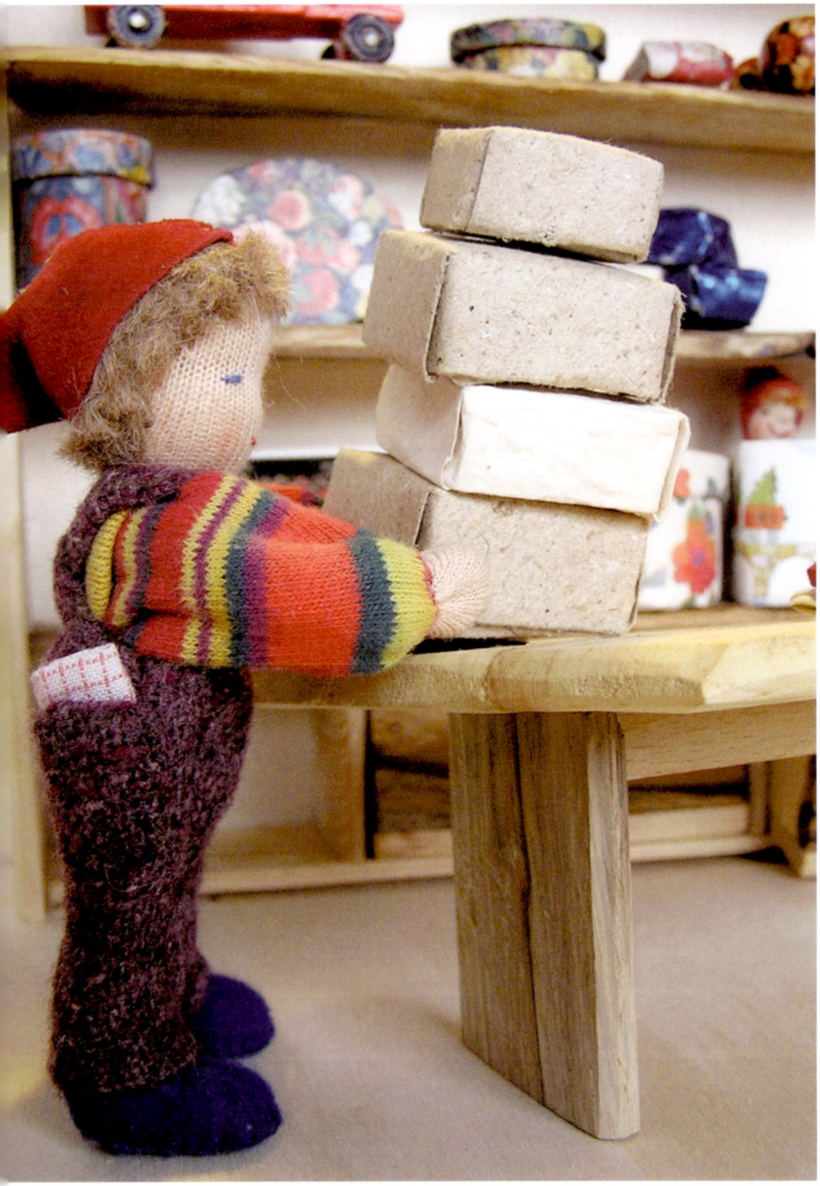

und leimen Träger aus Haselzweigen oder Rundholzstäbe hinein.

- Ein schlichtes Regalbrett mit dreieckigen Stützen darunter, für die Wand (S. 71 u. l. und S. 83 u.). Die dreieckigen Stützen werden aus derselben Bretterstärke angefertigt und am Regalbrett zunächst angeleimt. Sie brauchen einen rechteckigen Winkel, um das Brett bündig an der Wand zu befestigen.
- Ein stehendes Regal: Mehrere Fächer werden an durchgehenden Seitenwänden angeleimt und zum Trocknen mit Zwingen gehalten (S. 71 u. r. und S. 58/59). Nach Bedarf können die Regale direkt an den Wänden des Kaufladens angeleimt oder mit kleinen Nägelchen aufgehängt werden. Man kann auch Schubladen in ihnen unterbringen.

Einen einfachen und stabilen **Tisch** bekommen Sie, wenn Sie die Tischplatte nicht auf vier Beine stellen, sondern auf zwei seitliche Brettchen bauen. Zwischen der Platte und den Seitenteilen können kleine rechteckige Leisten zur Stabilisierung angeleimt werden (s. Foto links).

Schubladen sind genau das Richtige für geduldige Bastler. Hier ist eine einfache Form abgebildet. Sie erleichtern sich die Planung, wenn Sie auf ein kariertes Papier die gewünschten Maße eintragen und ausrechnen. Auf den Fotos sehen Sie die Schritte für den Aufbau:

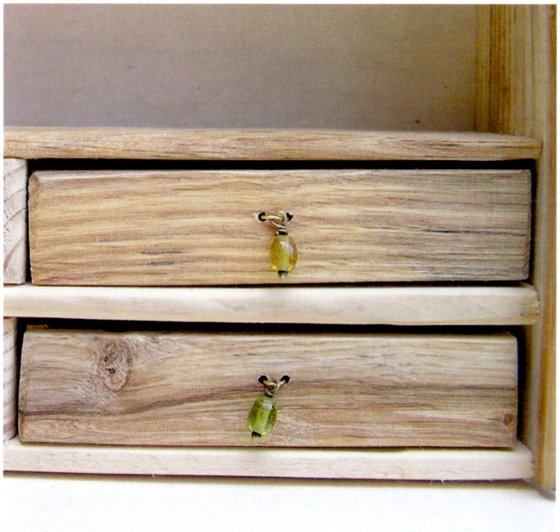

Schubladen mit Griffen

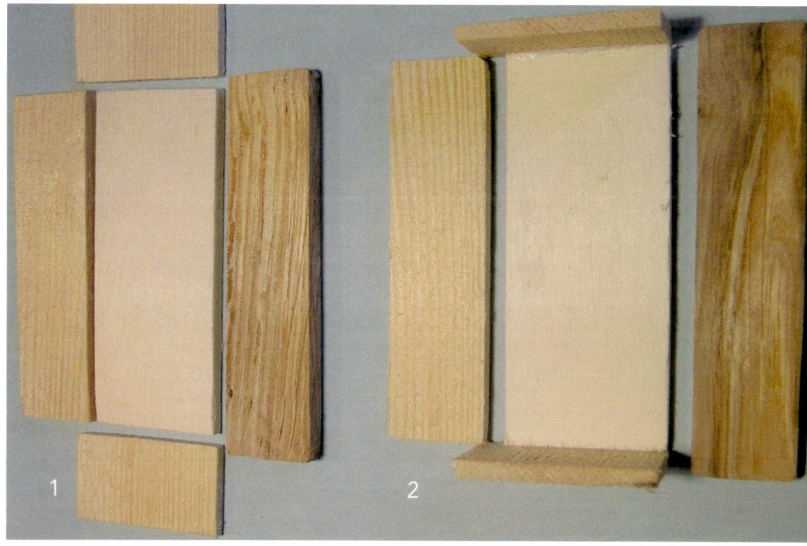

Schubladenaufbau: 1. und 2. Schritt

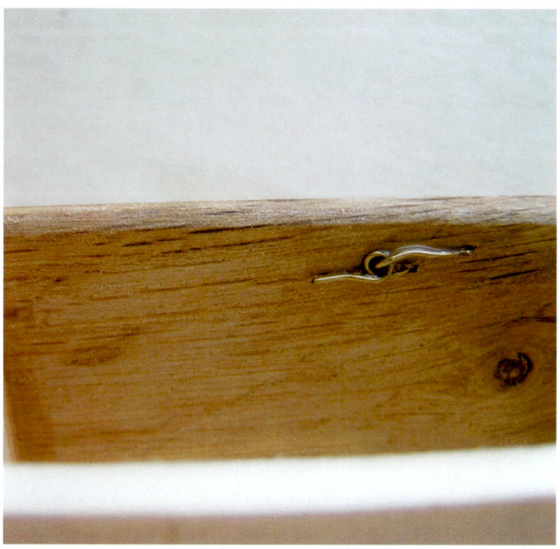

Befestigung eines Griffes an der Innenseite

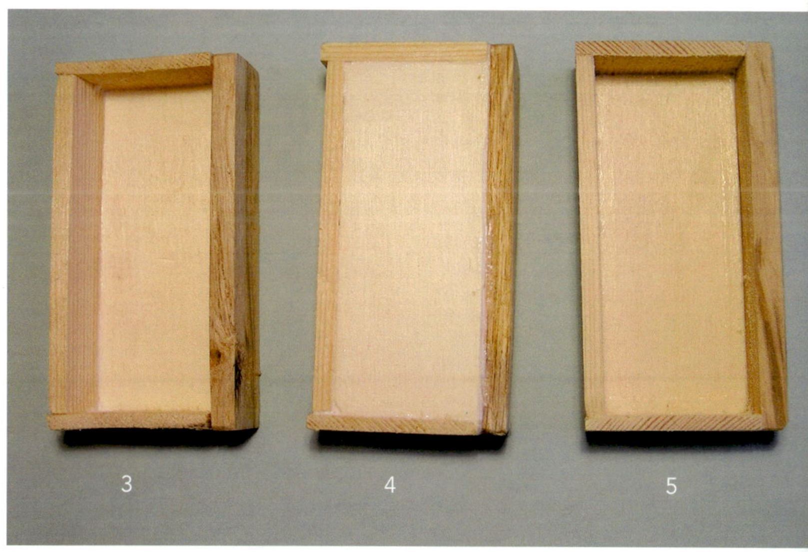

Schubladenaufbau: 3. – 5. Schritt

- Sie sägen ein Holzbrett in einen länglichen Streifen, der so breit werden soll, wie das Schubfach hoch ist. Sie teilen ihn in vier Teile ein: zwei gleich lange Seitenteile, ein kurzes Brettchen für die hintere Fachfläche und ein Vorderteil.
- Der Boden hat dieselbe Breite wie die kürzere Hinterwand. Das Vorderteil wird bündig geleimt und schließt mit den Seitenteilen ab. Durch diese Arbeitsweise sehen die Schubladen von vorne hübsch aus.
- Falls irgendwo etwas klemmen sollte, schleifen Sie nach dem Trocknen seitlich etwas vom Holz ab, indem Sie die ganze Seitenfläche des Schubfaches parallel zum Schleifband halten. Vorsicht, nicht zu viel abschleifen!
- Ein Messingnagel mit rundem Knopf, ein selbst gemachter Griff aus Silberdraht (oder Kupferdraht aus alten Elektrokabeln), eine Perle, ein Griff aus Leder oder Holz – dies sind kleine Anregungen für Griffe (Fotos von verschiedenen Griffbeispielen und eine detaillierte Erklärung finden Sie im Kapitel «Möbel aus Holz»).

2. **Behältnisse**: Um die vielen Kleinigkeiten unterzubringen, braucht ein Kaufmannsladen allerlei:

Tüten werden aus Gemüse- oder Packpapier gefaltet. Sie können Spitztüten aus einem Kreis ausschneiden, gerade flache Tüten oder Einkaufstüten mit Boden basteln.

- Spitztüten: Ein Quadrat 6 x 6 cm ausschneiden, zur Tüte rollen und festkleben (Zeichnungen 9 a – c).
- Flache Tüten (Zeichnungen 10 a – g): Ein Rechteck 6 x 6,5 cm ausschneiden. An der längeren Seite 5 mm anzeichnen und bis zur Linie falten (a). Wieder aufklappen und unten den Tütenboden auf 5 mm umknicken (b). Den oberen Rand auf 1 cm ebenfalls nach innen falten (c). Alles wieder aufklappen und bis zu den angezeigten Markierungen einschneiden (d). Schraffierte Teile abschneiden (e). Zuklappen (f) und zusammenkleben (g).
- Einkaufstüten (Zeichnung 11 a – f): Schneiden Sie sich ein Rechteck, 8 x 15 cm, aus einem schönen Papier aus. Knicken Sie für den oberen Rand und für den Boden jeweils 1 cm nach innen um (a). Drehen Sie dieses geknickte Papier mit den Falten zum Tisch. Falten Sie nun das ganze Rechteck wie folgt: nach 5 cm, 2 cm, 5 cm, 2 cm und 1 cm als seitlicher Rand (b). Das Ganze umdrehen (!). Beide 2-cm-Falten in der Mitte auf 1 cm halbieren (c). Dann das Papier wieder umdrehen. Durch dieses Umdrehen bekommen die Knicke eine andere Richtung. Die Tüte mit dem umgefalteten oberen Rand an dem 1-cm-Rand nach innen zusammenkleben. Die Tüte mit den Seiten flach aufeinanderdrücken. Den unteren vorgeknickten Rand nochmals zusammen zur zugeklebten Tüte falten (d), dann diese Falte wieder aufmachen und die

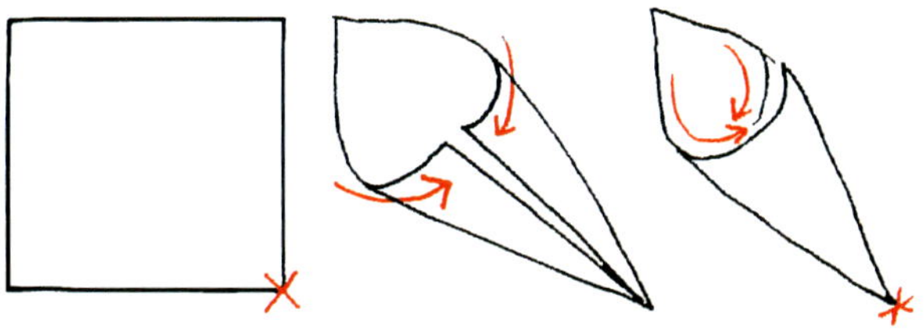

9 a – c: Spitztüte

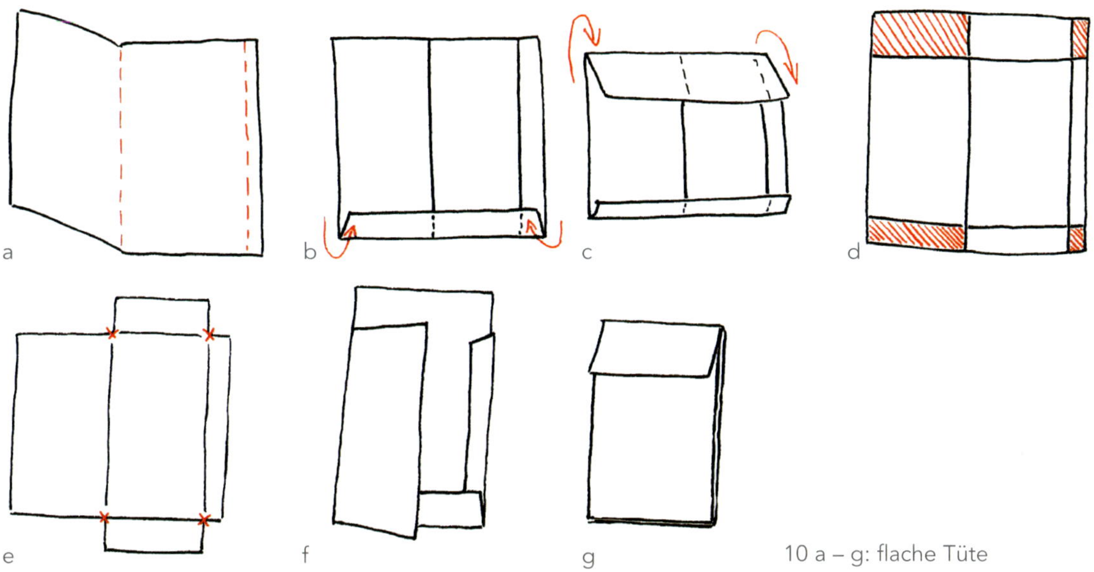

10 a – g: flache Tüte

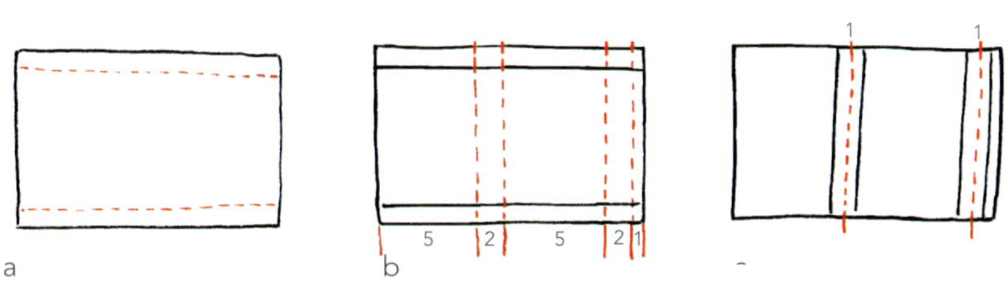

11 a – f: Einkaufstüte

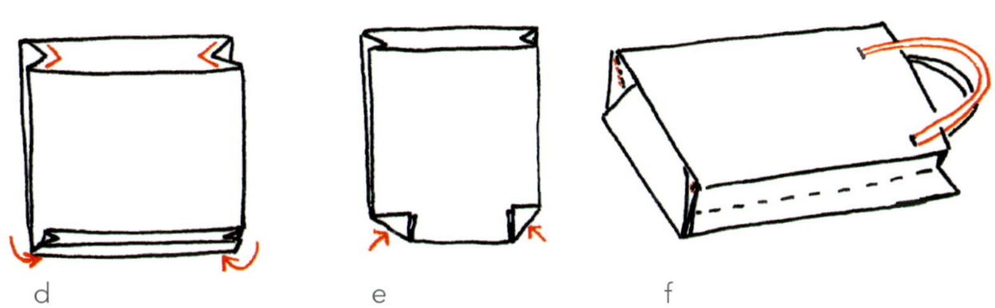

kleinen Seitenecken bis zur Falte umknicken (e). Mit den Fingern in die Tüte hineingehen, den Boden formen und zukleben. Kleine Henkel aus Sisal, Baumwolle oder Paketschnur durch den oberen verstärkten Rand stechen und ankleben (f).

Schachteln können Sie ebenfalls selbst herstellen. Hier ein Beispiel für eine Schachtel von 3,5 x 3,5 cm (Zeichnung 12 und Foto S. 72): Schneiden Sie ein Viereck, 9,5 x 9,5 cm, aus einem hübschen Papier. Falten Sie die Ecken zueinander als Dreieck. Machen Sie dieses wieder auf und falten entgegengesetzt genauso. Markieren Sie die Mitte und knicken Sie alle äußeren Ecken zu diesem Punkt. Machen Sie alles wieder auf und knicken Sie die äußere Spitze zur gegenüberliegenden obersten Linie. Wiederholen Sie diesen Arbeitsschritt für alle Ecken. Machen Sie alles erneut auf, markieren Sie sich die neuen Punkte. Entfalten Sie das Papier wieder und knicken Sie zum Abschluss die kleinen Ecken ebenso bis zur Linie, die den Ecken am nächsten liegt. Wenn Sie dieses Papier nun aufmachen, sehen Sie ein schönes Muster, bestehend aus vielen Viereckchen nebeneinander. Sie schneiden nun bis zu den markierten Punkten das Papier ein. Legen Sie das eingeschnittene Papier so vor sich, dass eine Spitze mit den Einschnitten zu Ihnen schaut. Die Ecken an der linken und rechten Seite werden zweimal nach innen, umeinander, gefaltet. Stellen Sie diese Schachtelränder mit beiden Händen hochkant und schieben Sie die Spitzen nach innen zueinander. Die beiden letzten Schachtelränder werden um diese Spitzen gefaltet und an den Boden der Schachtel geklebt. Wenn Sie einen Deckel für diese Schachtel brauchen, falten Sie ein anderes Viereck, 5 cm breiter, also für dieses Beispiel 10 x 10 cm. Um diese kleine Schachtel zu stabilisieren, kleben Sie in den Boden eine 3,2 x 3,2 cm große Pappe und in den Deckel eine mit den Größen 3,5 x 3,5 cm ein, die jeweils mit hübschem Papier überzogen werden.

Für das Gemüse sind kleine **Kisten** aus Spanholz hübsch (Fotos S. 59 und 81 oben). Dieses dünne Holz finden Sie oft als Körbchen für Champignons. Dieses Holz können Sie gut mit einer Nagelschere zuschneiden. Aus dünnen Rechtkanthölzern sägen Sie für die Obstkiste vier gleich hohe Pfosten zu Pfeilern. An diese kleben Sie ringsherum, also an allen vier Seitenteilen, schmale Spanholzstreifen; sie sollen alle bündig an die Kante der Pfosten stoßen. Leimen Sie diese fest. Damit die Kiste nicht in sich wackelt, drücken Sie, mit einem Brettchen, alle vier Pfosten gleichmäßig an eine gerade Fläche. Wenn alles gut getrocknet ist, tropfen Sie auf die Pfosten etwas Holzleim und legen sie auf einen breiten Span. Das wird der Kistenboden. Nach dem Trocknen schneiden Sie die eventuell überstehenden Ränder ringsherum ab.

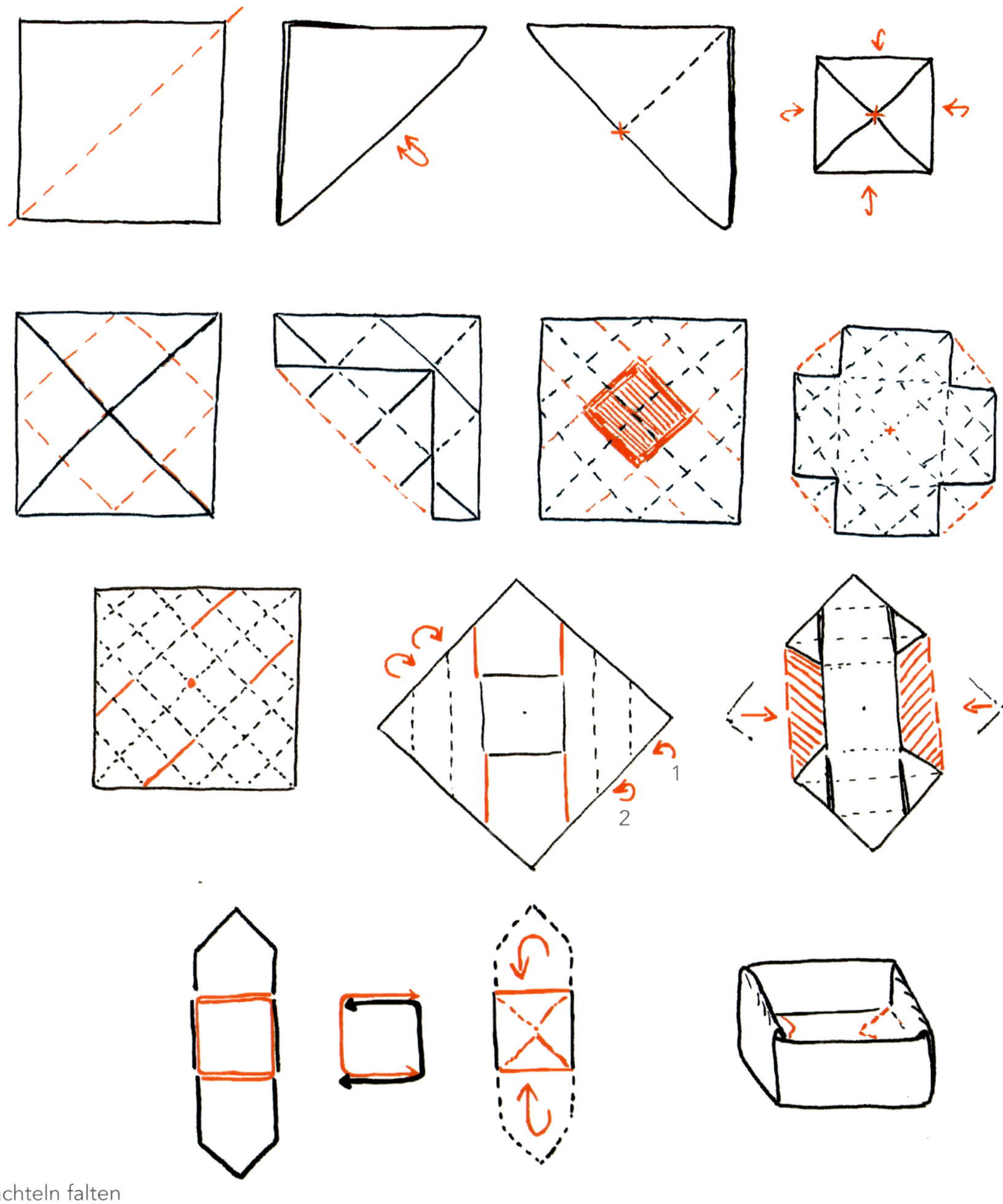

12: Schachteln falten

Körbe in kleinen Größen finden Sie in Bastelläden. Aber es macht genauso Spaß, sie selbst herzustellen. Dafür können Sie hier zwei Beispiele sehen, die leicht nachzubasteln sind:

- Sie schneiden sich eine Schablone aus Pappe nach der Zeichnung 13 (S. 80) zurecht. Kleben Sie den Anfang des Fadens am Boden fest. Knicken Sie alle Seitenteile nach oben und weben Sie mit Bast oder Paketschnur alle Zwischenräume aus, immer im Kreis. Ab und zu eine dünne Leimschicht auf die Pappe tropfen. Diese befestigt das Material und verhindert das Wegrutschen. Oben, am Rand angekommen, schneiden Sie den Bast ab und kleben das Ende ebenfalls fest. Ein schmales Zöpfchen oder eine gedrehte Kordel aus demselben Material kann ringsherum ein guter Abschluss sein. Die Pappe bleibt drinnen. Für einen Henkel flechten Sie ein 5 cm langes Zöpfchen und kleben dieses innen an den Seiten des Körbchens fest.
- Schneiden Sie fünf Drahtstückchen gleicher Länge aus, z.B. 9 cm. Da dieses Körbchen ausgewebt wird, brauchen Sie eine ungerade Zahl, damit sich die Ebenen abwechseln. An einen der Drähte formen Sie mit der Spitzzange eine kleine Öse und befestigen ihn mittig an einem anderen Draht. Die anderen drei werden sternförmig übereinandergelegt und festgehalten. Mit einer Bastschnur (oder ein Material Ihrer Wahl: bunte Wolle, eine dünne Paketschnur …) beginnen Sie diesen «Siebenstern» in der Mitte zu umweben. Erst nach der zweiten Runde können Sie den Bast anspannen und verknoten. Nach ca. vier Runden können Sie die Webart ändern, indem Sie zum nächsten Draht gehen, ihn umwickeln und weitergehen. Diese Umwicklung wird jetzt um jeden Draht gemacht. An den Fotos sehen Sie den Unterschied: Wenn Sie von unten nach oben wickeln, bekommen Sie eine Struktur an der Innenseite des Körbchens, und wenn Sie von oben nach unten wickeln, bleibt die Struktur außen. Nach einer Weile formen Sie die Drähte in die gewünschte «Korbform». Wenn der Korb die gewünschte Höhe bekommen hat, verknoten Sie den Faden, zwicken die Drähte *einzeln* auf einige Millimeter ab dem Korbrand ab und biegen sie als Abschluss, ebenfalls einzeln, mit einer Spitzzange nach innen um. Der obere Rand wird mit einer eingefädelten Nadel umwickelt und schön abgeschlossen. Der sichtbare Draht in der Mitte wird ebenfalls mit einigen Stichen bedeckt und verknotet.

Kinder mögen sehr gerne kleine **Dosen** mit einem Deckel zum Öffnen (Zeichnung 14, S. 80). Ein zugeschnittener Streifen aus dünnem Karton wird über eine Tischkante gezogen. Dadurch kann er später leichter aufgerollt werden. Dann suchen Sie sich ein Rundholz, einen Kochlöffelstiel, eine Kerze oder Ähnliches mit dem ungefähren Durchmesser, den Sie sich für Ihre Dose vorstellen. Der vorbereitete Pappstreifen wird um das Holz gerollt und

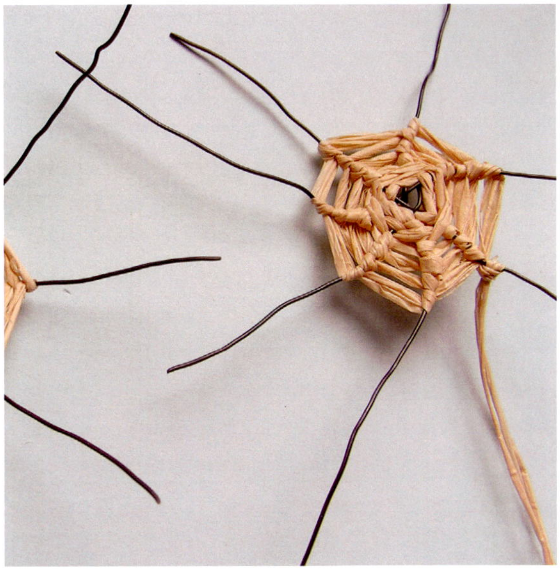

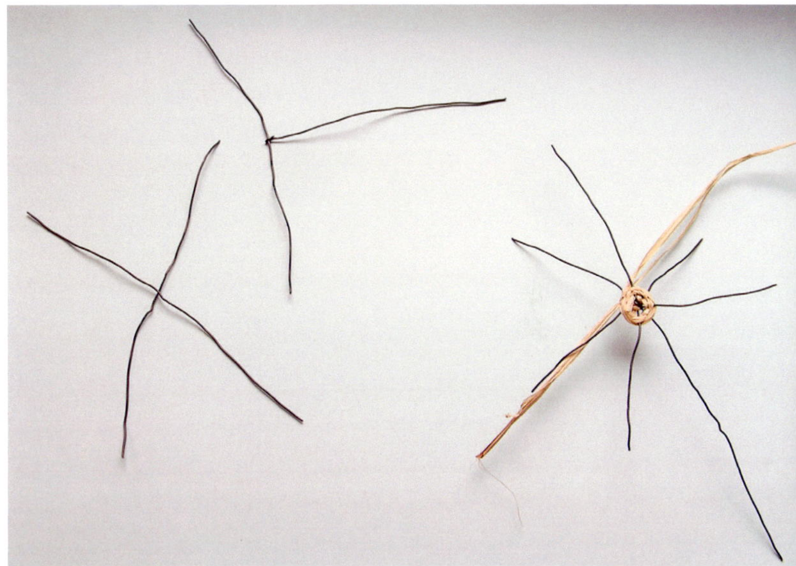

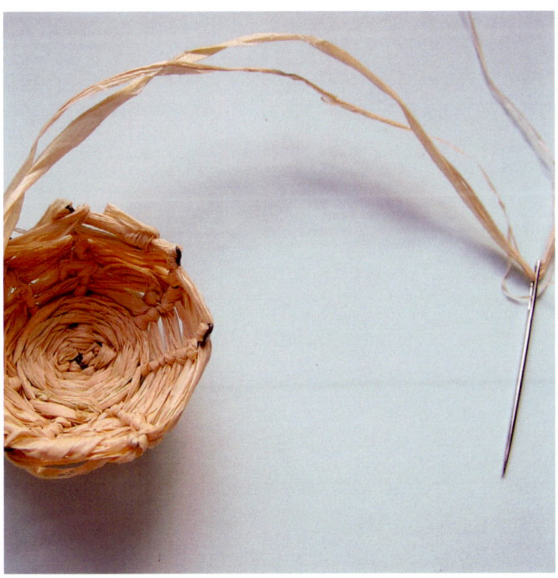

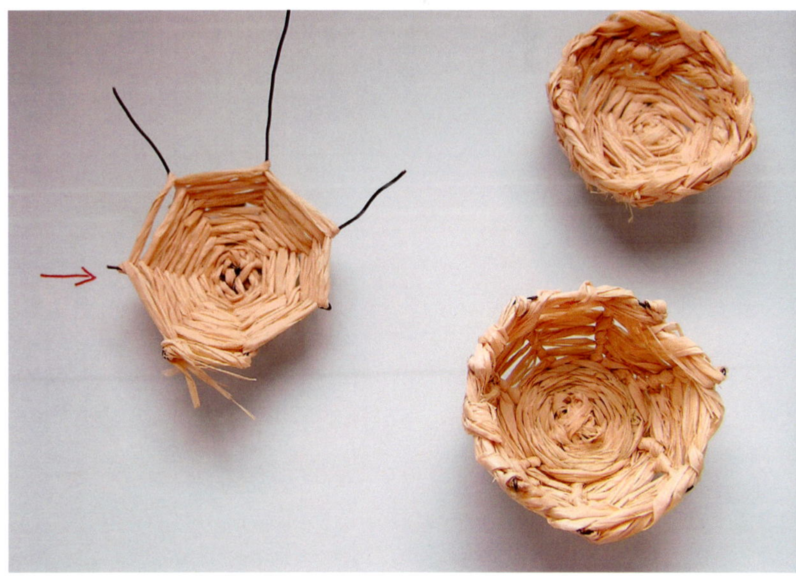

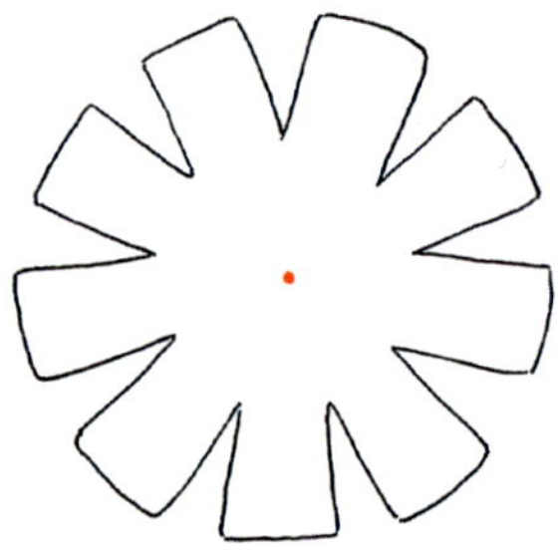

13: Schablone für Körbchen (50 % der Originalgröße)

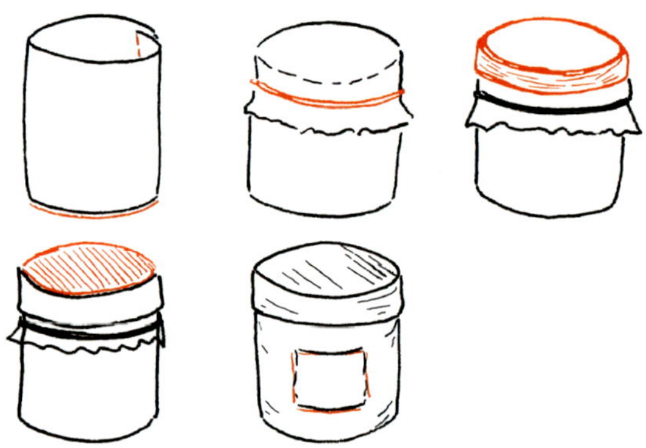

14: Dosen herstellen

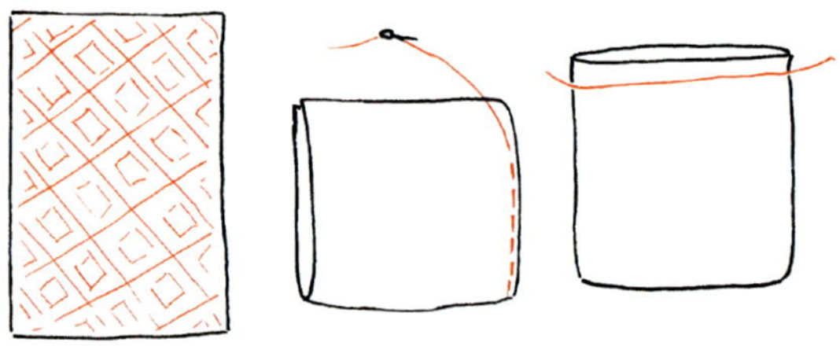

15: Säckchen

mit einer Randzugabe abgeschnitten. Die Papprolle wird nun seitlich mit Holzleim zugeklebt. Mit einem Gummiband halten Sie die Spannung fest, bis alles getrocknet ist. Ziehen Sie das Rundholz wieder heraus. – Der Boden ist ein kleiner Pappkreis, der bündig an die Rolle geleimt wird. Dafür zeichnen Sie die Form Ihrer Dose auf Pappe nach, schneiden den Kreis aus und leimen ihn ebenfalls fest.

Stellen Sie die Dose mit der Öffnung nach oben auf den Tisch. Spannen Sie darüber etwas Klarsichtfolie und binden Sie ein Gummiband daran, ohne die Dose zu verengen. Dann schneiden Sie einen dünnen Pappstreifen für den Rand des Deckels und legen ihn ringsherum um den oberen Dosenrand. Kleben Sie diesen in sich fest. Stabilisieren Sie den Rand auch mit einem Gummiband, bis der Leim getrocknet ist. Nun drehen Sie die Dose auf ein Stück Pappe um und zeichnen die runde Form für den Deckel vor. Wenn dieser ausgeschnitten ist, kann er auf den schmalen Deckelrand geklebt werden. Nach dem Trocknen können Sie den fertigen Deckel vorsichtig abziehen und die Folie entfernen.

Möchten Sie die Dosen noch bekleben, anmalen und mit kleinen Etiketten versehen? Mit Kleister können Sie dünne Papierreste, farbiges Geschenkpapier oder selbst gemaltes Papier geschmeidig ankleben. Nach dem Trocknen ist die Dose sehr stabil und sieht hübsch aus.

Säckchen aus Jute, Leinen- oder Baumwollstoff gehören unbedingt in einen Kaufladen (Zeichnung 15). Ein Rechteck wird doppelt gelegt und seitlich zugenäht, umgekrempelt und eventuell oben umsäumt. Schneiden Sie verschiedene Größen zu, damit Sie unterschiedliche Leckereien hineintun können. Ihre Kinder können diese Säckchen selber zusammennähen und nach Belieben füllen. Mit einem Bändchen können sie die Säcke zubinden.

3. Eine kleine **Waage** gehört in jeden feinen Kaufmannsladen. Hier zwei Beispiele:

- * Diese rote Waage (Foto rechts und Zeichnung 16) wird gerne auf dem Fisch- und Gemüsemarkt benutzt. Für einen kleinen Puppenkaufladen könnte sie so nachgebaut werden: Die Form wird aus Sperrholz ausgesägt. Sie wird auf eine dickere Leiste als Kasten für die Mechanik und dann auf eine Holzfläche von ca. 5 mm geklebt und danach rot angemalt. Die breite, einzige Waagschale kann aus weichem Blech geklopft werden, das können etwa die Ränder vom Blech eines Teelichtes sein, die mit einer Flachzange nach innen umgeknickt werden. Dann wird das weiche Blech mit einem Hammer auf etwas Rundes geklopft und so geformt. Die Waagschale könnte aber auch getöpfert oder aus einem Tischtennisball geschnitten werden, der silbern angemalt (oder mit Alufolie beklebt) wird. Die Halterung für diese

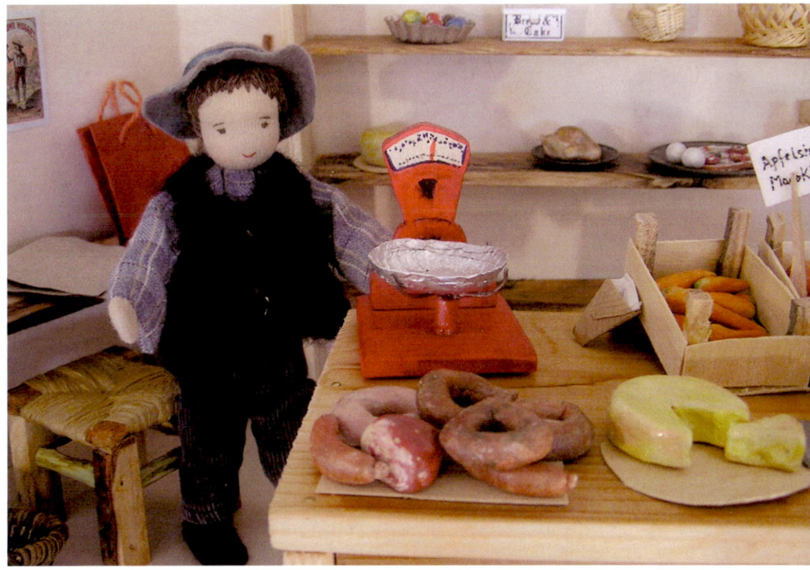

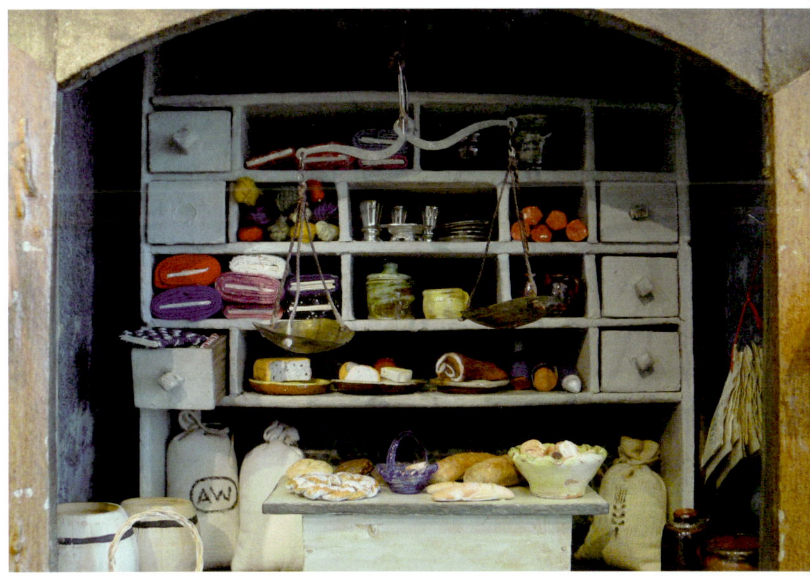

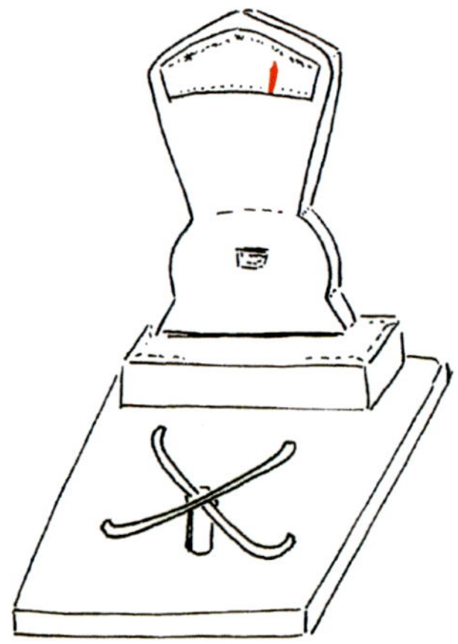

16: Standwaage (60 % der Originalgröße)

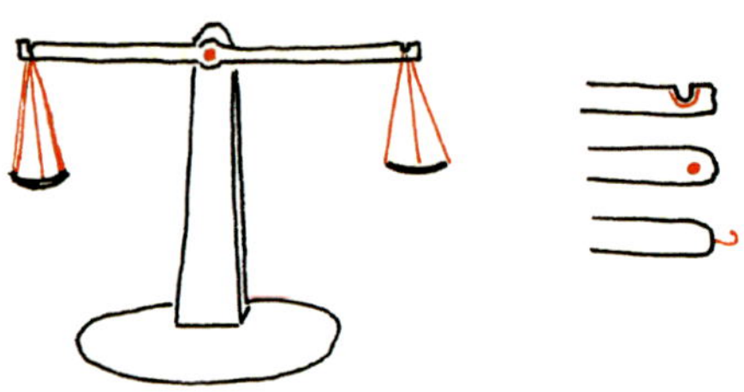

17: Standwaage mit zwei Waagschalen
(60% der Originalgröße)

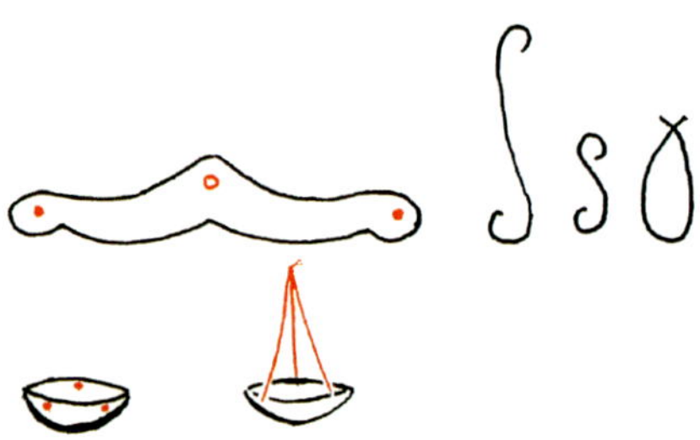

18: Hängewaage (60% der Originalgröße)

kleine Schale besteht aus zwei dickeren, überkreuz gelegten und flachgeklopften Drähten, die leicht nach oben gebogen werden. Sie werden mit etwas Heißkleber auf einem 1cm hohen Rundholzstück befestigt. Diese Waage bekommt ein aufgemaltes Zifferblatt. Sie funktioniert nicht in «echt».

- *Die Waage mit der klassischen Form der zwei Schalen rechts und links ist Ihnen sicher als Standwaage (Foto rechts oben) oder als Hängewaage bekannt (Foto S. 81 u. und Zeichnung 17 und 18). Dafür brauchen Sie zwei kleine, sich ähnelnde Schalen, etwa zwei Hütchen der amerikanischen Eiche (einer Eichensorte mit großen, spitz zulaufenden Blätterrändern), zwei aufgesägte, große Haselnussschalen, geschnitzte, gedrechselte Schalen aus Holz oder, wie oben beschrieben, zwei selbst gemachte Blechschälchen. Diese werden am Rand durchgebohrt und aufgehängt. An den Zeichnungen sehen Sie verschiedene Aufhängemöglichkeiten.

4. **Lebensmittel**: Was möchten Sie kaufen? Echtes Essen hat seine Besonderheit. Trotzdem sollte man über Lebensmittel als Spielzeug ab und zu nachdenken, da es doch für viele Menschen auf der Erde nicht selbstverständlich ist, täglich eine richtige Mahlzeit zu haben, und sie auf keinen Fall solche Mengen übrig haben, um damit spielen zu können, es zu verschütten, zusammenzumanschen usw.

Natürlich ist ein Brei aus Haferflocken mit Zucker etwas Feines. Und wenn Kinder Achtung und Sorgfalt den Dingen gegenüber lernen, kann man selbstverständlich auch einmal solche Produkte im Puppenladen einkaufen.
Im Garten oder im Park finden sich allerlei Beeren (bitte achten Sie auf eventuell giftige!), die Sie auch trocknen können, z. B. Beeren von der Felsenbirne, rote und schwarze kleine Hagebutten, Kügelchen der Linde usw., die für einen kleinen Kaufladen geeignet sind.
** Um Puppenessen herstellen zu können, besorgen Sie sich etwas Ton. Es genügen kleine Mengen, um schöne Dinge zu formen. Sie benötigen: eine abwaschbare Tischunterlage, eine kleine Schüssel mit Wasser, ein altes Handtuch, ein scharfes Messer, Zahnstocher und vielleicht etwas Hübsches, um in die Tortenränder kleine Formen drücken zu können (z.B. das Ende eines Silberbestecks).
Mit angefeuchteten Händen formen Sie alles, was Sie für den Puppenladen brauchen: Eier, Käse, Bananen, Birnen, Mohrrüben, Kartoffeln usw., aber auch kleine Brötchen, Hörnchen und Torten. Wenn Ihre Hände zu trocken werden, feuchten Sie sie mit einem Tropfen Wasser wieder an. Achten Sie bei dieser Tonarbeit darauf, dass die kleinen Teile, etwa Kirschen auf der Schwarzwäldertorte, schneller trocknen. Falls etwas abgeht, können Sie den Ton an dieser Stelle ebenfalls mit einem kleinen Tropfen Wasser wieder anfeuchten, die abge-

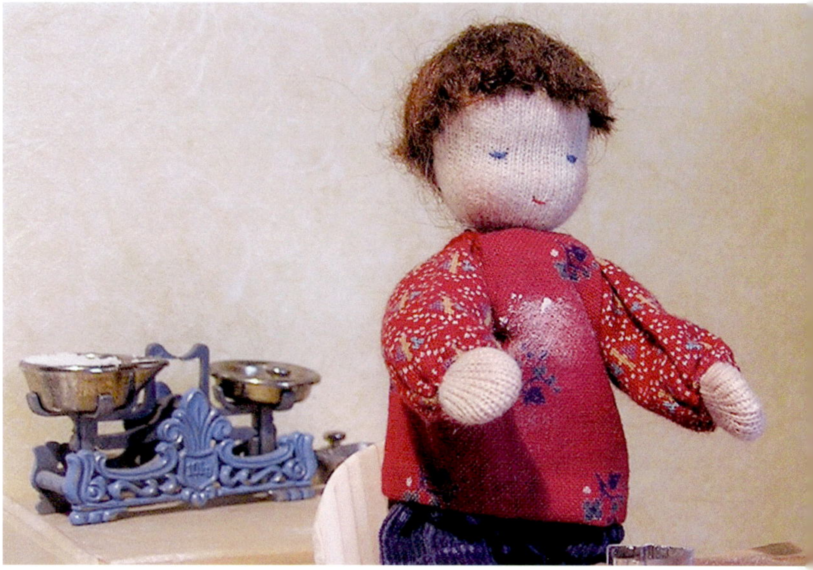

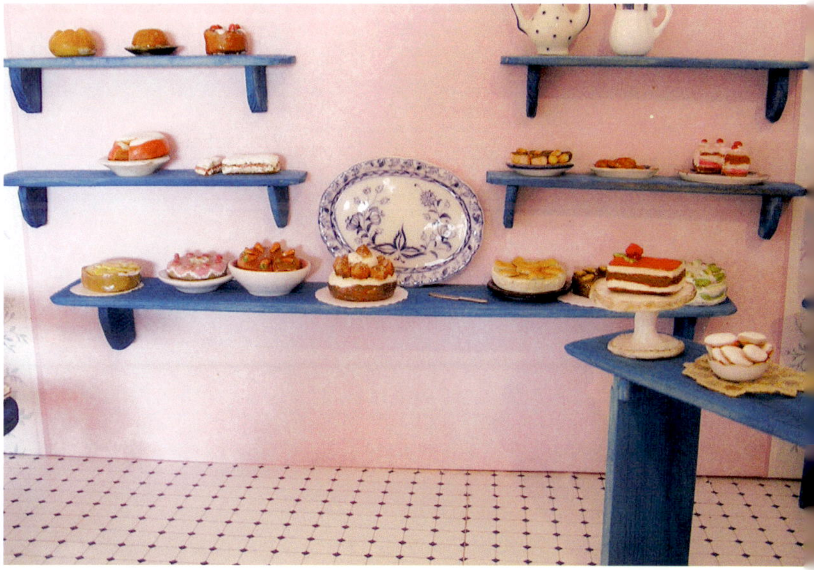

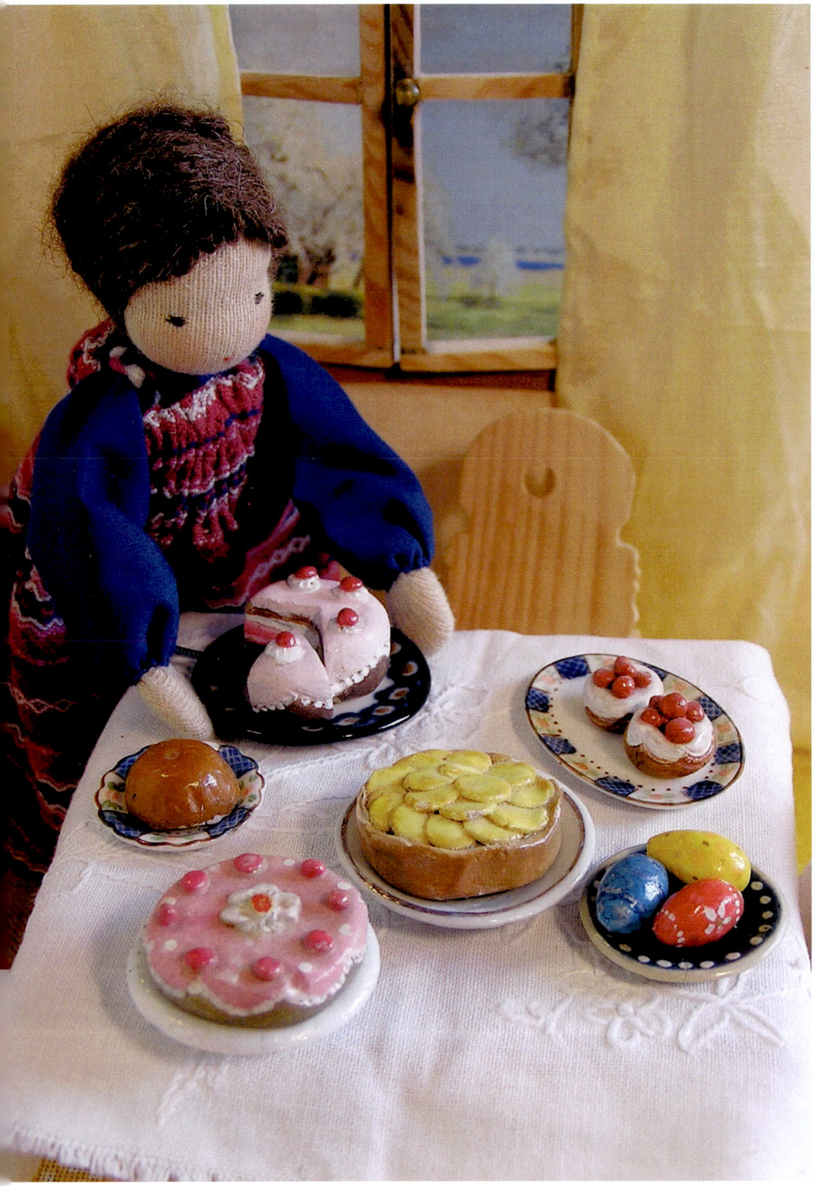

gangenen Stückchen darauflegen und mit der Spitze eines Zahnstochers vorsichtig ringsherum andrücken oder ankratzen.

Alle fertigen Tonsachen müssen einige Tage gut durchtrocknen. Danach können sie bunt angemalt werden. Wir malen den Ton ausschließlich mit *Tuschkastenfarben* an. Sie brauchen einen mittleren Pinsel für die Flächen und einen feinen für die Kleinigkeiten. Reiben Sie den Pinsel satt an der jeweiligen Farbe, da der Ton die Feuchtigkeit schnell aufsaugt. Mit kleinen *Trocknungsphasen* können Sie, um die Farben zu intensivieren oder kleine Schattierungen zu bekommen, alles so oft übermalen, bis Sie zufrieden sind. Zuletzt werden alle Dinge mit *Glanzlack auf Wasserbasis* lackiert. Ratsam ist es, erst die Oberseite und nach dem Trocknen die Unterseite zu streichen. Kartoffeln müssen matt bleiben.

In den noch nassen Lack können als «Mandeln» kleine Sesamsamen auf die Puppentorten gelegt werden. Abgefallene Kleinteile können mit dem Lack wieder angeklebt werden. Nach dem Trocknen können Sie, falls nötig, eine zweite Lackschicht darüberstreichen. Durch diese Lackarbeiten wird der Ton etwas geschützt. Achten Sie darauf, diese Lebensmittel nicht fallen zu lassen.

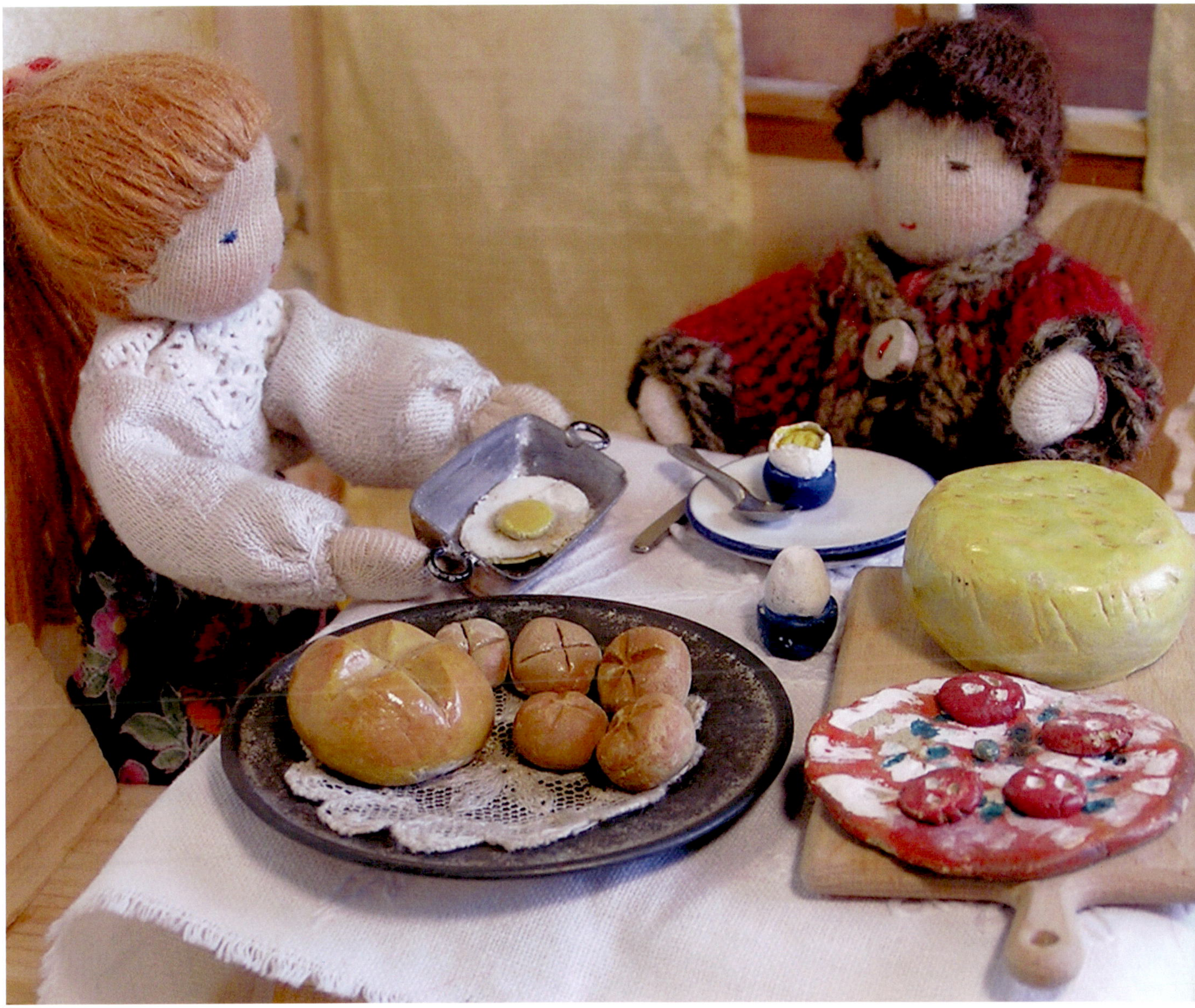

Eine Schulklasse **/ ***

Material

- eine Holzplatte, 58 x 58 cm, für den Boden
- ein Holzbrett 1,90 x 32 (35) x 1,5 (2) cm
- Holzleim für die Wände, Stichsäge und Zwingen
- Sperrholz für die Möbel
- Bastelmaterial und Papier für die kleinen Schulbücher
- stabilen Filz oder dünnes Leder für die Schultaschen und Ranzen

1. **Aufbau**: Besonders Schulkinder spielen sehr gerne mit einer Puppenschule. Hier ein Beispiel für Biegepüppchen in Größe 1-2 (11,5 und 13,5 cm) für die Schülergruppe und Größe 3 (16 cm) für die Lehrerpuppen. Die große Holzplatte ist für den Boden. Das Brett ist für *drei* Wände gedacht. Dadurch, dass alle Wände gerade sind, ist die Sägearbeit leicht. Sie messen an Ihrem Brett drei Seiten. Hier wurde ein Brett mit der Stärke von 1,5 cm berechnet. Die Rückwand ist 58 cm lang, die Seitenteile haben eine Länge von je 56,5 cm. Bitte überprüfen Sie die Maße mit Ihrer Bretterstärke. Die Vorderseite bleibt zum Spielen offen.

2. Eine Seitenwand bekommt eine **Fensterfront**. Teilen Sie sich die Seitenwand wie folgt ein: 7 cm für ein Stückchen Wand, 12 cm für ein Fenster, 4 cm W., 12 cm F., 4 cm W., 12 cm F., 5,5 cm Rest Wand. Ein Fenster bekommt die Maße 12 x 18 cm an der höchsten Stelle, weil die Fenster hier für die Puppenschule leicht abgerundet sind. Zeichnen Sie die Form eines Fensters auf eine Pappschablone, übertragen Sie diese Fenstermaße auf ein Seitenteil und sägen Sie die Fensteröffnungen aus. Vom Boden bis zur Fensterbank empfehle ich eine Höhe von 8 cm. So können die Puppenschüler gut herausgucken, wenn gerade Pause ist …

Wichtig

Falls Sie die Wände der Schulklasse tapezieren möchten, empfehle ich Ihnen, diese Arbeit *vor* dem Auskleiden der Fensterrahmen zu tun. Das Fensterbrett wird ebenfalls auf die Tapete geleimt (s. auch Kapitel «Ein Puppenzimmer aus Holz», Fenster).

Schleifen Sie alle gesägten Ränder ab. Falls gewünscht, können Sie mit kleinen Leisten die Fenster mit Rahmen verzieren, eine eventuelle

Fensterteilung (Fenstersprossen) oder mit einem breiteren Holzbrettchen eine Fensterbank bauen. Schleifen Sie die Kanten etwas ab.

3. Die zweite Seitenwand bekommt eine integrierte **Tür** von ca. 14 x 20 cm. Sägen Sie sie vorsichtig aus. Falls Ihnen diese Arbeit zu kompliziert ist, sägen Sie die Türöffnung nach dem Prinzip auf Seite 62 – 64 aus. Die Tür kann dann aus einem anderen Holzstück gesägt werden. Damit sie auf- und zugehen kann, muss der hintere Rand der Tür-Seitenwand leicht abgerundet werden. Suchen Sie zwei passende Türgriffe aus (es können auch Messingnägel, zwei Polsternägel mit rundem Kopf oder ein angewinkeltes Aststückchen sein) und befestigen Sie sie an der Tür.
In diese Tür (Zeichnung oder Foto) wird jetzt nur zur Hälfte ein ca. 3 cm langer Nagel geschlagen und gerade wieder herausgezogen. Jetzt wird der Nagelkopf abgezwickt, etwas Leim in das Loch hineingetropft und der Nagel, verkehrt herum, also mit der Spitze nach oben, wieder bis zur Hälfte hineingedrückt. Möglichst die Nagelspitze dabei nicht verletzen.
Mit dieser Nagelspitze wird die Tür in den Türrahmen angeklopft. Dafür stellen Sie diese Seitenwand jetzt auf die Kante und schieben Sie die Tür auf und zu. Falls es irgendwo klemmt, ziehen Sie den Nagel mit der Tür vorsichtig wieder heraus und verstopfen das falsche Loch

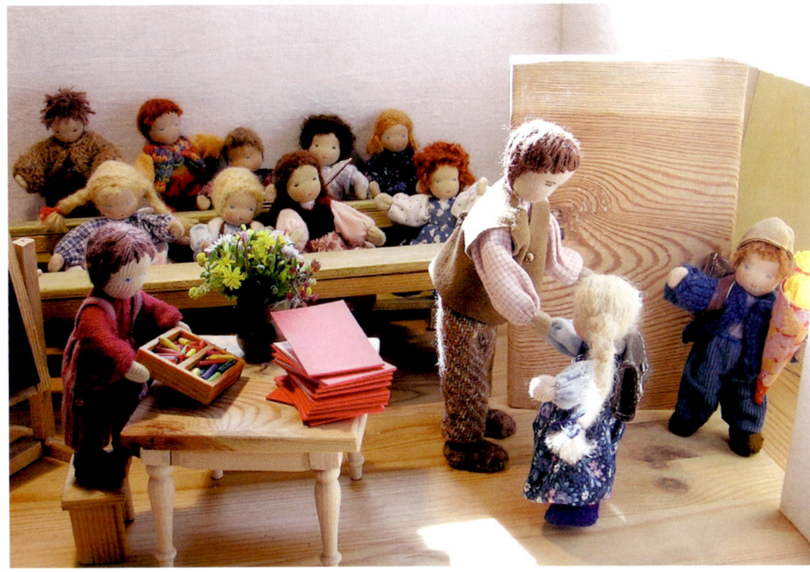

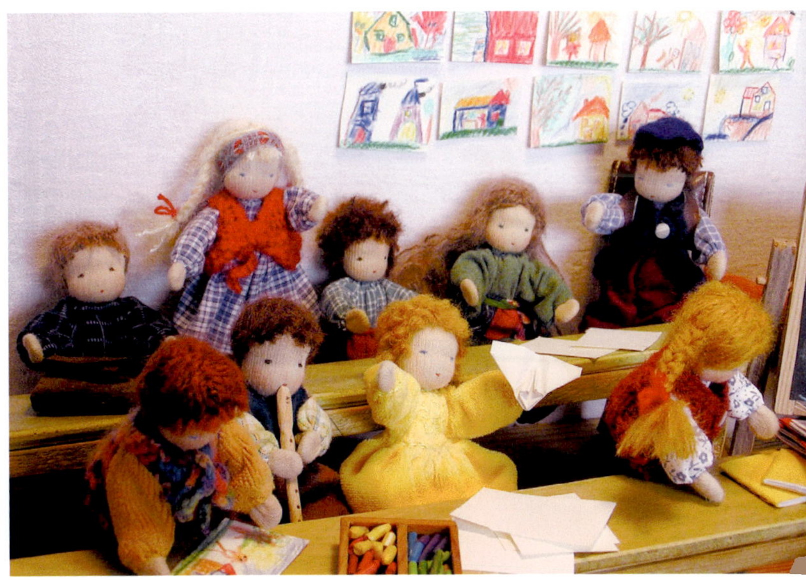

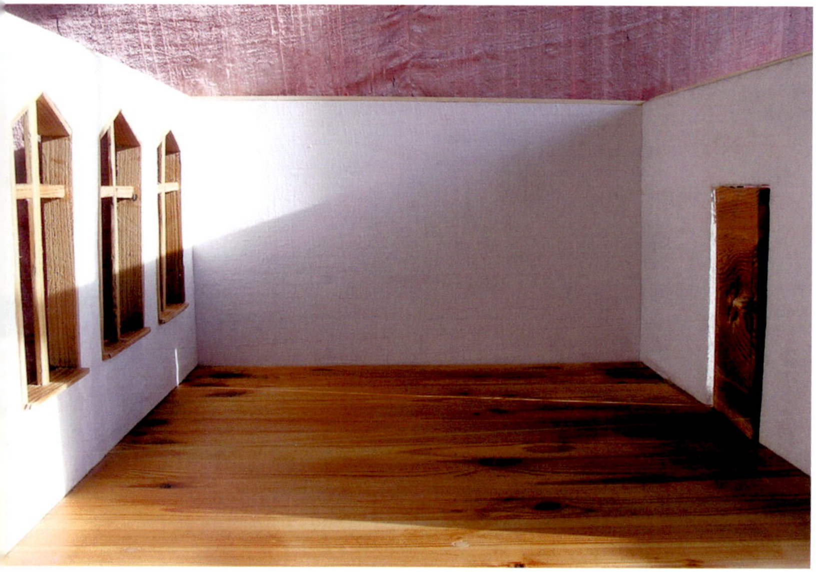

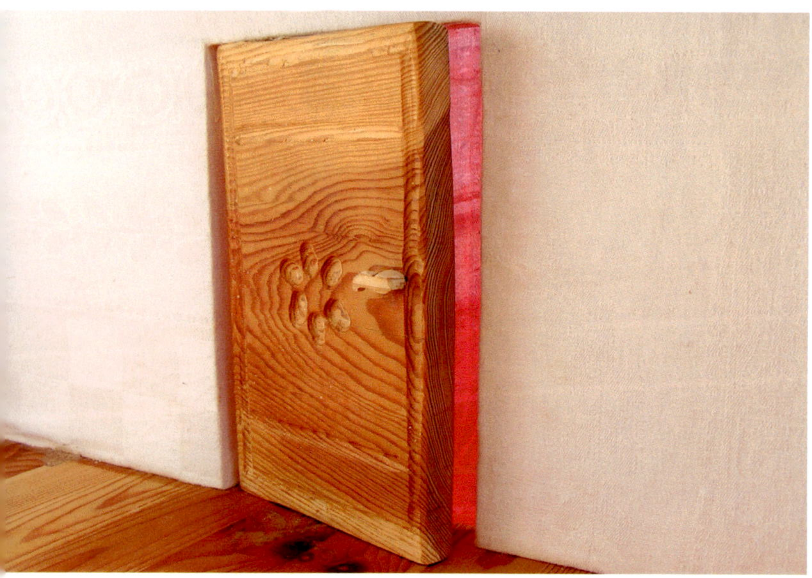

mit etwas Leim und einem Stückchen Streichholz; dann verschieben Sie die Tür mit dem Nagel um einige Millimeter nach vorn und klopfen Sie die Tür abermals in den Rahmen. Passt alles, können Sie weiterarbeiten.

4. **Zusammenbau**: Die Wände werden jetzt am Boden befestigt.

Wichtig

Die Seitenwand wird mit der Tür nach oben umgedreht. Die Tür hängt noch an einem Nagel. Stützen Sie dieses Brett seitlich ab, oder lassen Sie sich dabei helfen.

Der Boden wird auf dieses Brett bündig gelegt. Jetzt klopfen Sie in den Boden einen Nagel: Er kommt aus dem Boden wieder heraus und soll als zweite «Türangel» in die Tür hineinstechen. Schlagen Sie den Nagel noch nicht ganz hinein, sondern prüfen Sie erst einmal, ob die Tür irgendwo noch klemmt. Ist Letzteres der Fall, wird der Nagel nochmal herausgezogen und die Tür unten etwas abgeschliffen. Testen Sie alles noch einmal. Kann sich die Tür mühelos bewegen, ziehen Sie den Nagel wieder heraus, streichen die Seitenwand mit Leim an, legen den Boden (endgültig) auf das Brett und hämmern den Nagel ganz hinein. Schlagen Sie noch einige Nägel in den Boden, um das Brett hier und da zu stabilisieren.

Jetzt drehen Sie alles vorsichtig um: Der Boden liegt flach auf dem Tisch, eine Seitenwand ist schon befestigt. Nun ist es leicht, die beiden anderen Wände ebenfalls mit Leim anzukleben. Verstärken Sie alles mit den Zwingen. Ist alles gut getrocknet, muss der Boden ebenfalls an manchen Stellen zusätzlich mit einigen Nägeln oder Holzschrauben stabilisiert werden.

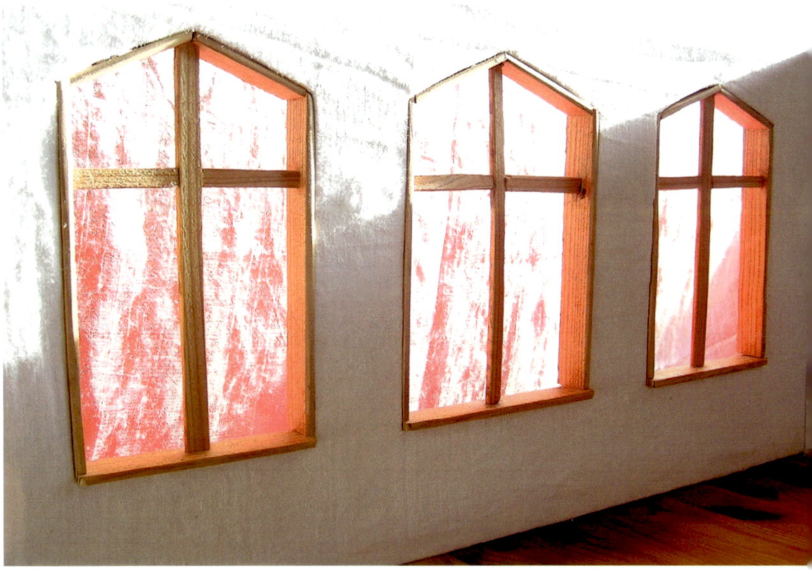

5. Nun können Sie die **Tische und Bänke** für die Schulklasse bauen (Zeichnung 19). Ich habe mich hier an Beispielen aus einem Freilichtmuseum und an dem Bild «Die Dorfschule um 1848» von Albert Anker orientiert.
Sägen Sie sich folgende Teile aus Sperrholz zu:

- zwei Streifen, 5 x 32 cm, für die Tischplatten
- vier geschwungene Seitenteile aus 4,5 x 9 cm großen Brettchen für die Tische
- zwei Streifen, 3,5 x 32 cm, für die Bänke
- vier geschwungene Seitenteile, 4 x 4,5 cm, für die Bänke
- ein Brett, 6 x 18 cm, für die Tischplatte und zwei Seitenteile, 4,5 x 9 cm, für das Lehrerpult
- ein Brett, 4 x 9 cm, und zwei Seitenteile, 4 x 4,5 cm, für die Lehrerbank.

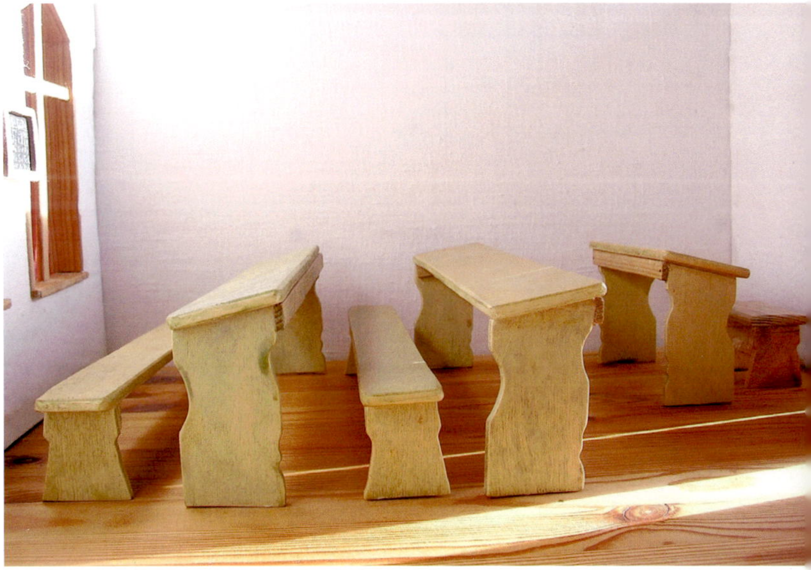

Für die geschwungenen Seitenteile übertragen Sie die Zeichnung auf Pappe und schneiden Sie sich eine Schablone aus. Damit

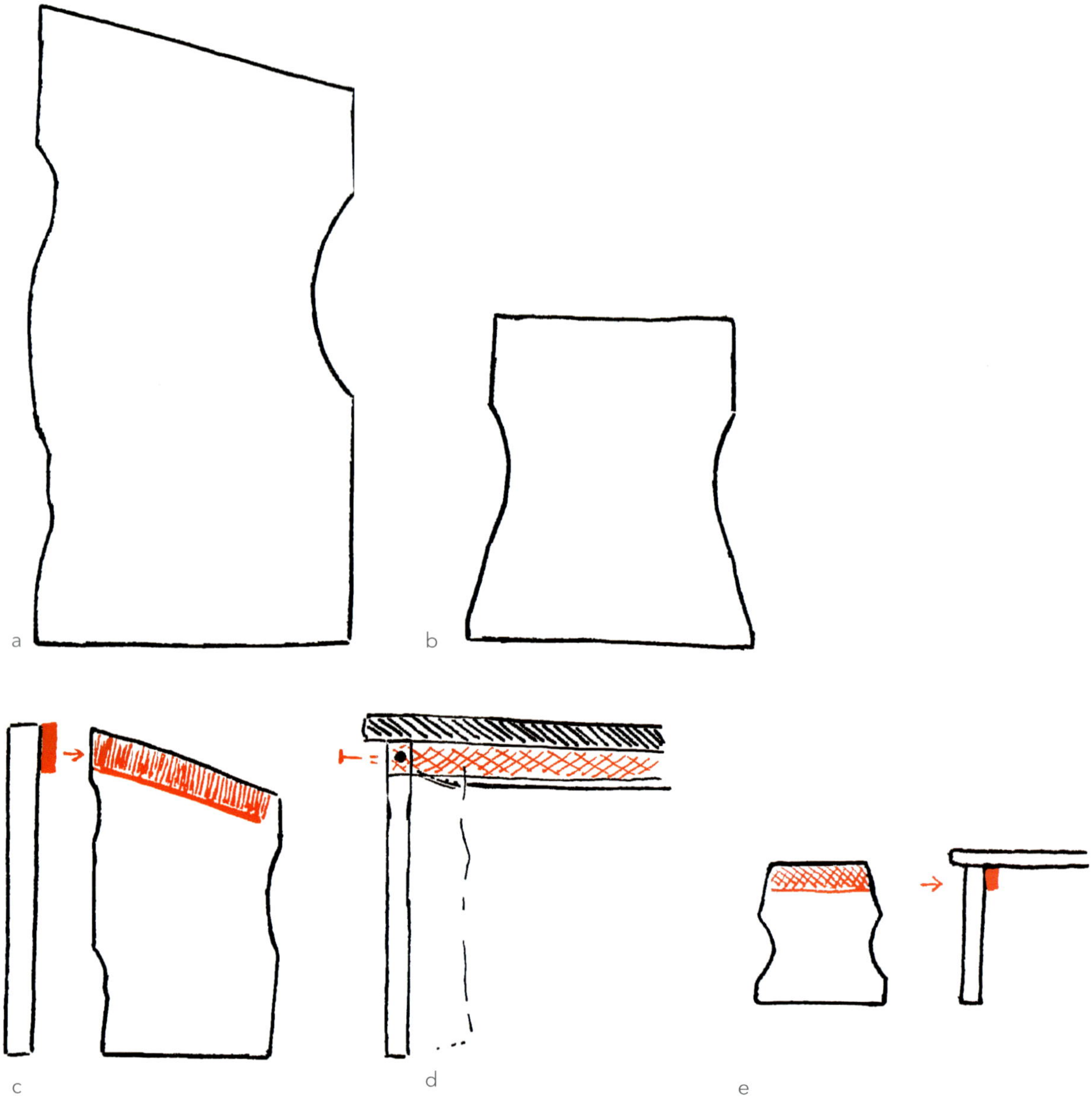

19: Tische und Bänke
a: Seitenteil Tisch (Originalgröße)
b: Seitenteil Bank (Originalgröße)
c: Aufbau des Tischs mit Stabilisierungsleisten (rot)
d: Rückseite des Tischs mit Stabilisierungsleisten und zusätzlichen Nägeln
e: Aufbau der Bank mit Stabilisierungsleisten

zeichnen Sie die Form auf die vorbereiteten Sperrholzbrettchen und sägen alle Teile aus. Falls Sie eine Dekupiersäge haben, geht diese Arbeit recht leicht. Eine Laubsäge ist ebenso geeignet, braucht allerdings etwas mehr Geduld. Selbstverständlich können Sie für Ihre Schulklasse auch ganz andere Seitenteile entwerfen.
Zur Stabilisierung benötigen Sie zusätzlich noch schmale Holzstreifen für jedes Möbelstück. Sie werden an die Tischplatten geleimt, zwischen einem Seitenteil und dem anderen, und an der oberen Kante jedes Seitenteils, um so die Tischplatte abzustützen. Die Bänke bekommen oben an den Seitenteilen nur eine kleine Leiste, um die Bankauflage zu stützen (Zeichnung 19e) Sie können noch zusätzlich kleine Nägelchen in die Seitenteile schlagen.

6. * Natürlich brauchen Sie für eine Schulklasse viele kleine **Bücher und Schulhefte**. Dafür werden viele weiße, kleine Papierblätter in der Mitte gefaltet und zu einem Buch ineinandergelegt. Suchen Sie sich dazu einen passenden Einband aus, z.B. aus farbigem Fotokarton, und nähen Sie das Puppenschulheft mit einem Zwirnsfaden zusammen. Stechen Sie dafür mit der Nadel von innen nach außen durch alle Papiere. Dann lassen Sie ein Stück Faden hängen, machen einen kleinen Stich und pieksen mit der Nadel wieder in das Büchlein bzw. das Heft hinein. Sie können einen einzigen Stich machen oder viele kleine nebeneinander. Danach verknoten Sie beide Fadenenden miteinander.
Ein Vorschlag für die Größe: 9 x 3,3 cm für ein Heft im Querformat oder 6,5 x 4,5 cm für das Hochformat. Wenn Sie diese Hefte gestalten, bemalen, beschriften oder vielleicht auch mit kleinen Farbkopien bekleben, machen Sie daraus Schulbücher. Mit Notenpapier werden es kleine Musikhefte.

7. Die altmodische **Tafel** (s. S. 93) passt gut zu den alten Möbeln der Schulklasse. Sie können sich an dem Foto orientieren.
Sägen Sie sich ein dünnes Brettchen, 9 x 10,5 cm, für die Tafel zurecht. Da echte Schieferplatten sehr schwer zu finden sind, schneiden Sie zwei schwarze Tonpapier- (oder Fotokarton)Flächen in 8 x 9,5 cm aus und kleben diese auf das Brettchen. Lassen Sie ringsherum einen schmalen Rand übrig. Dann bauen Sie das Gestell, damit die Tafel stehen kann, und zwar mit zwei Leisten von je 12 cm als Seitenstützen und mit zwei Leisten von 7 cm und 9,5 cm als Fußstütze.
Die Tafel kann sich herumdrehen, indem Sie an jeder Seite des seitlichen Rahmens ein Loch bohren und in dieses ein Rundholzstückchen stecken. Wenn Sie das Stäbchen nur an den Tafelrahmen verleimen, bleibt die Tafel beweglich.

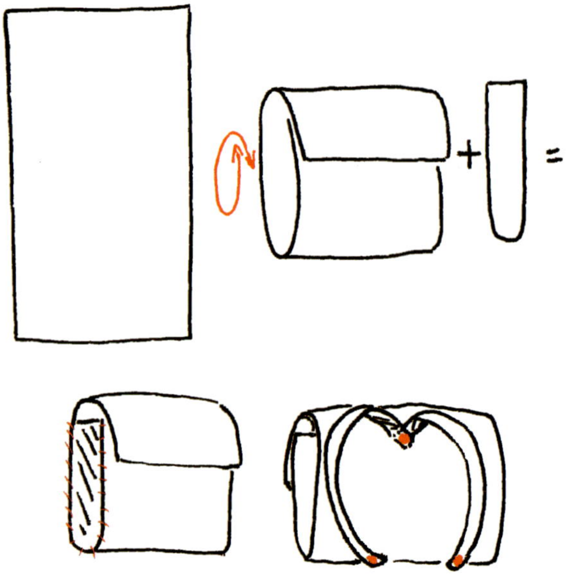

20: Aufbau des Schulranzens

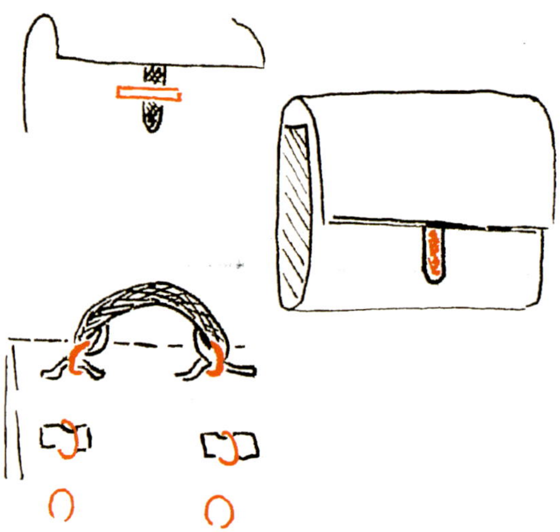

21: Aufbau der Lehrertasche mit Befestigung des Griffs

8. Die kleinen Puppenschüler brauchen unbedingt kleine **Schulranzen**. Aus Leder gefertigt, passen sie sehr gut zu unserer alten Puppenschule. Schneiden Sie sich einen Streifen aus dünnem Leder (oder stabilem Filz) in der Größe 9 x 4,5 cm zurecht und falten Sie ihn, wie auf der Zeichnung 20 zu sehen ist. Nähen Sie zwei schmale Seitenstreifen von ca. 7 mm an jede Ranzenseite ein. Für die Träger schneiden Sie zwei Stücke mit ca. 1 cm x 8 cm aus. Probieren Sie, ob diese Länge auch für Ihr Püppchen passt. Die Träger werden aus Stabilitätsgründen auf 0,5 mm doppelt geklebt und oben wie unten am Schulranzen festgenäht.

Eine Schultasche für den Lehrer wird ähnlich angefertigt (s. Zeichnung 21). Der Lederstreifen hat die Maße 10,5 x 5,5 cm. Für den Griff oben an der Tasche biegen Sie zwei kleine Ringe aus Silberdraht und schneiden zwei winzige Lederstreifen aus, um damit die Ringe an der Tasche zu befestigen. Der Griff ist ein Lederstreifen von ca. 4 cm Länge, der durch diese kleinen Ringe gefädelt und an den Enden um die Ringe herum festgeklebt wird. Holzleim ist für diese Lederarbeiten auch gut geeignet.

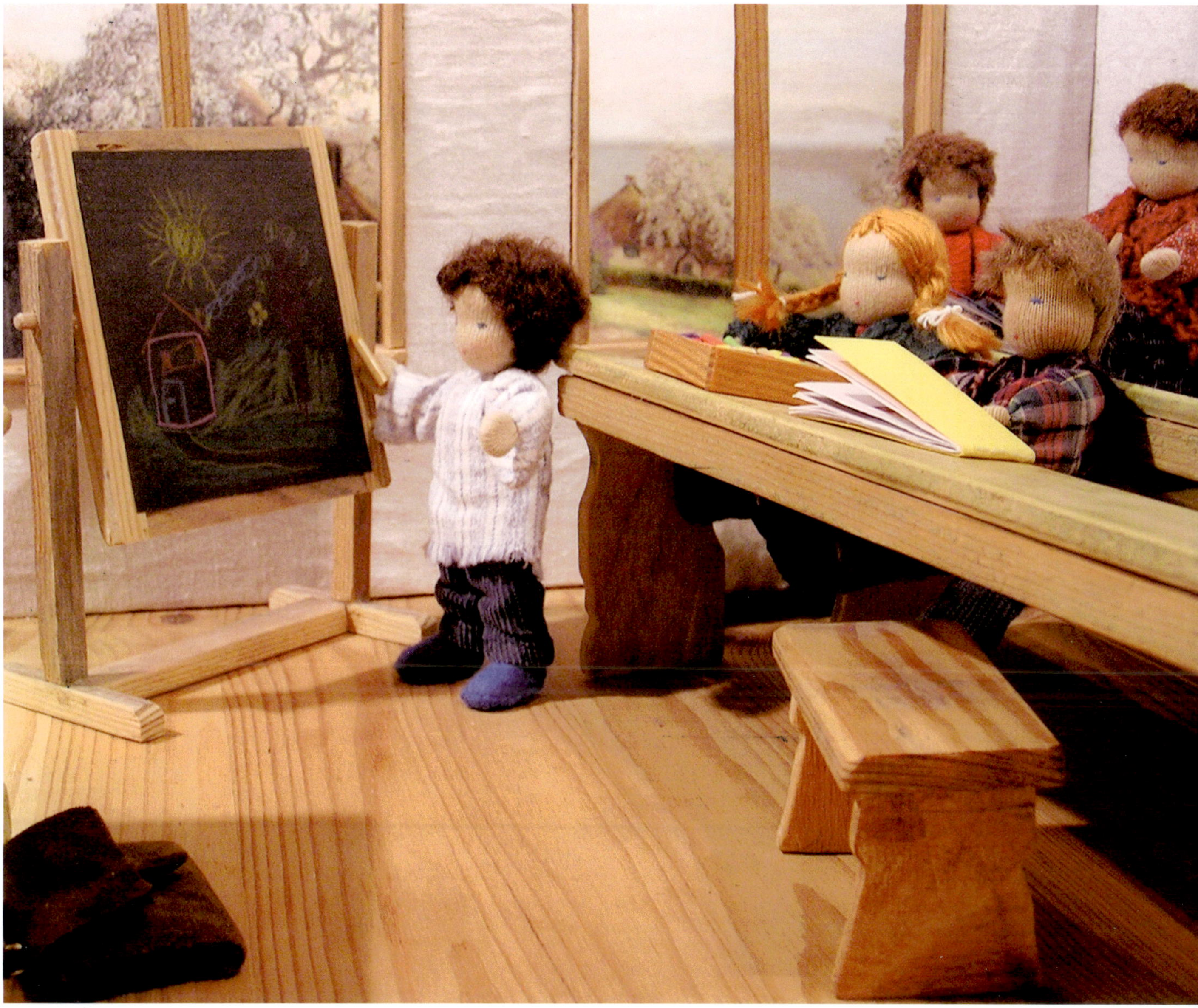

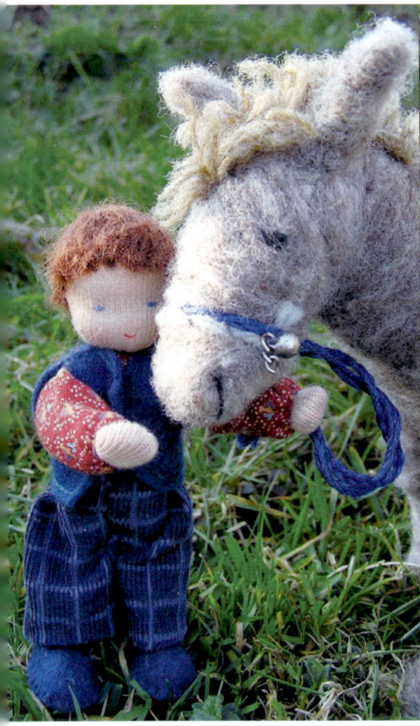
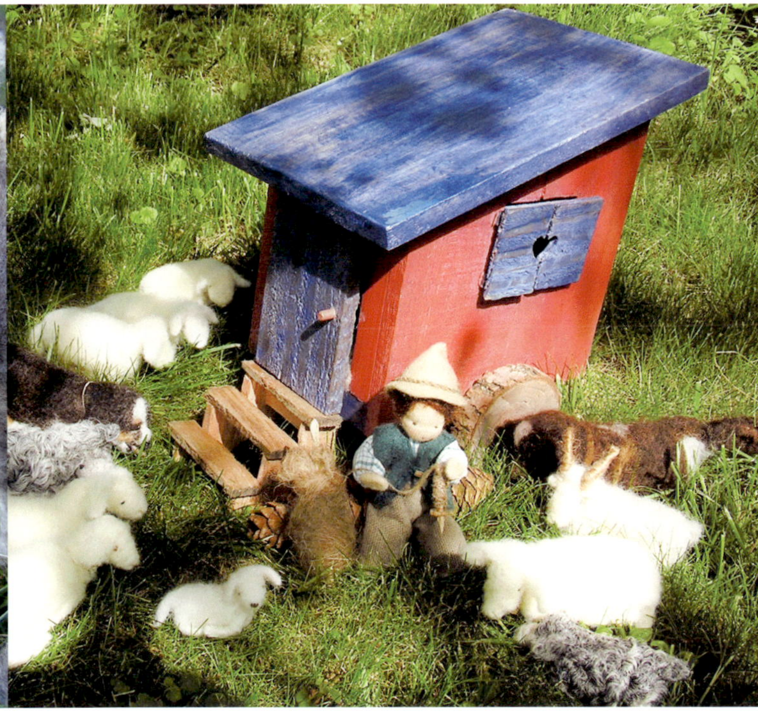
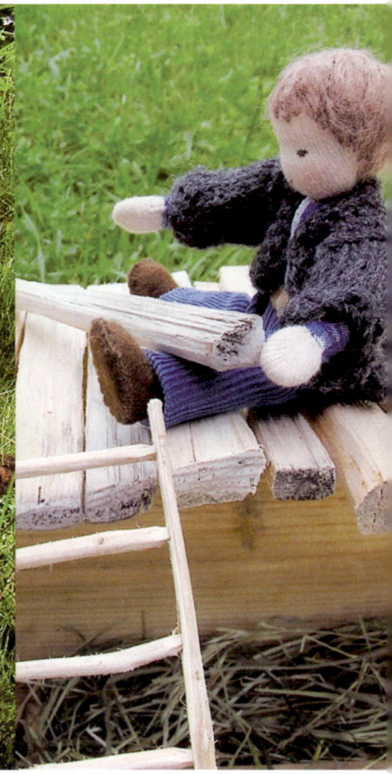

Puppenhäuser

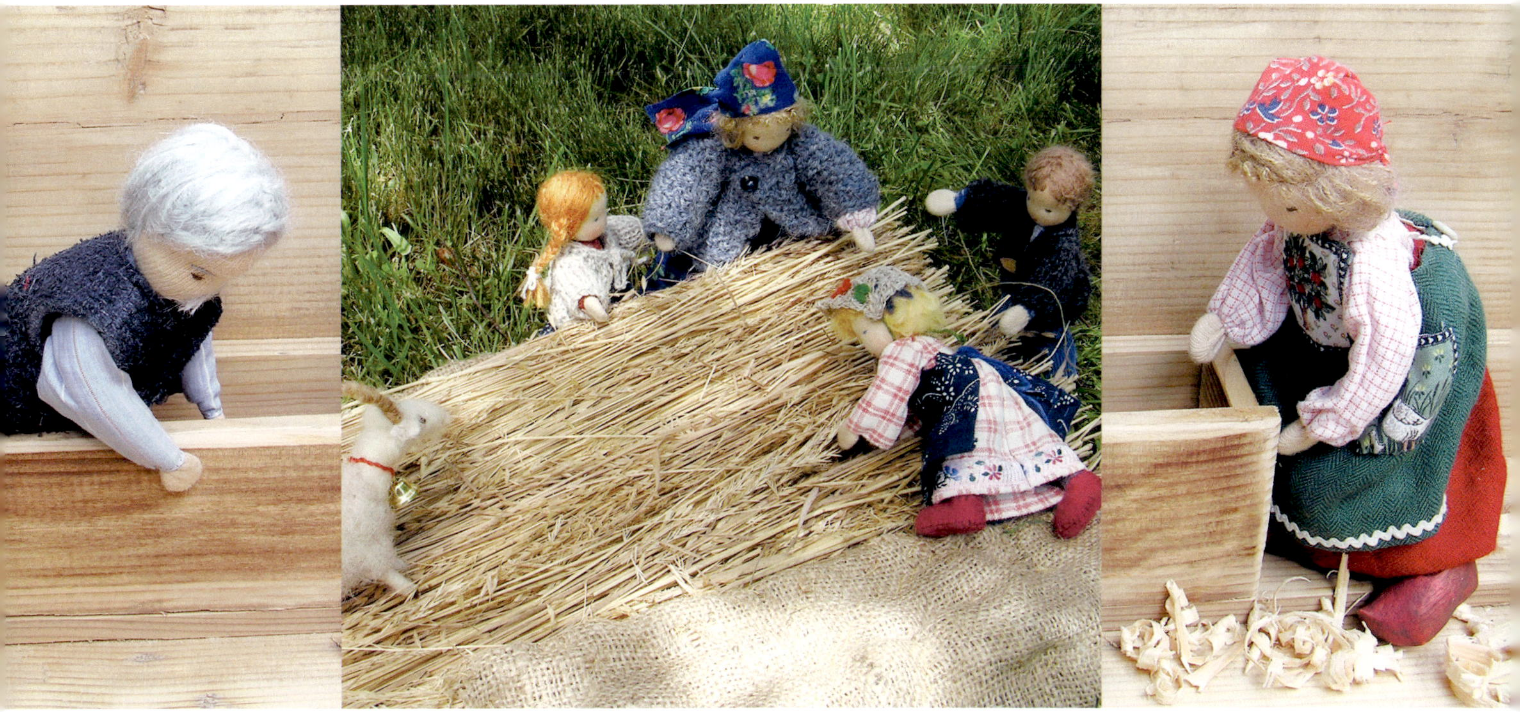

mit Tieren

Ein Stall aus Holz**/***

Material

- Holzreste für die Wände und den Boden
- dünne Brettchen für die Futterkrippe
- Leisten oder Äste für die Dachbalken
- Leim, Werkzeug
- getrocknete, lange Gräser für das Dach

Einen Stall zu haben ist für alle Kinder, Buben wie Mädchen, ein großes Glück. Wo sollen die Pferde am Abend wohl hin, wenn die Puppen nach dem Ausreiten wieder nach Hause gehen? Sie können ja schlecht mit ins Puppenhaus gehen, und es würde nicht passen, wenn sie nach dem Spiel in eine Kiste kommen. Sogar manche Fahrzeuge könnten sinnvoll einbezogen werden. Mit einem Stall bekommt das Spielen mit den Puppen einen großen Zusammenhang.

Für Kinder, die auf dem Bauernhof aufwachsen, ist es selbstverständlich, dass jede Kuh einen Namen hat. Und so stehen die vielen Holzkühe, die sie zum Spielen benutzen, wirklich alle am Abend aufgereiht im Stall an der Futterkrippe, in dem vielleicht sogar Heu und Stroh liegen.

1. **Planung und Gestaltung** eines Raums nach Ihrer Wahl. Hier ein paar Vorschläge:

- drei geschlossene Wände, davon eine nach Wunsch mit einem Fenster, für einen großen rechteckigen Raum (Foto S. 97 oben)
- ein Stall mit einem Anbau daneben, für Geräte, Fahrzeuge oder Kleintiere: Hühner, Hasen …
- einen offenen Stall mit nur einer hinteren Wand und vorne Pfosten oder Astgabeln als Dachstütze (Foto S. 99 unten).

Improvisieren Sie doch einfach …

2. An den Fotos S. 98 können Sie einen einfachen Aufbau sehen: Ein Bodenbrett wird im rechten Winkel an eine Rückwand befestigt. Beide haben dieselbe Länge und werden für einen guten Halt miteinander geleimt und verdübelt. Die Futterkrippe kann seitlich oder hinten im Stall verlegt und aus Brettchen zusammengezimmert werden (Foto S. 99 unten). Nach Bedarf können Sie auch eine Hochkant-Futterkrippe für Schafe und Ziegen an eine Stallwand anbringen (Foto S. 97 unten). Diese Tiere sind etwas wählerisch und «knabbern» lieber an senkrechtem Futter. So schnitzen Sie dafür zwei breitere Latten, die Sie mit einem Holzbohrer (3 mm Ø) anbohren. Fünf Löcher an jeder Latte für die Querstangen sind genug.

Diese senkrechten Stangen werden aus dünnen Holzspalten zurechtgeschnitzt und unten, an den Enden, für die Löcher angepasst. Wenn Sie nun alle Löcher an beiden Latten mit Holzleim etwas füllen, können Sie die Stangen hineinstecken und zusammendrücken. Dieses «Gitter» wird an der oberen Latte mit zwei seitlichen Halterungen an der Stallwand so festgemacht, dass es schräg gestellt wird und oben mit Heu gefüllt werden kann.

Nun können die Dachstützen aufgebaut werden. Hier sehen Sie eine schlichte Variante mit senkrechten Pfosten. Diese werden aus ca 2 x 2 cm dicken Nadelholzspänen gefertigt und haben alle die gleiche Höhe. Durch diese Länge können Sie die Dachneigung bestimmen. Das Holz sollte ohne Astlöcher sein. Weil Nadelholz eine gleichmäßige Maserung hat und recht weich ist, kann man es leicht zurechtschnitzen und die Kanten abrunden.

Mit einem passenden Holzbohrer bohren Sie 1 cm tief in die jeweiligen Pfosten und leimen einen Holzdübel (oder ein Stückchen Rundholzstab) hinein. Er guckt zu Hälfte heraus. Wenn Sie an der gewünschten Stelle ein zusätzliches Loch in die Bodenplatte bohren und ein wenig Holzleim in dieses Loch tropfen, können Sie den Pfosten stabil anleimen und ihn mit dem halben Dübel hineinklopfen.

Die senkrechten Pfosten bekommen jetzt eine Verbindung zur Stallwand. Diese waagerechten Seitenbalken haben nicht nur eine

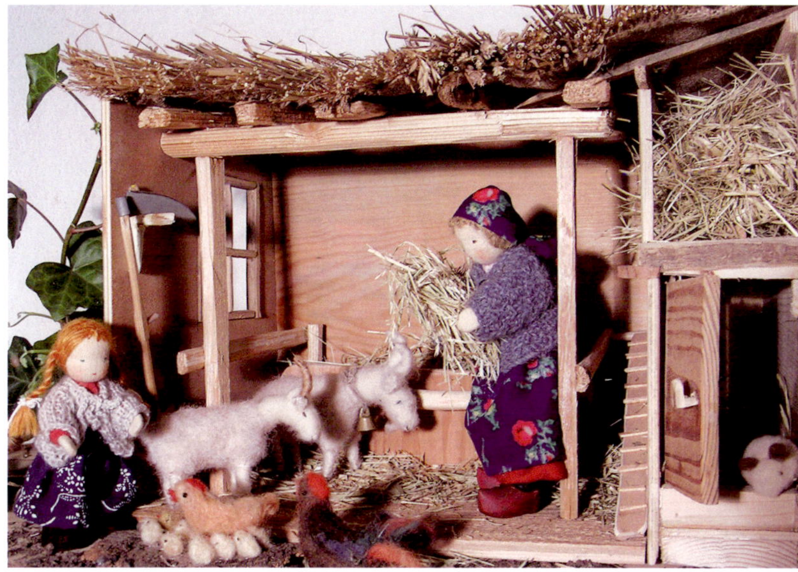

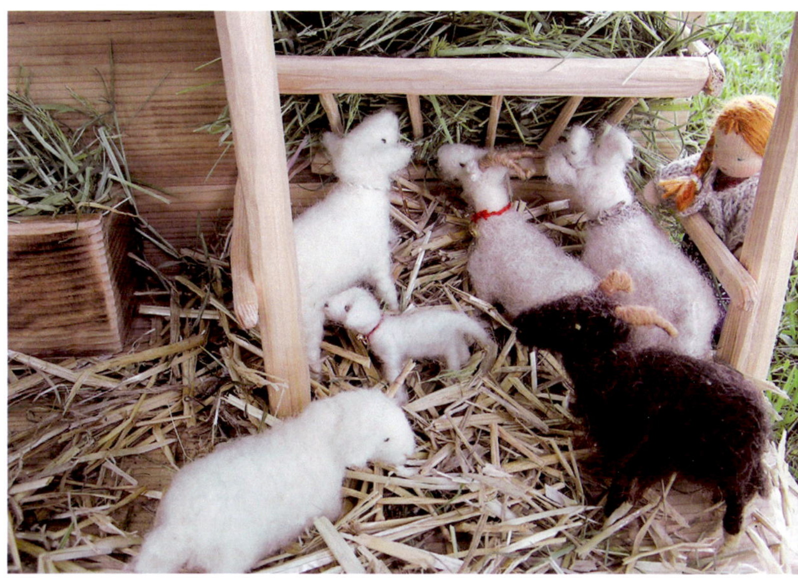

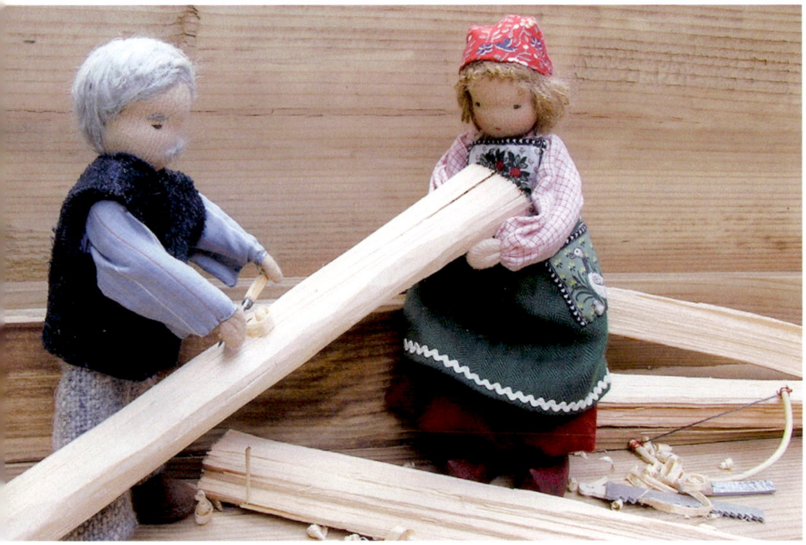

Die Stützen schnitzen

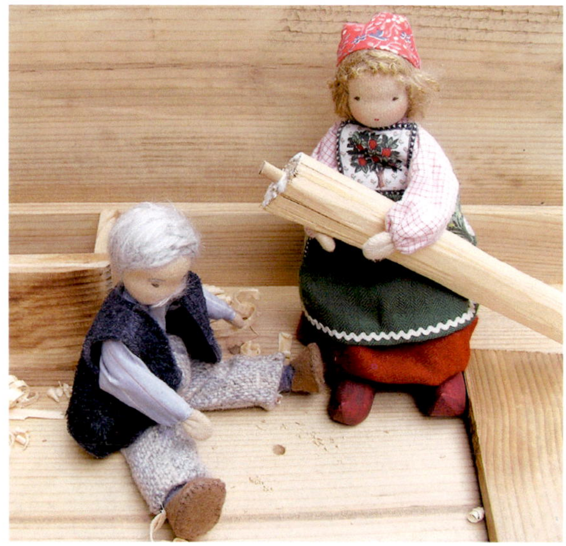

Die Pfosten werden befestigt.

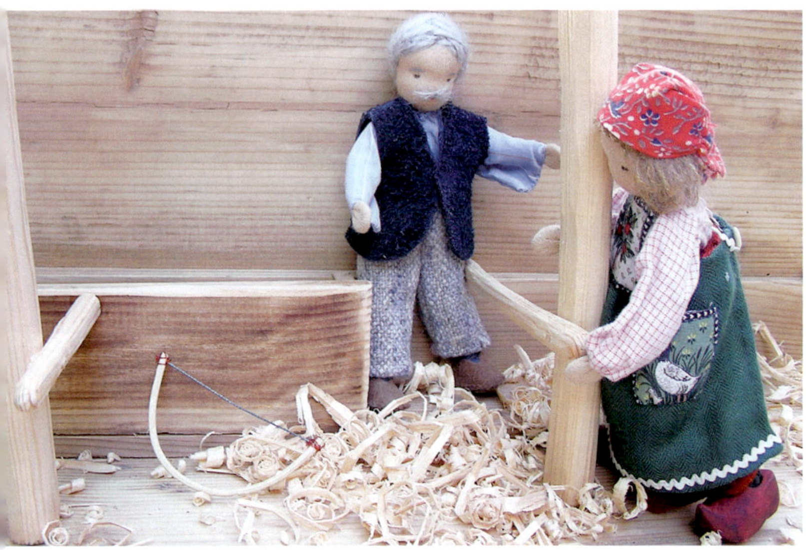

Seitenstützen herstellen

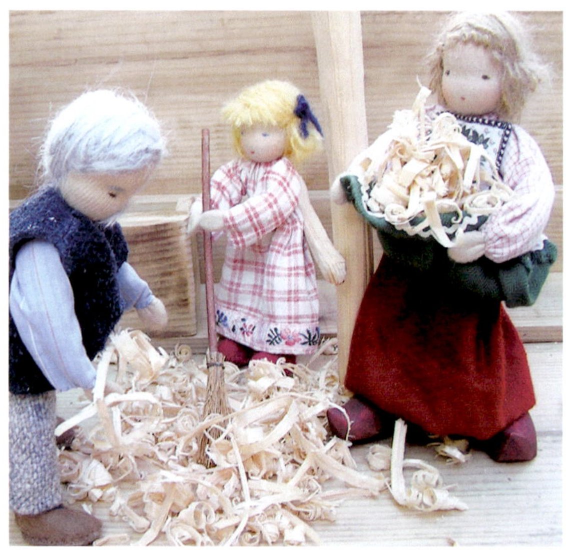

Letzte Aufräumarbeiten

haltgebende Funktion, sondern teilen den Stallraum in einzelne Boxen, in denen verschiedene Tiere Platz haben. Über alle senkrechten Pfosten wird nun ein waagerechter Balken befestigt. Falls Sie zusätzliche Seitenwände an Ihrem Stall anbringen möchten, können Sie diese jetzt mit einplanen. Die Seitenteile werden vorbereitet, falls Sie ein Stallfenster haben möchten, und seitlich an der Bodenplatte und der Rückwand befestigt.

3. Für den **Dachstuhl** wird die hintere Stallwand mit den vorderen Stützen verbunden. Dafür können Latten oder dünne Kanthölzer vorsichtig auf den waagerechten Querbalken und die Rückwand geleimt (und nach Bedarf) zusätzlich mit dünnen Nägeln genagelt werden. Jeder Nagel sollte zunächst einzeln in die Holzbalken geklopft werden. Die Dachbalken oder -sparren können ebensogut aus Haselzweigen oder weichem Tannenholz geschnitzt sein.

4. Falls Sie ein **Dach aus Stroh** machen möchten, können Sie auf einem Spaziergang viele längere Gräser sammeln, die Sie büschelweise abschneiden. Sie wachsen oft an steilen Hängen, wo sie nicht abgemäht werden können. Dann werden die Gräser mit großzügigen Stichen in schmalen Strängen auf einen Stoff genäht (Foto S. 95). Zuletzt wird der Stoff an den Dachbalken ebenfalls festgemacht.

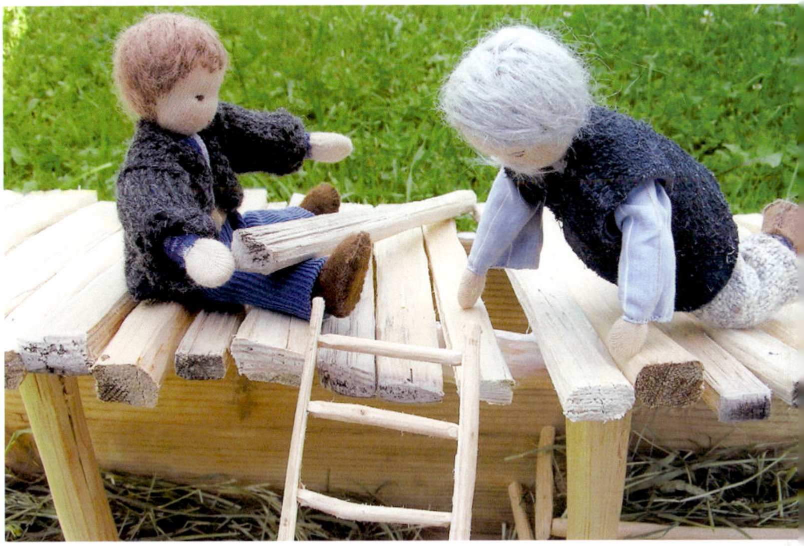

Dach decken mit Holzspänen

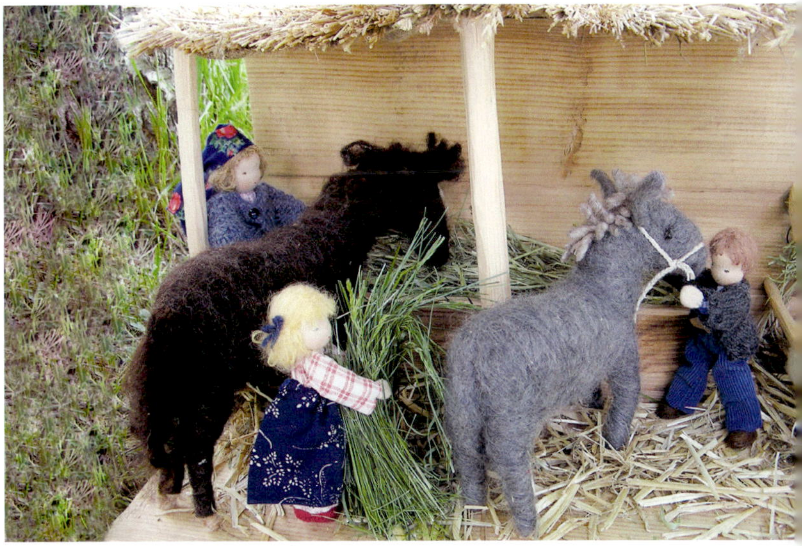

Stall mit Strohdach

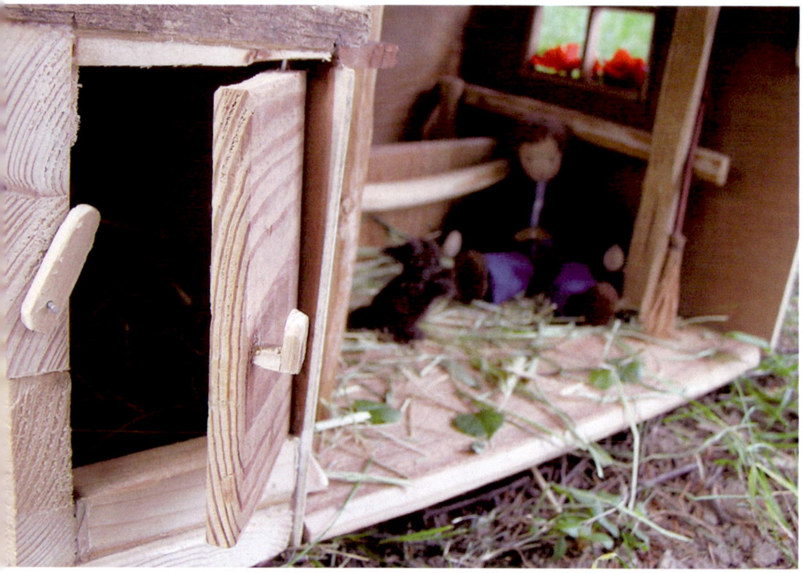

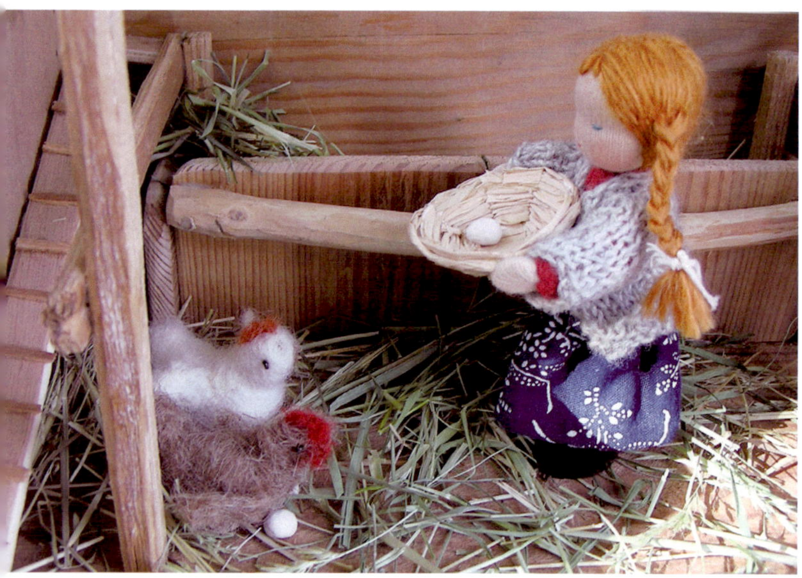

Variante

Sie können das Dach aber auch mit dünnen Spanholzstückchen wie Schuppen übereinander als Schindeln decken. Oder mit Rinde von Kiefernbäumen oder mit Resten aus einer Sägerei, wo Baumstämme zu Brettern verarbeitet werden, und das Dach mit diesen Materialien verkleiden. Dafür müsste der Dachstuhl dementsprechend angepasst werden.

5. **Ausschmückung**: Welche Tiere werden diesen Stall bewohnen? Brauchen Sie eine Hühnerleiter? Einen Hasenstall oder einen kleinen Anbau? Einen Heuschober oder einen Unterstand für die «Landmaschinen»? Gewiss werden Ihre Buben begeistert sein.

Die Hühnerleiter besteht hier aus einem ca. 2 cm breiten Brettchen, auf das viele kleine Sprossen aufgeleimt werden. Sie können aus dünnen Spänen oder Zahnstocher gefertigt werden. Ein Heuschober (S. 97 oben) braucht seitliche Latten, damit das Heu luftig gelagert wird (und nicht herausfallen kann).

Wenn Sie etwas Gras von einer Wiese abschneiden und es trocknen, haben Sie duftendes Heu. Diese «Mäharbeit» werden die Kinder mit viel Freude ausführen. Sie können mit ihrem Spieltraktor und dem Anhänger fahren, neben dem Stall parken, die Bauernpuppen mit einbeziehen und die Tiere versorgen.

Der Schäferkarren*/**

Material

- Holzbretterreste
- 1 Rundholzstange 8/10 mm ∅
- 2 große Holzscheiben oder 2 Fertigräder aus ca. 8 cm ∅
- Holzleim, Säge, Nägel und Hammer

Dieses Hüttchen wird heute immer noch als Schutz und Unterkunft für Schäfer genutzt, die mit ihrer Schafherde umherziehen. Abends wird die Herde eingezäunt und von großen, gutmütigen Hunden bewacht. Der Schäfer übernachtet in dieser kleinen rollenden Hütte. Es ist ein kleines Häuschen auf Rädern und kann von einem Pferd oder Esel gezogen werden. In den echten Schäferkarren befinden sich ein Bett mit Schaffellen darauf, ein kleiner Klapptisch, den man an die Wand klappen kann, und manchmal ein kleiner Bollerofen. Für das Leben in der Einsamkeit ist es, den Umständen entsprechend, sehr gemütlich. Unser Schäferkarren, der hier beschrieben wird, hat ein kleines Fenster, eine Tür und eine kleine abnehmbare Treppe. Die Größe ist für Biegepüppchen in Größe 1, 2 und Kleinkind berechnet (11,5 cm und 13,5 cm und 9 cm). Falls Ihnen diese Maße nicht genügen, ist es auch kein Problem, einen größeren Karren zu entwerfen.

1. An der Zeichnung 1 sehen Sie den **Aufbau**. Dieses Hüttchen hat eine leicht dreieckige Form, deswegen ist das Hinterteil höher als das Vorderteil. Die Maße sind: 18 x 19 cm für jedes Seitenteil. Jedes rechteckige Holzbrett der Seitenteile wird schräg zugesägt: Vorne mit 11,5 cm beginnt die kurze Seite, und die Schräge ist die Differenz von 19 cm – 11,5 cm = 7,5 cm. Ein Brett von 18 x 12 cm wird der Boden. Das Vorderteil besteht nur aus dem Türrahmen: Dafür wird eine Leiste aus derselben Bretterstärke angefertigt; sie wird in zweimal 11,5 cm und einmal 5,7 cm für die Verbindung dazwischen zugesägt. Die Tür stößt unten an den Boden, oben an die obere Leiste und nur an *eine* Seitenleiste. An der anderen Seitenleiste wird sie mit Scharnieren oder Lederstreifen befestigt. Die Maße der Tür sind: 7 x 11 cm.
Sägen Sie die Bretter zurecht und in einem Seitenteil ein Fenster, 5 x 6 cm, aus (Zeichnung 2). Wenn dieses Fenster kleine Fensterläden bekommen soll, sägen Sie diese aus zwei dünnen Brettchen, 6 x 8 cm, aus. Für ein kleines Herz in der Mitte sägen Sie an jeder

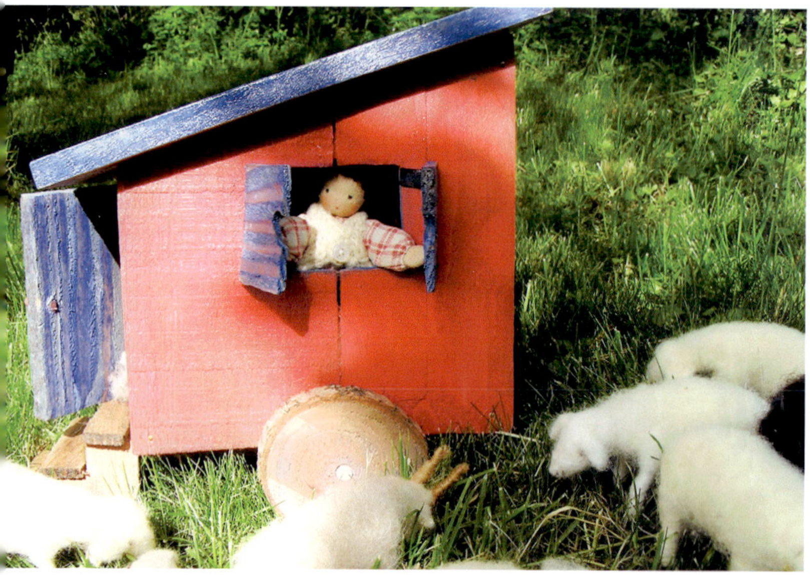

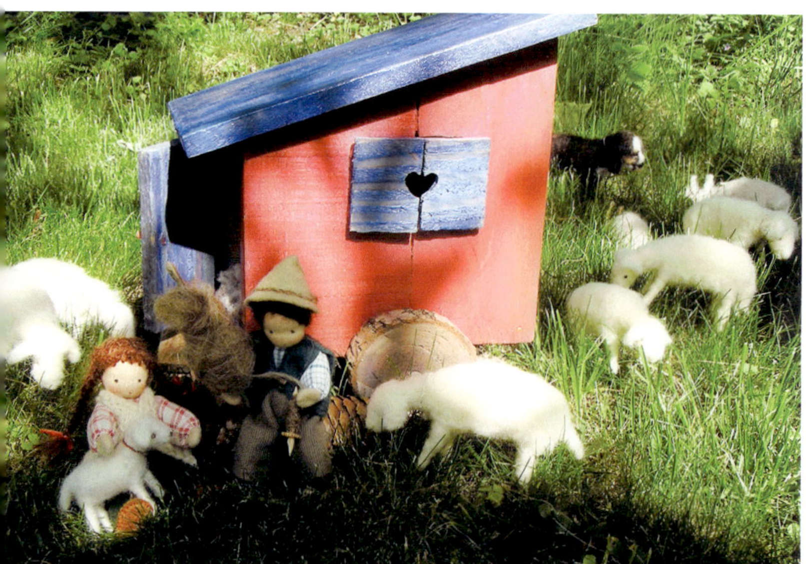

Innenseite der Fensterläden eine kleine Herzhälfte aus (Zeichnung 3). Wenn die Läden zugeklappt werden, stoßen beide Hälften aneinander, und das Herz sieht dann aus wie ein Ganzes. Die Fensterläden werden seitlich mit zwei kleinen Scharnieren oder zwei Lederstreifen angebracht.
Die Seitenwände können aus dünneren Holzscheiben oder aus dickerem Sperrholz sein und stoßen beide von außen *an* den Boden des Karrens. Da das Dach des Schäferkarrens ebenfalls mit einer Neigung auf alle Wände gesetzt wird, muss die hintere Wand an der Innenseite mit einer Holzfeile *abgeschrägt* werden. Die höhere Rückwand wird dann bündig auf dem Bodenbrett befestigt. Leimen Sie alle drei Seiten des Bodens und legen Sie ihn auf eine Unterlage. Danach streichen Sie alle Kanten der Wände, die sich berühren, ebenfalls mit Holzleim ein (Zeichnung 2) und fügen das Häuschen zusammen. Wenn der Leim getrocknet ist, können Sie zusätzlich einige Nägel zur Stabilisierung einschlagen.

2. Das **Dach**, 16 x 24 cm, hat seitlich und vorne einen Überstand, als Schutz gegen den Wind und den Regen. Es kann mit einem Scharnier an die Rückwand geschraubt oder festgeleimt und mit ein paar Nägeln festgeklopft werden.

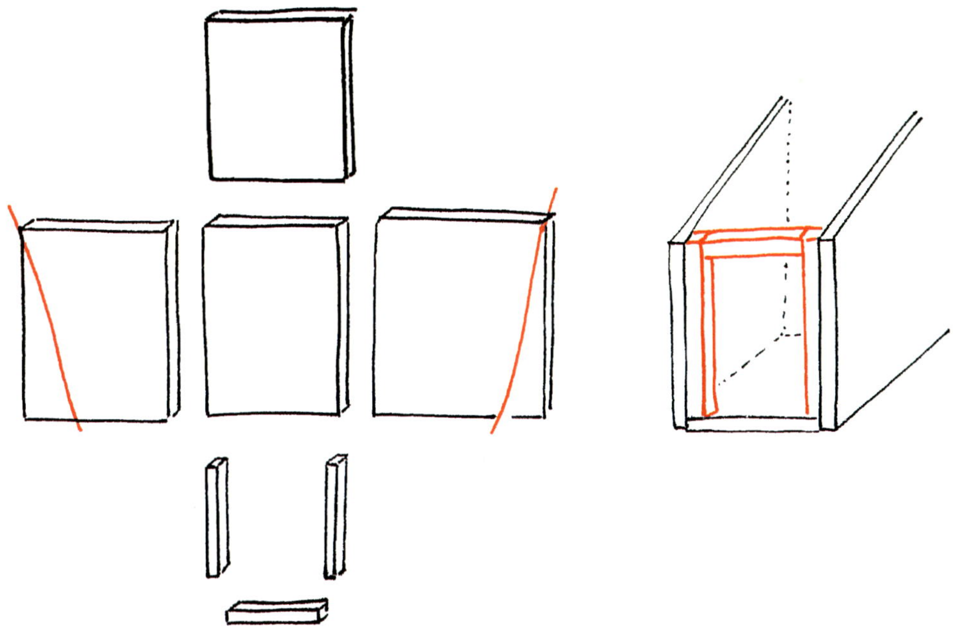

1: Einzelteile und Aufbau des Schäferkarrens

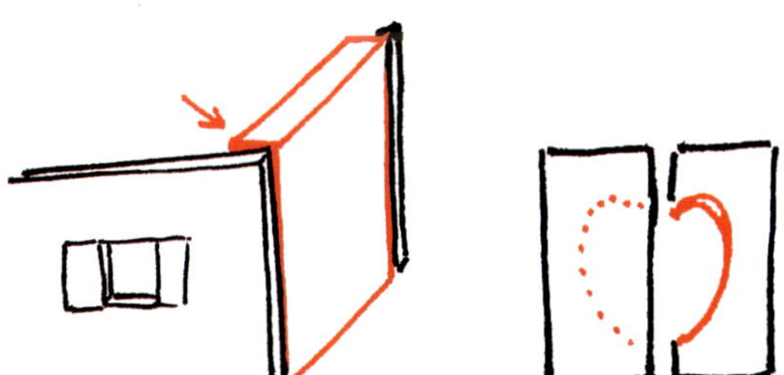

2: Seitenwand mit Fenster und Rückwand

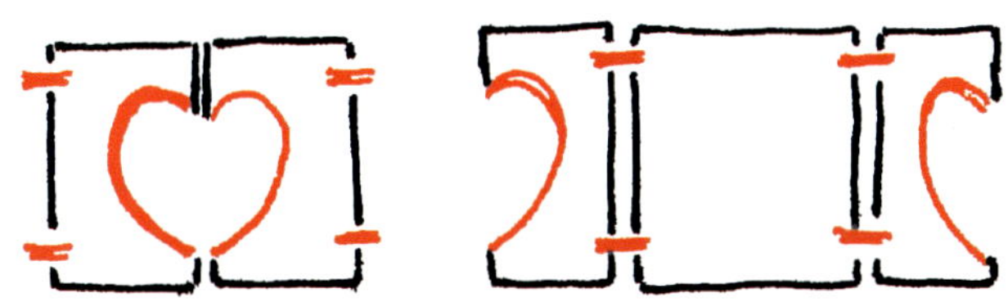

3: Fensterläden mit Herzform

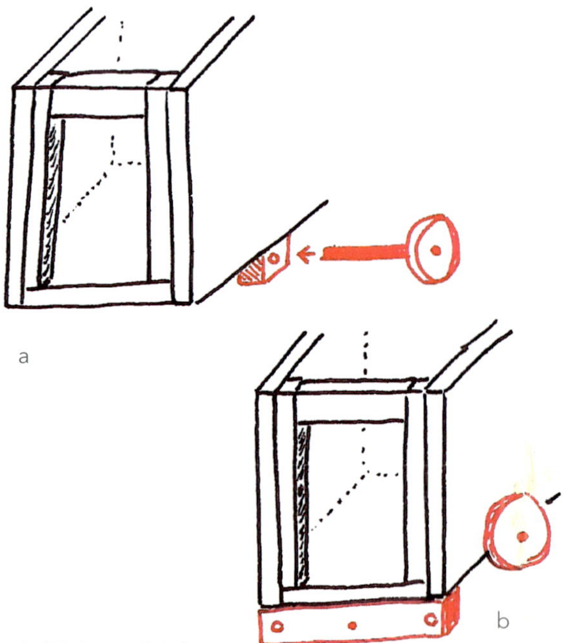

a

b

4: Räder und Achse
a: Rad befestigen
b: Leiste (rot) für die Treppe

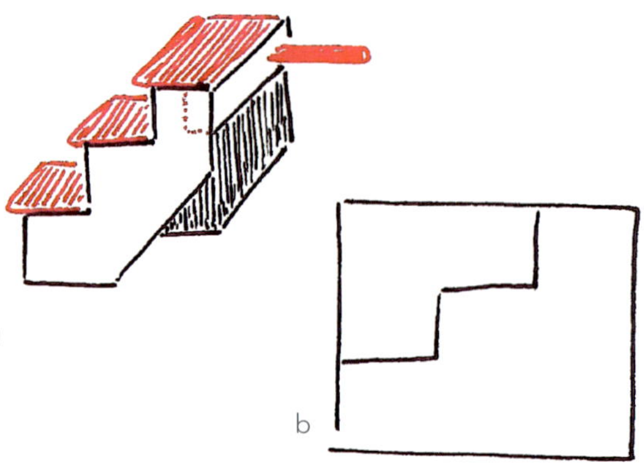

a

b

5: Treppe
a: Seitenansicht mit Befestigungsdübel (rot)
b: Seitenteil

3. Die **Tür** geht nach außen auf und ist größer als die Türöffnung, weil sie am Türrahmen anschlägt. Sie wird ebenfalls wie die Fensterläden befestigt. Sie kann ein kleines Rundholzstück als Türgriff bekommen.

4. **Räder und Achse**: Zwei kleine Klötzchen, ca. 3 x 2,5 cm lang, werden für die Achse der Räder durchbohrt und mit Leim unten an den Boden des Schäferkarrens mit den Seitenwänden bündig befestigt (Zeichnung 4a). Die zwei Holzscheiben oder die Fertigräder werden ebenfalls mittig durchbohrt. Das Rundholz für die Achse ist ca. 16 cm lang. (Die Länge richtet sich nach der Stärke Ihrer Räder.) Es wird durch ein Rad gesteckt, dann durch beide vorgebohrten Klötzchen und ebenfalls durch das zweite Rad. Messen Sie die Achsenlänge noch einmal nach. Sägen Sie die Rundholzstange zurecht und leimen Sie sie nur an den Rädern fest.

5. **Farbe**: Nach Wunsch können Sie den Schäferkarren mit Tuschkastenfarben anmalen und auch lackieren. Für unsere Kleinsten reicht als Inneneinrichtung ein Stück Fell, das auf dem Boden ausgelegt wird.

6. Für die kleine **Treppe** können Sie eine einfache Leiter bauen, ein Brettchen mit kleinen angeleimten Schwellen oder eine Stufentreppe. Dafür leimen Sie eine Holzleiste un-

ter die Türschwelle, die so lang sein soll, wie Ihr Schäferkarren an der Vorderseite breit geworden ist (Zeichnung 4b). Dann sägen Sie mit einer Dekupiersäge, einer feinen Stichsäge oder einer Handsäge zwei Seitenteile 6 cm x 5,5 cm x 5 mm aus (Zeichnung 5). Auf diese Aussparungen werden drei Brettchen für die Stufen, 8 x 2,3 cm, mit ca. 5 mm Stärke geleimt. Damit auch diese Treppe einen guten Halt bekommt, wird zwischen den Seitenteilen eine kleine Leiste von 5 cm Länge geleimt. Die Treppe bekommt einen Holzdübel, der zur Hälfte an dieser Leiste festgeleimt wird und mit der anderen Hälfte unterhalb der Tür einfach in den Schäferkarren gesteckt wird (Zeichnung 8). Dafür wird ein passendes Loch gebohrt. Da der Karren nur eine Radachse hat, steht er nur mit der kleinen Treppe.

Wenn der Schäfer mit seiner Herde weiterwandert, wird diese Treppe abgemacht. Um den Karren ziehen zu können, werden zwei Rundholzstangen an der hinteren Seite des Schäferkarrens angebracht. Die Länge dafür richtet sich nach Ihrem Spieltier: In diesen Zwischenräumen kann ein Pferdchen oder ein kleiner Esel angespannt werden. Mithilfe einer breiteren Borte oder einem Stück Leder können Sie das Tierlein anspannen.

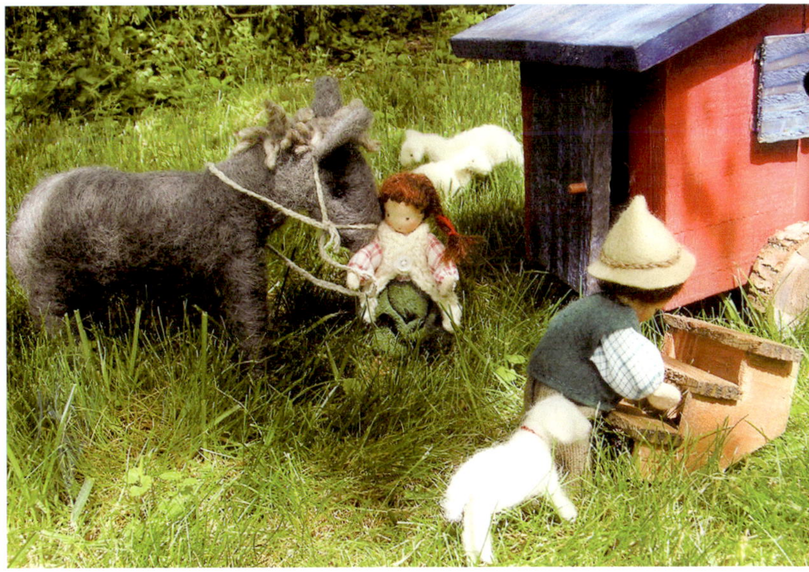

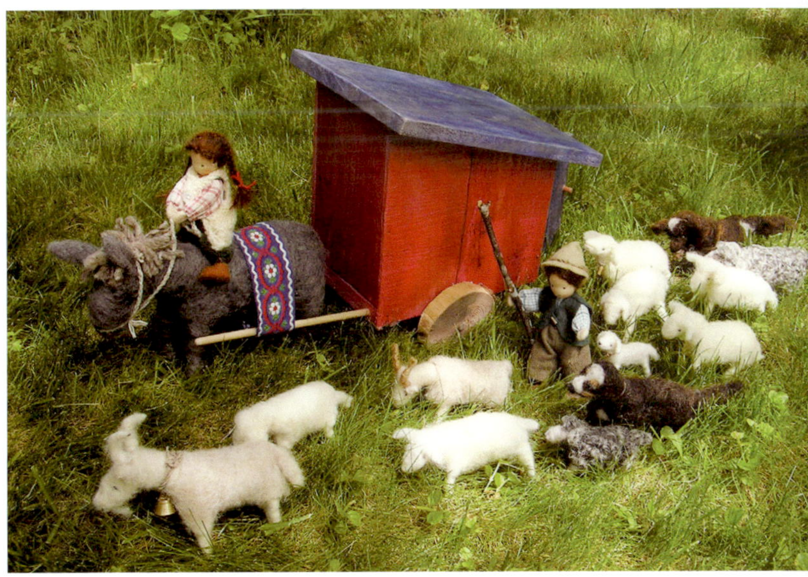

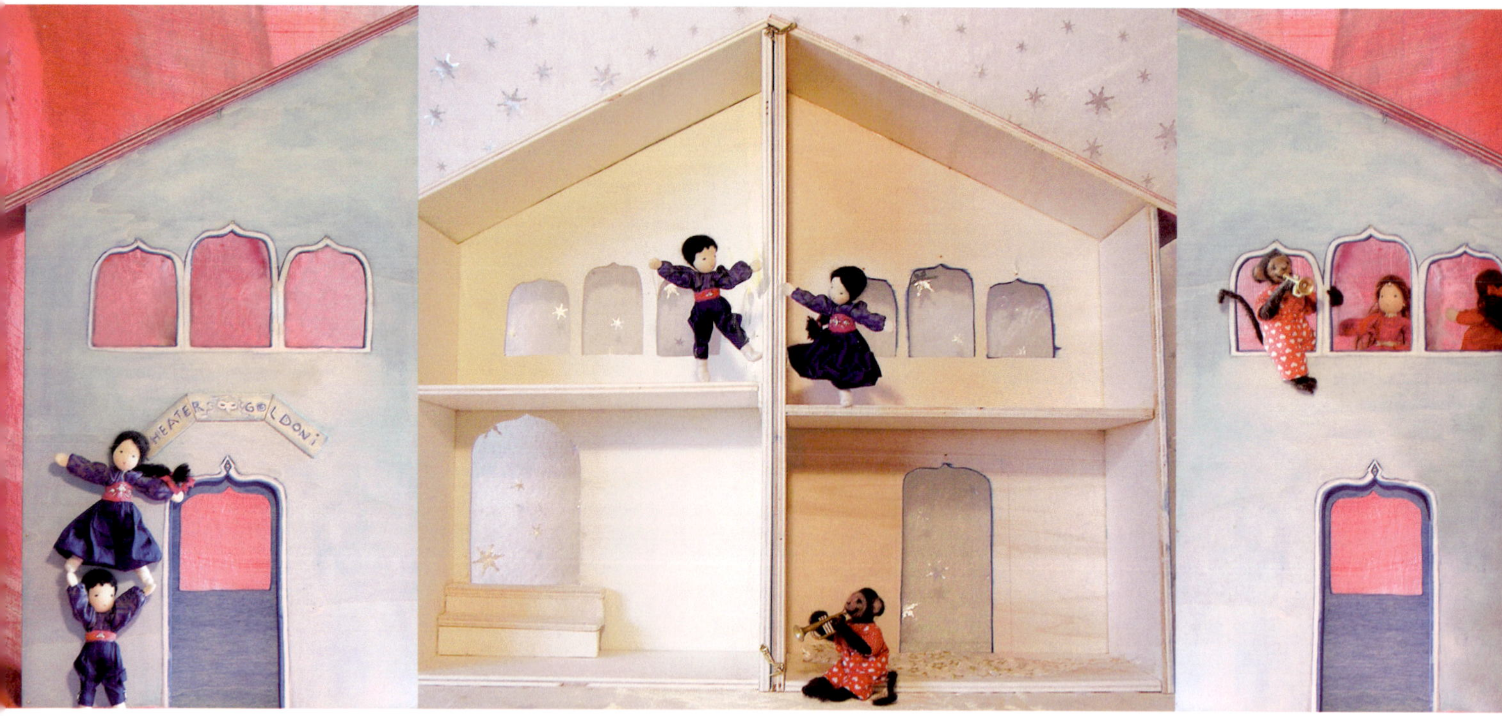
HEATER GOLDONI

Puppenhäuser

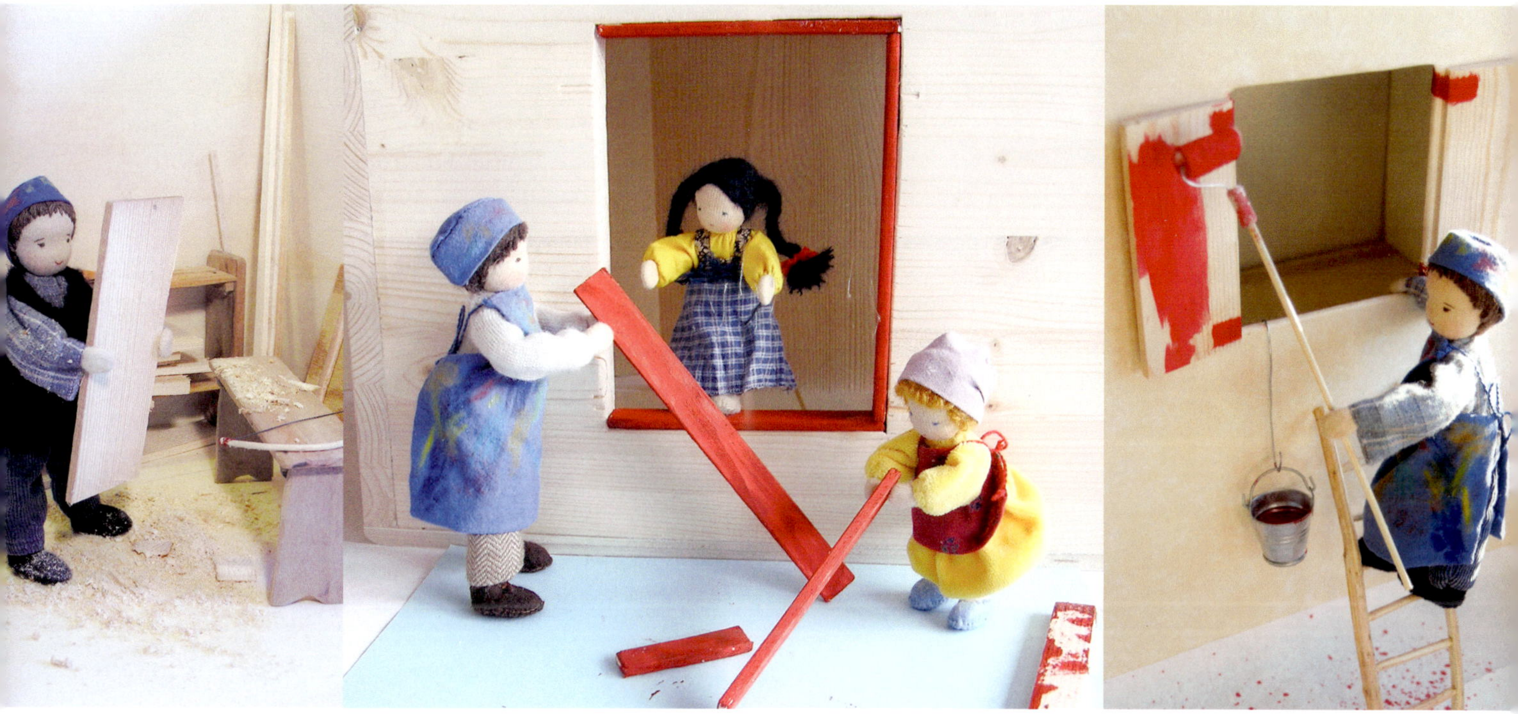

aus Holz

Das große Puppenhaus ***

Wie wäre es, wenn Sie nun ein ganzes Haus planen? Wie würden Sie es gestalten? Was wäre Ihnen wichtig? Was muss für Sie unbedingt dabei sein, was nicht? Ich möchte Ihnen so viel Mut machen, dass Sie fröhlich selbst ein Puppenhäuschen planen und gestalten! Im Folgenden mache ich zunächst *allgemeine* Angaben für ein Puppenhaus, das Sie nach eigenen Vorstellungen bauen können; danach folgen – als Vorschlag und Anhaltspunkt – *konkrete* Angaben für ein Puppenhaus (s. S. 109 und S. 115 ff.).

Zu den *allgemeinen* Angaben: Ein Puppenhaus kann ein spitz zulaufendes Dach haben, wenn die Seitenwände gerade sind, oder ein nach vorne und hinten aufgestelltes Dach bekommen, wenn die Seitenteile seitlich mit einem Dreieck schließen. In beiden Fällen können Sie, wenn Sie möchten, ein Klappdach auf Ihr Puppenhaus bauen (s. Zeichnungen 2 – 4).

1. Machen Sie sich in aller Ruhe eine gute **Zeichnung** für dieses Projekt. Übertragen Sie, als Vorschlag, die ausgerechneten Maße auf einen großen Papierbogen oder auf viele aneinandergeklebte DIN-A4-Blätter. Es ist praktisch, wenn Sie ein kleines Biegepüppchen auf Ihrer Zeichnung herumlaufen lassen. Wie ist die Höhe der Decke? Wie viel Platz haben die Räume? Schneiden Sie die äußere Form des gezeichneten Hauses aus, und befestigen Sie sie an eine Wand oder kleben sie mit Tesafilm an einen Schrank bündig zum Fußboden. Dadurch können Sie sich die Größe viel besser vorstellen. Beachten Sie, dass ein hohes, schmales Haus leichter umfallen kann; es braucht vielleicht eine größere Bodenplatte, auf der es stehen kann … Ein Haus mit einer gewissen Breite ermöglicht mehr Spielfreiheit und bietet schönen Möbeln mehr Platz.

2. **Umsetzung** der gezeichneten Maße auf die Holzflächen.

Wichtig

Die genauen Maße richten sich vor allem nach der Stärke Ihrer Holzbretter!

Wenn Sie ein flaches Haus planen (wie in Zeichnung 1 und 2) und kein Klapphaus, ist die einfachste und geläufigste Form, das Puppenhaus mit einer Rahmenkonstruktion zu bauen. Damit die Arbeit überschaubar wird, schlage ich dieses Schema vor:

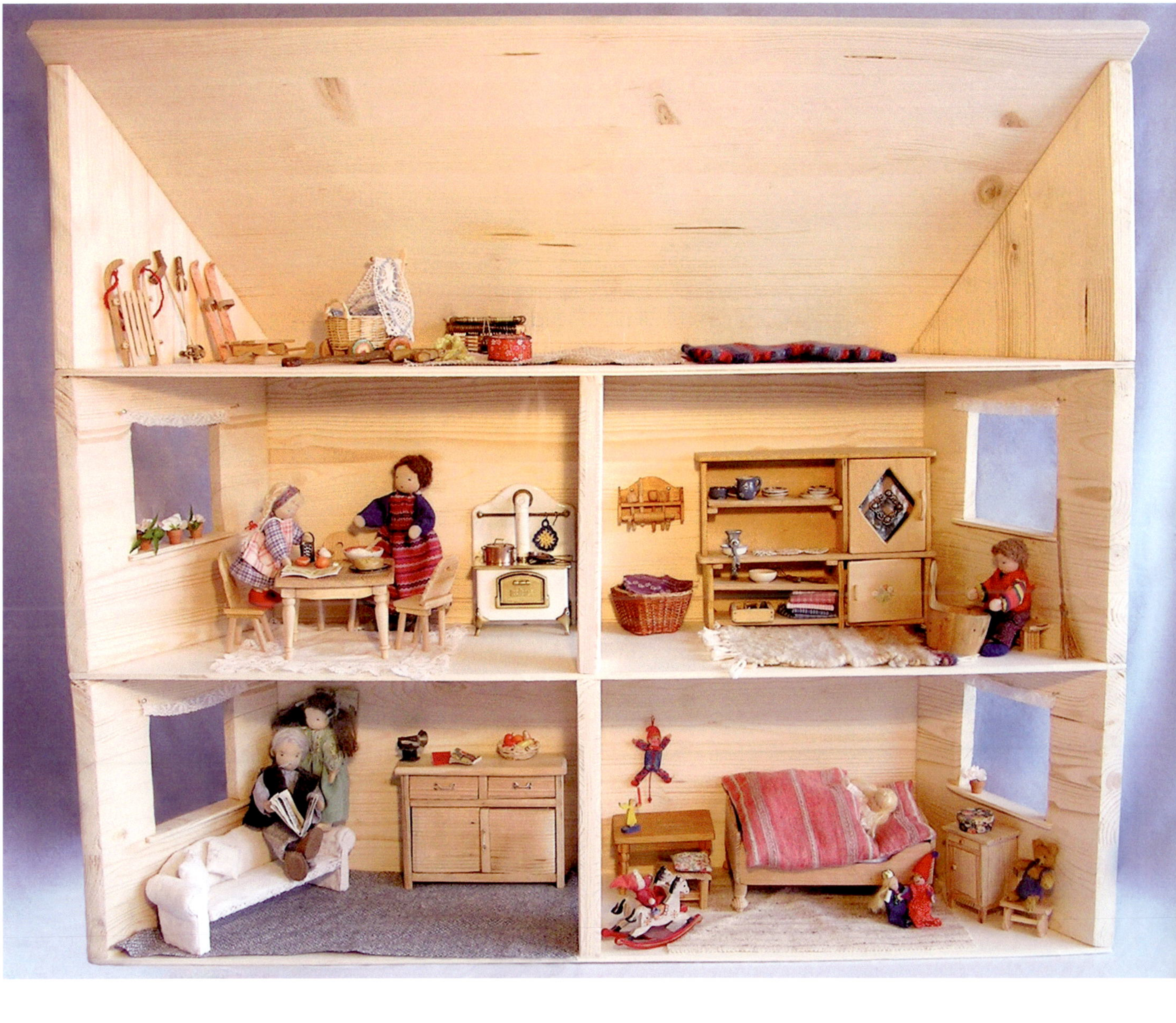

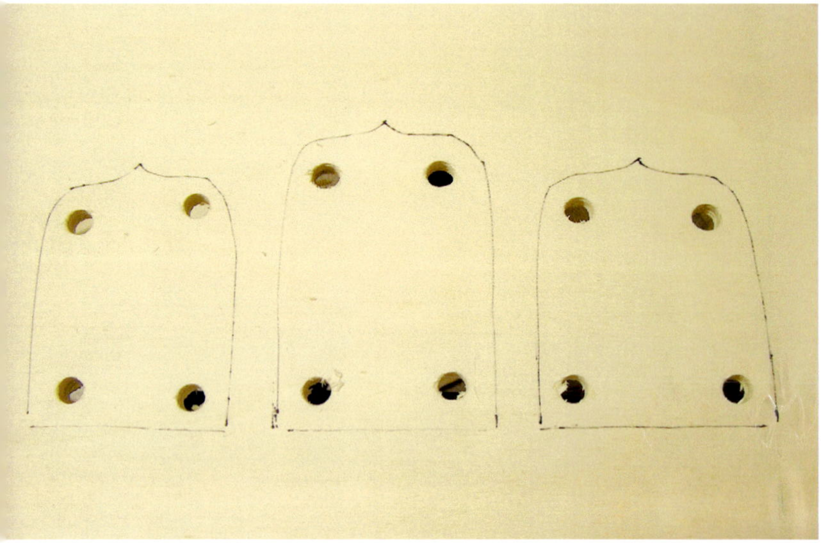

Fensteröffnungen aufzeichnen und aussägen

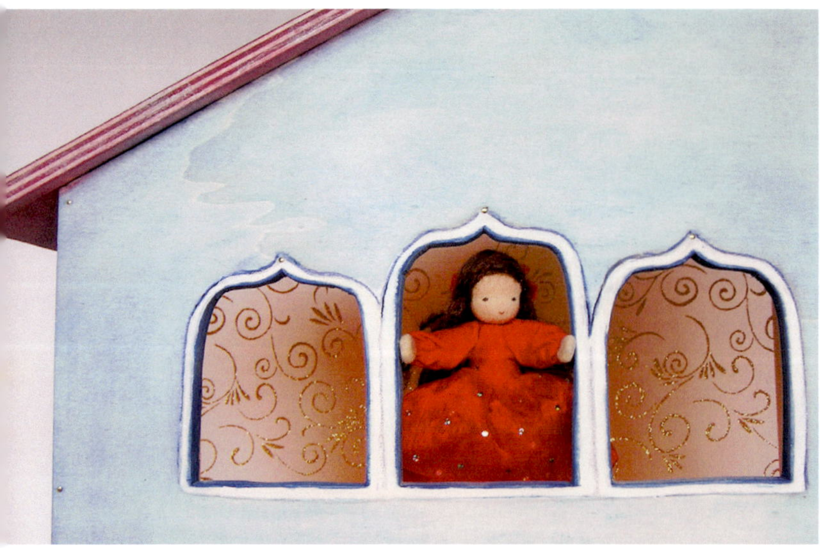

Beispiel für eine geschwungen Fensterreihe

- Die Breite Ihrer verwendeten Bretter kann für das gesamte Puppenhaus benutzt werden: die Seitenteile, die Innenwände und das Dach.
- Benutzen Sie durchgehende Seitenteile für die Außenwände sowie zwei durchgehende Böden, für die 1. Etage und den Dachstuhl.
- Das «Fundament», der unterste Boden, kann dieselben Maße haben wie alle anderen Etagen auch, oder er wird aus einer gesonderten, breiteren Platte gemacht: Darauf steht das Puppenhaus.
- Fensteröffnungen und Türen müssen vor dem Zusammenbau ausgesägt werden. Die Anleitung dafür finden Sie auf S. 62 – 64

Wichtig

Bei Sperrholz dürfen die Löcher nicht zu nah am Rand ausgesägt werden, weil dieses Holz ausfranst.

3. **Zusammenbau**: Wir verbinden unsere Vorstellung eines Hauses meist mit einem geneigten Dach, das oben am Giebel spitz zuläuft. So ist es eine klassische Aufbauart, die *Seitenteile oben* zum Dach hin auch *abgeschrägt* zuzusägen (s. Zeichnung 1a). Um die Verbindung beider Dachteile zu berechnen, muss der Innenwinkel halbiert werden (Zeichnung 1b).

Beispiel

Ein Dachgiebel mit 90° besteht aus zwei Brettern mit einem Winkel von je 45°. Das bedeutet: Jedes Brett für die Dachschräge wird mit einem 45°-Winkel zugesägt. Beide Bretter stoßen im Winkelschnitt aneinander und ergeben zusammen wieder den 90°-Winkel. Dieser Winkel überträgt sich auf die seitlichen Wände des Puppenhauses. Deswegen müssen die Seitenwände des Hauses auch mit einem 45°-Winkel abgeschrägt werden, damit das Dach bündig darauf sitzen kann. Falls es Ihnen nicht möglich ist, die Bretter zu Hause schräg zuzusägen, lassen Sie sich einfach von einem Schreiner oder von Freunden helfen.

Die Alternative wäre:
Sie lassen die Dachbretter gerade und leimen bzw. nageln diese im rechten Winkel aneinander (Foto rechts unten). In diesem Fall wird das eine Brett für das Dach um die Stärke Ihrer Bretter länger gemessen. Beispiel: Ein Brett wird 60 cm lang und das zweite 62 cm zugesägt, wenn die Bretterstärke 2 cm ist.

Der als Beispiel beschriebene 90°-Winkel wird das Dach des Puppenhauses zwar etwas steil erscheinen lassen, hat aber den Vorteil, dass der obere Dachstuhl geräumig genug zum Spielen ist. Je nach ausgerechnetem Winkel verändert sich die Neigung des Daches.
Das Dach wird *zuletzt* auf das fertige Haus geleimt. Die Dachflächen können bündig mit der Hauswand abschließen oder seitlich überstehen.

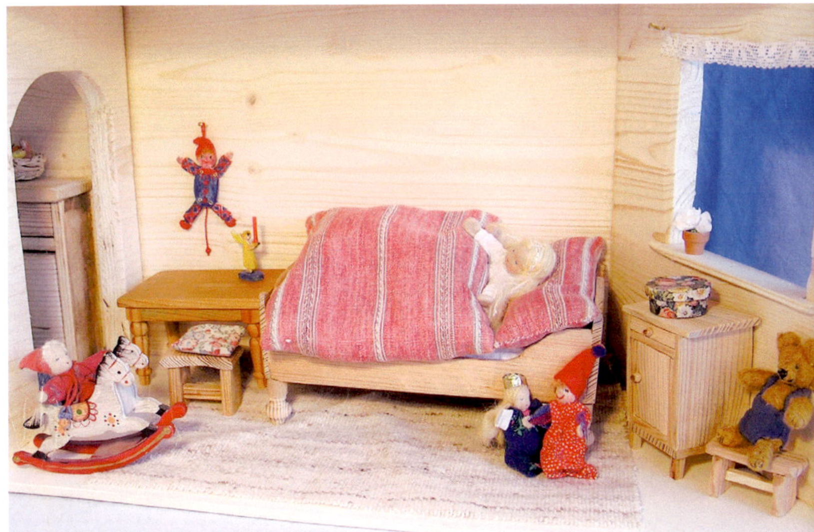

Einfache Tür- und Fensteröffnungen

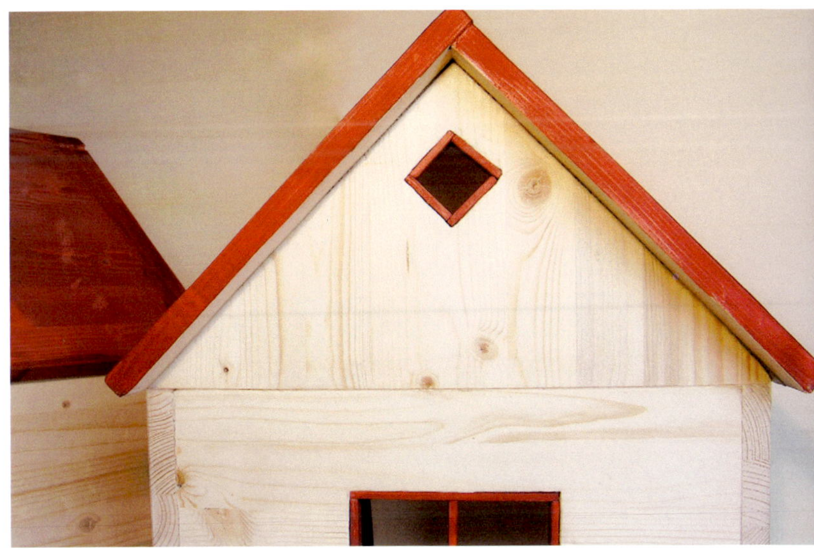

Dachgiebel mit 90°-Winkel

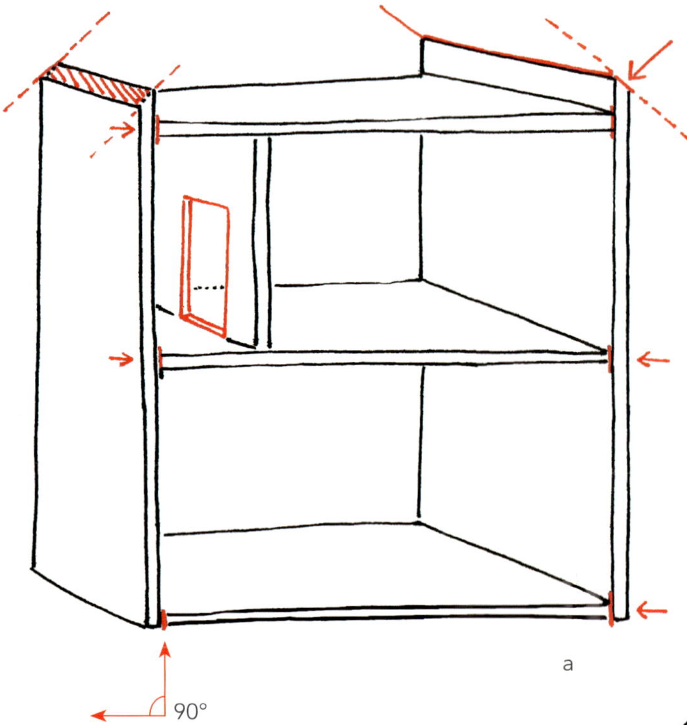

a

b

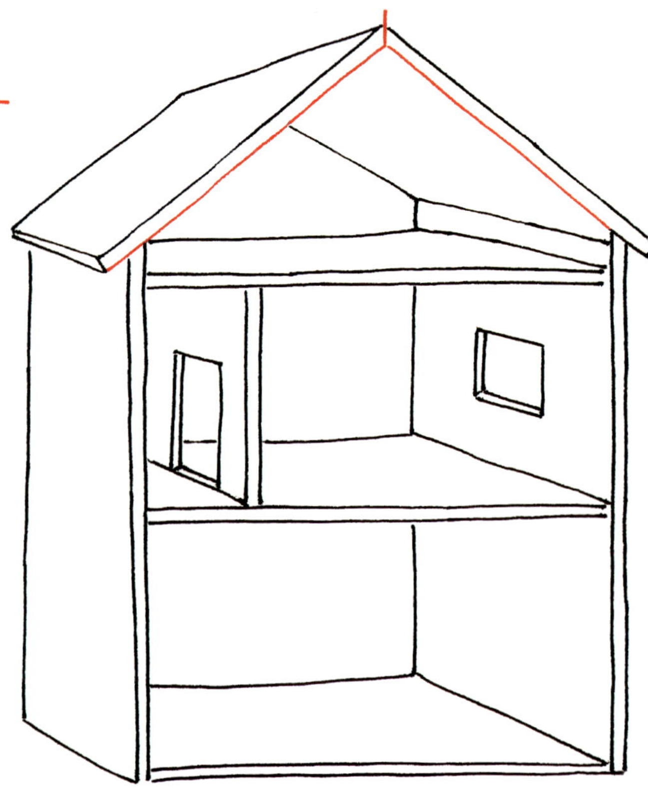

1: Ein Puppenhaus aus Holz (einfache Konstruktion mit festem Dach und offener Vorderfront)

a: Bretter für die Etagen im 90°-Winkel; einfache Türöffnung; abgeschrägte Seitenteile entsprechend der Dachschräge

b: Für die beiden Dachhälften wird der Innenwinkel halbiert, und die Bretter werden in diesem Winkel zugesägt.

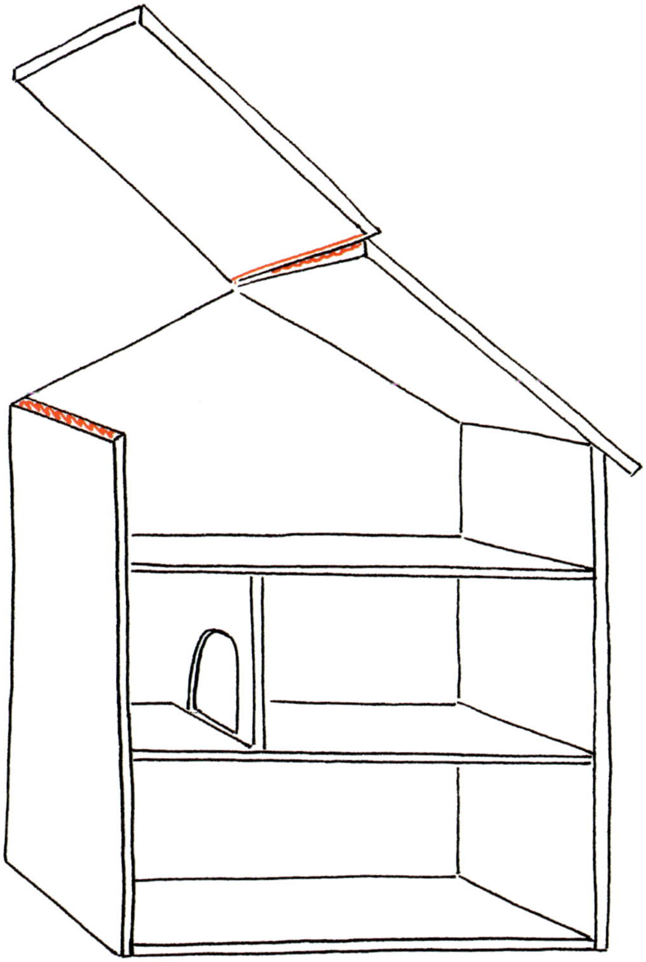

a

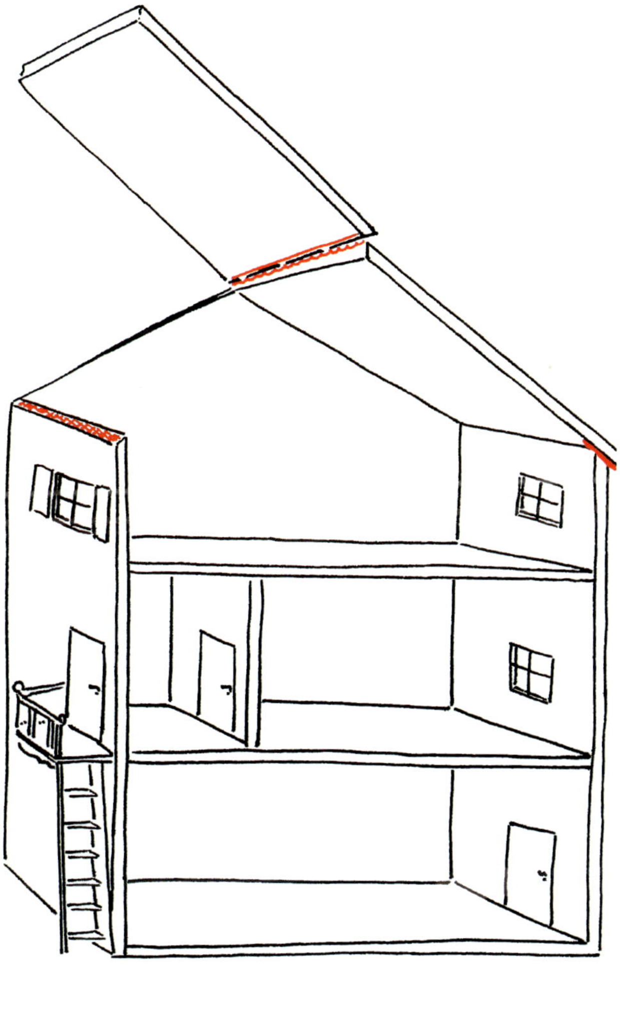

b

2: Ein Puppenhaus mit seitlich aufklappbarem Dach
und offener Vorderfront
a: Konstruktion mit einfacher, abgerundeter Türöffnung
b: mit eingebauten Innen- und Außentüren, Fenstern
und einer reizvollen Außentreppe

Wenn sich eine Dachfläche aufklappen lässt, bekommen Sie ein Klappdach. Es passt sich dem Unterbau des Hauses ebenfalls an: Sie können entweder eine Dachhälfte an eine Außenwand mit Scharnieren befestigen (Zeichnung 2). Oder, wenn die Seitenteile mittig spitz ausgesägt wurden, eine Dachhälfte ganz fest am Puppenhaus anbringen, und das andere Dachbrett an dieser festen Hälfte mit Scharnieren befestigen (Zeichnungen 3 und 4).

Das Dach bekommt eine dachziegelähnliche Struktur, wenn Sie mit der Kante des Hammers gleichmäßige «Dellen» in die Holzbretter schlagen.

Um die Aufbauarbeit zu erleichtern, schlage ich Ihnen diese **Reihenfolge** vor:

- Die Zimmerwände der unteren Etage werden an die unterste Bodenplatte angepasst, geleimt und mit Zwingen verstärkt.
- Die zweite Bodenplatte für die darauffolgende Etage wird an die unteren Zimmertrennwände angeleimt, verdübelt (genagelt) oder geschraubt. (Siehe auch die Beschreibung der Dübelarbeit rechts.)
- Die Dachbodenplatte wird ebenfalls auf der zuletzt gebauten Etage befestigt.
- Die Außenkanten der Etagen werden mit Holzleim bestrichen.
- Die Seitenteile werden mit allen Etagen zusammen verbunden, geleimt und ebenfalls mit Zwingen festgehalten.
- Beide Dachschrägen werden miteinander verbunden.
- Das Dach wird auf das Puppenhaus geleimt und gedübelt oder als Klappdach gebaut.

Um das fertig geleimte Puppenhaus zu verstärken, haben Sie drei zusätzliche Möglichkeiten:

- Mit *Holzschrauben:* Die Böden oder die Zwischenwände werden seitlich mit Holzschrauben befestigt. Damit man diese Arbeit verdeckt, müssen die Schraubenköpfe versenkt werden. Dafür bohren Sie mit einem Holzbohrer (z.B. 8 mm ∅) einige Millimeter an den jeweiligen Stellen vor. Dieses vorgebohrte Loch ist breiter als der Schraubenkopf und hat den gleichen Durchmesser wie der Holzdübel, den Sie versenken möchten. Nachdem Sie die Schrauben tief in das Holz gedreht haben, leimen und klopfen Sie passende Rundholzdübel-Scheiben hinein. Diese werden glatt abgeschliffen und auf Bretterhöhe geebnet.
- Mit *Holzdübeln:* Sie bohren ein Loch durch die Seitenwand in das Bodenbrett, tropfen etwas Holzleim in dieses Loch und klopfen einen Holzdübel oder ein passendes Rundholzstück hinein. Nach dem Trocknen werden die Überstände der Dübel ebenfalls abgeschliffen.
- Mit *dünnen Stahlnägeln:* Sie schlagen diese an den eventuell kritischen Stellen ein.

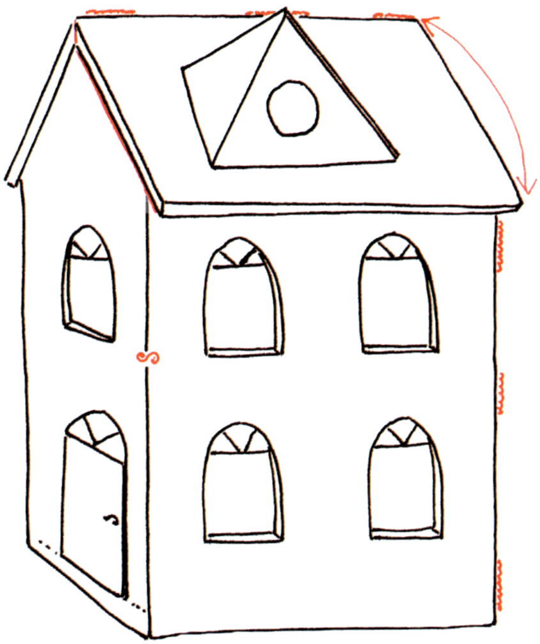

3: Puppenhaus mit Klappdach und aufklappbarer Vorderfront.
Eine Seitenwand ist mit Fenstern versehen. Diese Fenster sind offen und haben eine kleine Rundung mit Leisten als Sprossen im oberen Bereich.

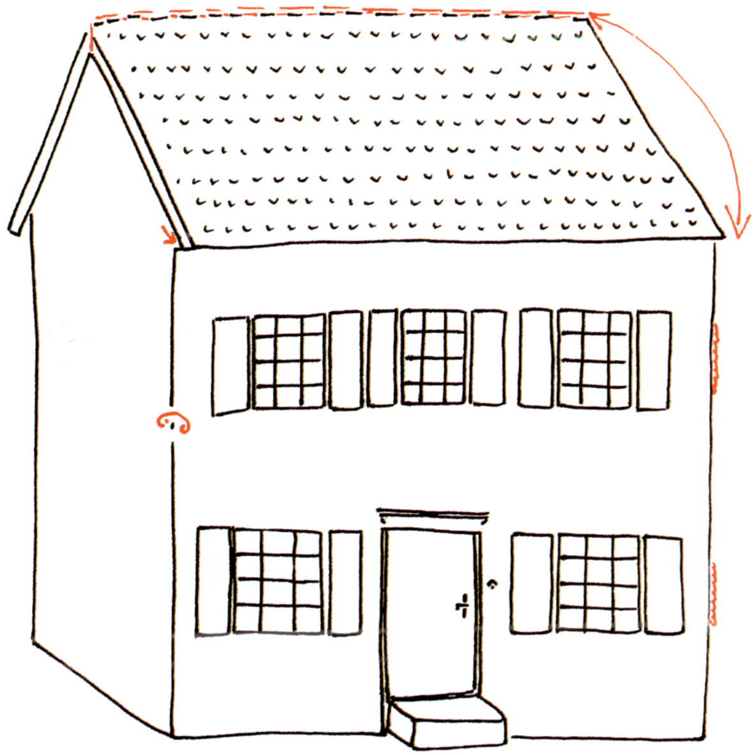

4: Großes Puppenhaus mit aufklappbarem Dach sowie aufklappbarer Vorderfront. Die Fensterläden können fest verleimt werden, als Zierde, die Sprossen können mit Windowcolour auf Glas gemalt werden.

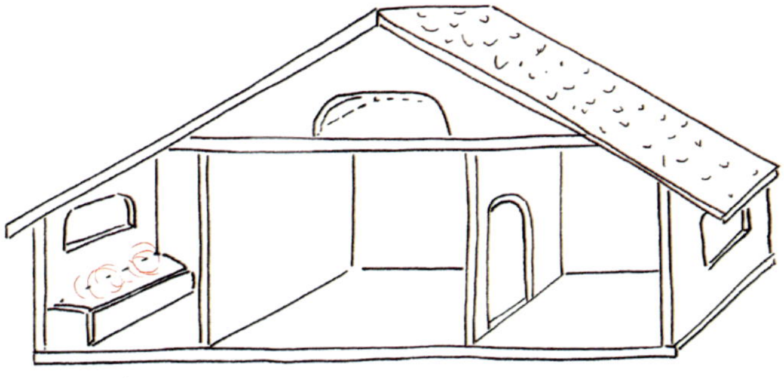

5: Einfaches Bauernhaus für Traktor und Pferdewagen. Mit Stall.

4. Das Puppenhaus bekommt eine **Rückwand**: Messen Sie die gesamte Höhe und Breite des Hauses und besorgen Sie sich eine leichte Sperrholzplatte mit diesen Maßen. Legen Sie nun das Haus auf diese Platte und zeichnen Sie die Dachschräge entlang. Dann wird die Dachform abgesägt. Mit Leim und kleinen Messingnägeln wird die Sperrholzplatte an den gesamten Berührungsflächen angebracht.

5. Alle **Kanten** werden schön glatt abgeschliffen und nach Wunsch leicht abgerundet.

6. Wenn Sie das Puppenhaus **farbig anstreichen** möchten, können Sie das unbehandelte Holz leicht lasieren. Diese Möglichkeit lässt die Maserung des Holzes durchscheinen, und das Holz bleibt vom Eindruck her «lebendig». Sie können einfache und billige Tuschkastenfarben wählen, sie sind sehr ergiebig und können später auch einzeln nachgekauft werden. Auf den folgenden Fotos sehen Sie diesen Anstrich angewandt. Selbstverständlich haben Sie völlige Freiheit bei der Farbwahl. Probieren Sie auf einem kleinen Holzrest Ihre Farbe einfach aus.
Feuchten Sie vor dem Anmalen die gesamte Fläche des Brettes mit einem Tuch oder einem breiten Pinsel gleichmäßig an. Dadurch vermischen sich die Übergänge der Farbe homogen miteinander. Nehmen Sie zunächst wenig Farbe, und tasten Sie sich vorsichtig heran. Einen intensiveren Farbton bekommen Sie immer noch nachträglich leicht, in dem Sie die Farbfläche mit einer neuen Farbschicht übermalen. Sie können auch Ihren eigenen Farbton mischen. Nach dem ersten Anstrich lassen Sie die Flächen erst einmal trocknen. Falls Sie eine zweite Farbschicht darüberstreichen möchten, müssen Sie die gesamte Fläche mit einem breiten Pinsel noch einmal vorsichtig nass machen. Weil dieser Farbanstrich nicht wasserfest ist, können Sie zum Schutz das getrocknete Puppenhaus mit einem Mattlack auf Wasserbasis ansprühen. Arbeiten Sie dafür im Freien, und richten Sie sich nach der Gebrauchanweisung der von Ihnen benutzten Sprühdose.

7. **Fensterläden** werden ähnlich angebracht wie auf S. 49 beschrieben. Allerdings passen schmale Lederstreifen oder winzigkleine Messingscharniere besser zum Material Holz als die dort verwendeten Stoffscharniere. Zimmertüren werden ebenfalls wie die Fensterläden befestigt. Sie können passend in die Aussparungen der Zimmerwände angepasst oder etwas größer zugesägt werden. Haustüren gehen meistens nach innen auf und können größer als die ausgesägte Türöffnung oder passend dazu zugesägt werden.

Hinweis

Unter www.puppenstuebchen.de können Sie alle Dinge bestellen, die für den Bau eines Puppenhauses nötig sind.

Und nun die *konkreten* Angaben für das abgebildete Puppenhaus:

Material

Die Maßangaben beziehen sich auf eine Holzstärke von 1,8 cm.

- sechs Bretter à 26 x 26,5 cm für die vier Seitenwände und für zwei Dachgiebeldreiecke
- zwei Bretter à 26 x 67 cm für die beiden Rückwände
- ein Brett (42 x 96 cm) für das Dach. (Falls Sie sich die Bretter im Baumarkt zusägen lassen, nehmen Sie alle Holzreste mit.)
- drei Sperrholzplatten à 23 x 93 cm für die Böden. (Wenn möglich kaufen Sie 7 mm dickes, helles Holz, z.B. Pappelholz, Buche)
- zwei Bretter à 21,2 x 26 cm, falls Sie zwei Trennwände planen
- Holzleim, Nägel oder Dübel
- Standardwerkzeug

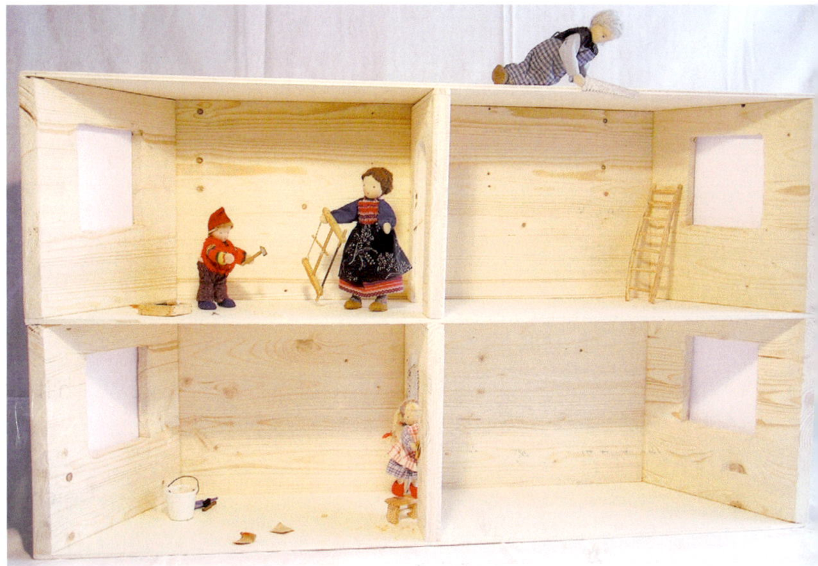

Dieses Puppenhaus ist eine Fortsetzung des Kapitels «Ein Puppenzimmer aus Holz». Die Seitenwände gehen schräg nach außen, und das Puppenhaus bekommt dadurch eine einladende Form. Die Rückwand der einzelnen Etagen wird allerdings viel länger berechnet als die oben angegebenen Maße, damit das Puppenhaus breiter werden kann. Wenn Sie zwei solche Stuben mit den dazugehörenden

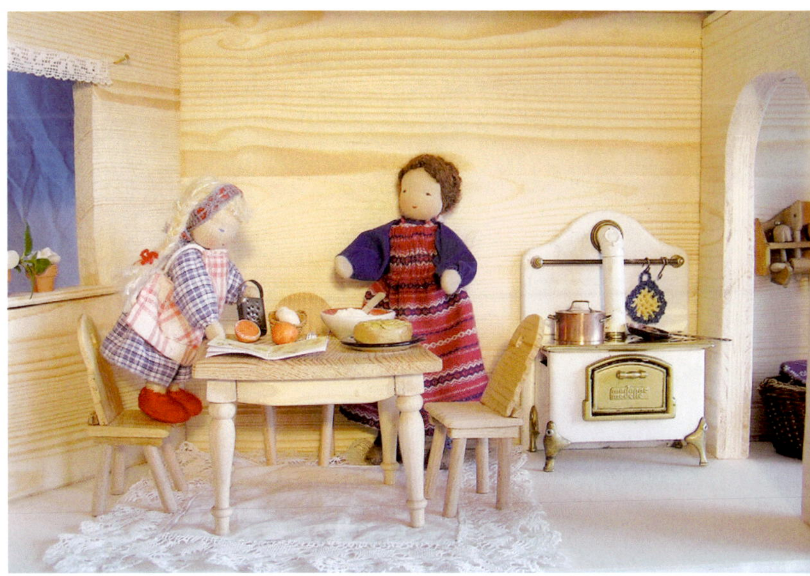

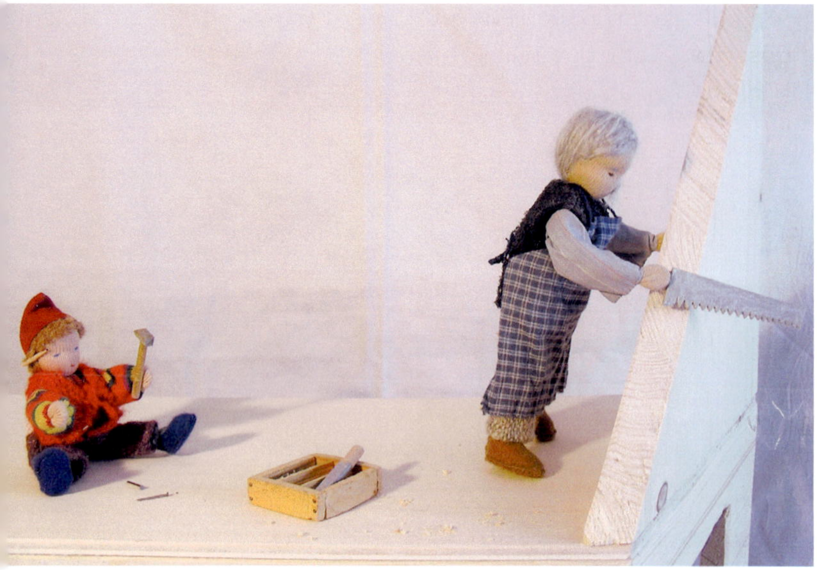

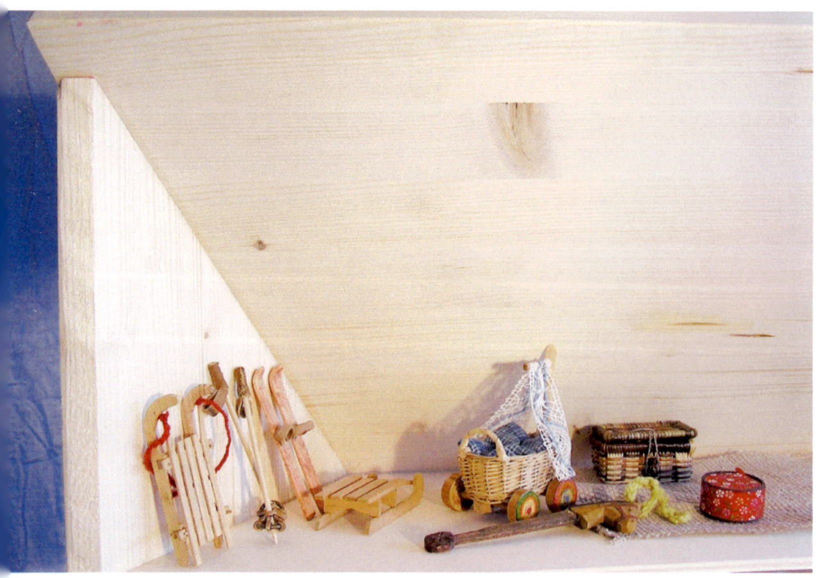

Böden übereinandersetzen, ist das Puppenhaus fast fertig. Es fehlt nur noch das Dach (s. Anleitung unten).

1. **Anleitung für die Wände**: (s. «Puppenzimmer aus Holz», S. 62): Sägen Sie sich die vier Seitenwände (26 x 26,5 cm) beider Etagen mit dem 30°-Winkel zurecht. Die Höhe der Räume beträgt 26 cm. Die Zugabe von 5 mm ist für den Winkelschnitt berechnet. Beide Rückwände werden ebenfalls angeschrägt, damit sie an die Seitenwände passen.
Die Fensteröffnungen müssen vor dem Zusammenbauen ausgesägt werden. Planen Sie Trennwände ein? Dann arbeiten Sie in jede Trennwand eine Tür. Am Foto erkennen Sie einen Türbogen ohne eingesetzte Tür. Selbstverständlich können Sie eine Tür nach Ihren eigenen Vorstellungen einbauen. Dann werden beide Puppenzimmer wie gewohnt geleimt und zusammengebaut. Auf das untere Zimmer werden die zweite Stube und die dritte Bodenplatte, abschließend für den Dachboden, geleimt. Stabilisieren Sie die obere Platte mit ein paar dünnen Nägeln.

2. **Anleitung für das Dach**: Weil das Puppenhaus nach außen breiter wird, muss diese Form auf das Dach übertragen werden. Das Dach zeigt mit der längeren Seite zu Ihnen, neigt sich nach hinten und stößt an die oberste Bodenplatte an. Das Brett mit den Maßen 96 x

42 cm wird jetzt wie folgt angezeichnet: Stellen Sie sich ein Trapez vor; die obere Kante behält die Länge von 96 cm. An der gegenüberliegenden Kante werden rechts und links nach innen 11 cm an jeder Seite markiert. Diesen Punkt verbinden Sie mit der oberen Kante mit einer Linie, sodass an jeder Seite ein kleines Dreieck zu sehen ist. Sägen Sie jedes Dreieck ab. Nun ist das Trapezdach fertig.
Damit das Dach geneigt werden kann, müssen rechts und links die Dachgiebeldreiecke eingesetzt werden. Für die Herstellung der Giebeldreiecke nehmen Sie sich die zwei Bretter mit den Maßen 26,5 x 26 cm zur Hand. Da zwei Seiten schon vorgegeben sind, fehlt nur die dritte Seite: Das ist die Verbindung beider Eckpunkte.

Anleitung für *ein* Dreieck:

- Stellen Sie das erste Dreieck auf das Puppenhaus, damit Sie sich den nächsten Arbeitsschritt besser vorstellen können; sie sehen auch am Foto, was hier gemeint ist. Die Hochkantseite von 26 cm, die zu Ihnen schaut, muss mit dem 30°-Winkel abgeschrägt werden, damit auch diese letzte Etage mit der Außenkante der unteren Zimmer bündig verläuft.
- Der Dreieckschenkel A (s. Foto) wird ebenfalls mit einem 30°-Winkel abgesägt, damit das Dach schräg und geneigt verlaufen kann. Die Außenkante wird abgeschrägt.
- Neigen Sie das Sägeblatt in die entgegengesetzte Richtung, damit die Arbeit spiegelbildlich am zweiten Dreieck wiederholt werden kann.

Nachdem Sie nun diese vorbereiteten Dreiecke an das Puppenhaus geleimt haben, können Sie das Dach darauflegen, festleimen und gegebenenfalls hier und da mit dünnen Nägeln stabilisieren.

3. **Weitere Arbeitsschritte**: Zuletzt werden alle Wände des Puppenhauses abgeschliffen (eventuell mit der Schleifmaschine), und mit Schmirgelpapier werden die vorderen Sperrholzböden angerundet. Das Haus kann nach Wunsch angemalt, geölt oder mit einem Seidenmattlack auf Wasserbasis behandelt werden. Ebenfalls können Sie Fensterrahmen oder nur ein Fensterbrett einsetzen.

Das Klapphaus **
und weitere Beispiele

Es gibt viele Möglichkeiten, ein Klapphaus zu bauen. Hier folgen vier Beispiele, die Sie entsprechend abwandeln und aus denen Sie sicher Ihr eigenes Puppenhaus bauen können.

Beispiel 1

Ein Klapphaus mit einer geschlossenen Vorderseite. Bei dieser Möglichkeit werden vorne eine oder zwei große Türen (Flügeltüren) angebracht, in die auch Fensteröffnungen und Vordertüren eingesägt werden können (s. Zeichnung 3, 4 und 6, Fotos rechts unten und S. 133). Diese großen Türen werden mit Scharnieren am Puppenhaus befestigt. Sie werden seitlich, also wie große Flügeltüren, geöffnet.

1. Sie messen die gesamte *Breite* Ihres Hauses aus. Die *Höhe* wird vom Boden – bis *unter* die Dachschrägen – gemessen. Besorgen Sie sich ein Sperrholzbrett mit diesen Maßen. Wenn Sie diese Vorderfront in der Mitte durchsägen, können Sie die gesamte vordere Hausfläche aufklappen.

2. Die Dachschräge wird auf die Sperrholzbretter übertragen, ausgesägt und glatt geschmirgelt.

3. Beide Flügeltüren werden mit Scharnieren seitlich an den Puppenhauswänden befestigt. Zum Schluss werden kleine Griffe oder Häkchen an den Klapptüren angebracht, um diese öffnen zu können. Kinder mögen sehr gerne solche Vorrichtungen, da sie in ihrer Fantasie das Haus damit «richtig» abschließen können.

Tipp

Wenn es ein kleines Puppenhaus werden soll, genügt auch *eine* durchgehende Vorderfront, die Sie als Klapptür bauen (s. Fotos rechts unten).

Beispiel 2

Die Gestaltung einer Hausfassade ist sehr vielseitig. Im Norden werden gerne Backsteine als Baumaterial verwendet, und die Giebel werden verschiedenartig gestaltet. Nach einer Reise nach Holland fertigte Chiara (zwölf Jahre) diese Zeichnung (S. 121 oben). Sie sehen die lustigen Giebelformen. An diesem Vorbild ist auch das alte Packhaus ausgerichtet, das mein jüngster Sohn zu seinem dritten Geburtstag bekam (S. 121 l. o.). Dieses Klapphaus konstruierte ich wie ein Regal mit zwei Seitenwänden aus dicken Brettern und zwei Etagen und

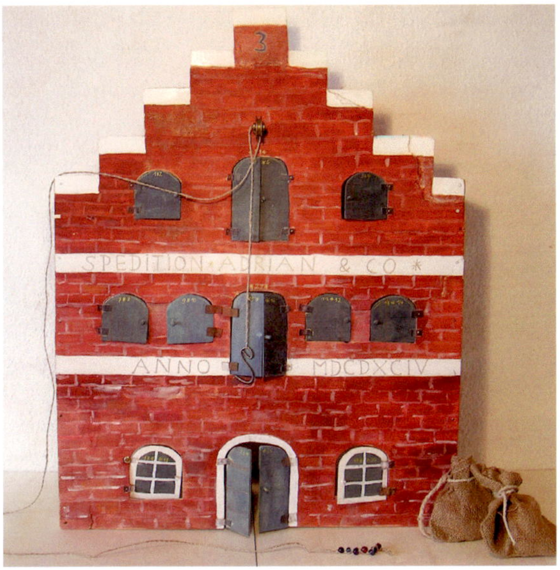
3
SPEDITION ADRIAN & CO *
ANNO
MDCDXCIV

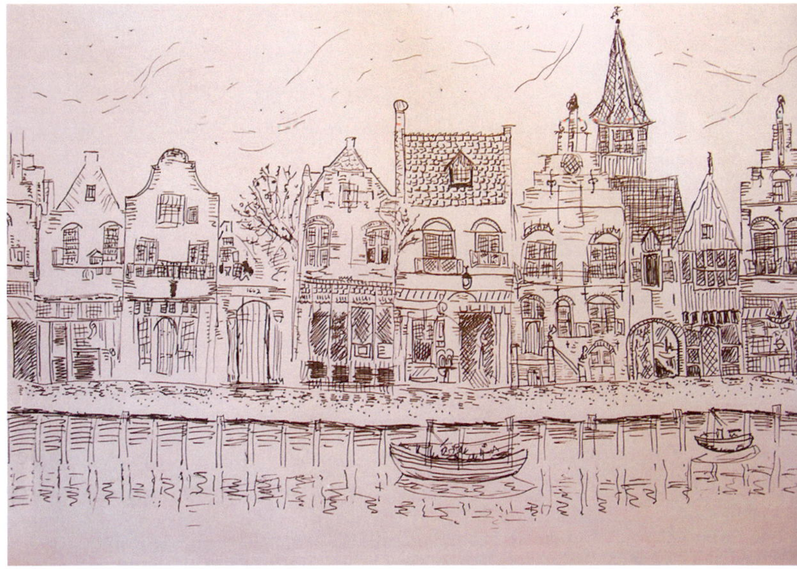

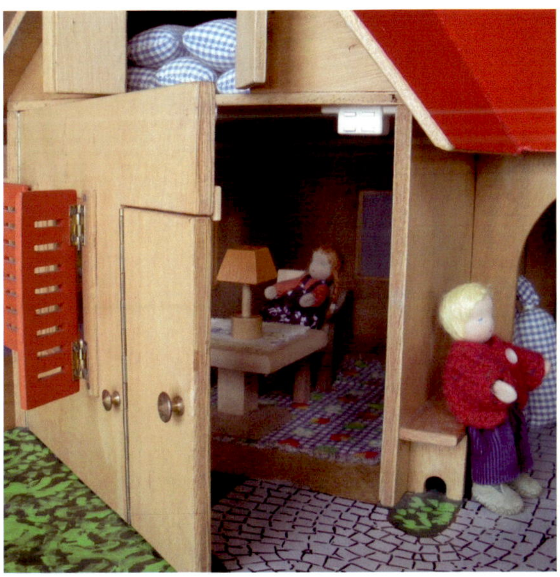

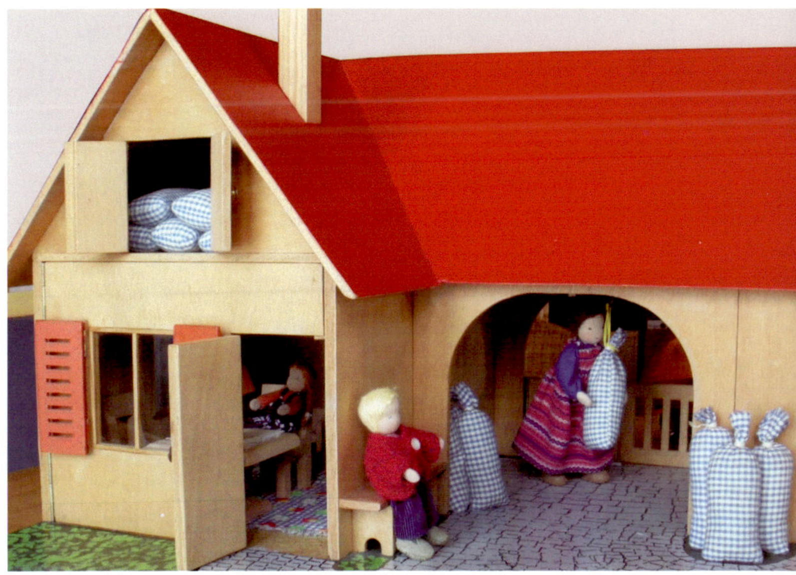

– hinter der Fassade – einem Dach mit spitzem Giebel. Die Vorderfront aus dünnem Sperrholz wurde fest angeleimt, mit ausgesägten Fenstern und Türen. An der Rückwand war eine Flügeltür befestigt, mit der man das ganze Haus öffnen konnte. Die Front hatte ich mit einfachen Tuschkastenfarben bemalt und mit weißer Deckfarbe verziert. Man konnte – mithilfe eines Hakens und einer Rolle – Säckchen hochziehen und es von der Rückseite bewohnen. Inzwischen ist dieses Haus als Adventskalender umfunktioniert worden …

Beispiel 3

Eine andere Möglichkeit, ein Klapphaus zu bauen, sieht zunächst etwas kompliziert aus, lässt sich aber leichter bauen als gedacht und ist sehr interessant. Alle Wände verlaufen gerade und können (nach Wunsch im Baumarkt) fix und fertig vorbereitet werden.

Stellen Sie sich das ganze Haus in der Mitte durchgesägt vor. Das Haus wird so gebaut, als würden zwei Haushälften spiegelbildlich zueinander stehen (Zeichnungen 7 – 10). Sie können bei dieser Gelegenheit größere Puppenzimmer planen oder die Etagen versetzen. Diese zwei Haushälften werden durch Scharniere miteinander verbunden. Damit das ganze Haus klappbar ist, muss auch der unterste Boden, auf dem das Haus steht, aus zwei Teilen bestehen. Das Dach wird ebenfalls am Giebel geteilt.

Sie sehen hier ein kleines Klapphaus (S. 123 – 127 und Zeichnungen 7 – 10). Die Form erinnert an ein Cottage Haus oder an ein schwedisches Haus an einer Küste … Die Teilung erfolgt entlang der Tür. Zur besseren Orientierung habe ich die Zeichnung 8 mit einem Raster von 5 x 5 cm-Quadraten versehen.

Material

Die Maßangaben beziehen sich auf einer Holzstärke von 1,8 cm.

- vier Bretter à 35 x 30 cm
- zwei Bretter à 25 x 30 cm für beide Haushälften
- ein Brett (38 x 30 cm)
- ein Brett (38 x 28,5 cm) für das größere Dach
- ein Brett (28 x 30 cm)
- ein Brett (28 x 28,5 cm) für das kleinere Dach, passend zur kleineren Haushälfte
- ein Brett (38,6 x 38,6 cm) für beide Dachgiebelspitzen

Für den Boden:

- ca. 7 mm starke Sperrholzplatten
- eine Platte (39 x 35 cm) für die größere Häuserhälfte
- eine Platte (39 x 25 cm) für die kleinere.

(Die überfälligen Ränder der Bodenplatten können immer noch abgeschliffen werden.)

- Nägel oder Holzdübel, Holzleim
- Standardwerkzeug und Holzreste

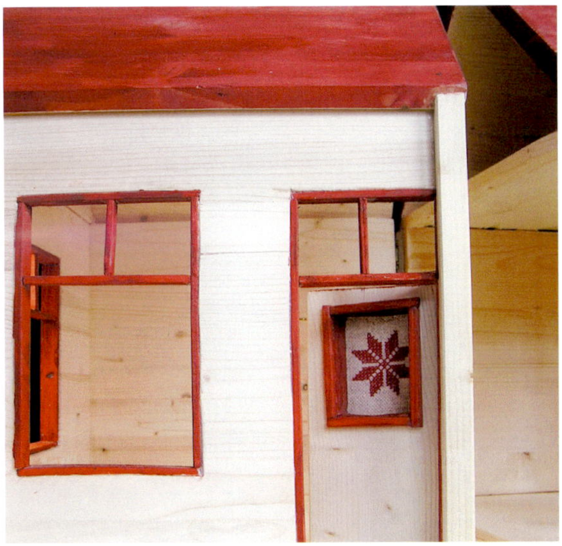

Die Tür

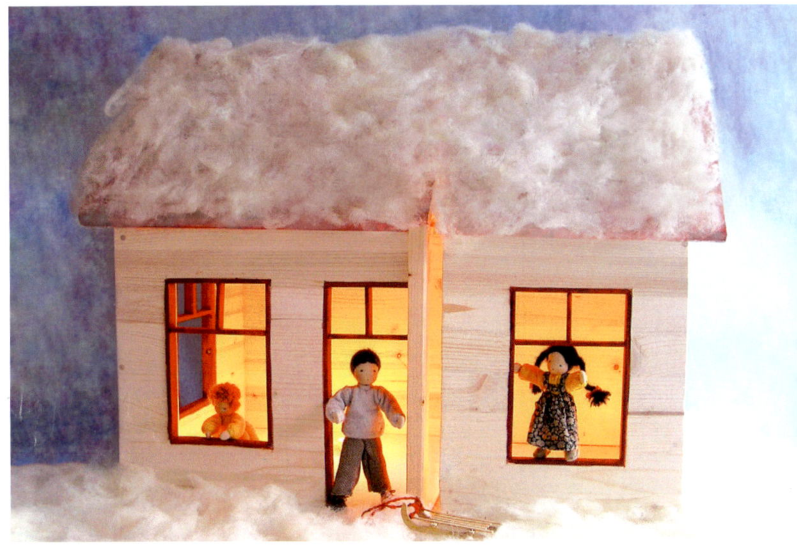

Kleines Klapphaus (in zwei Hälften klappbar)

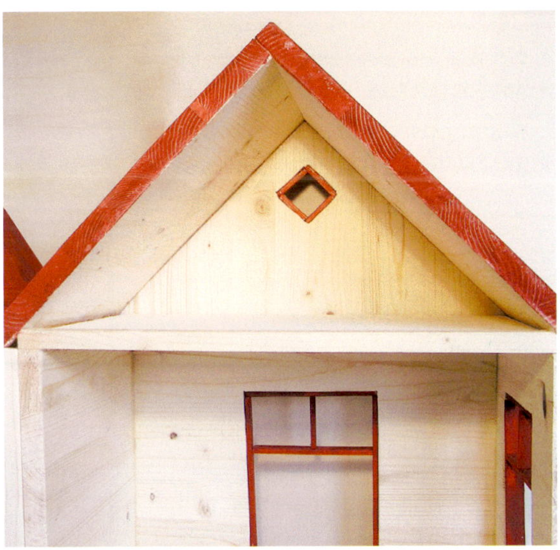

Dachgiebel mit Fenster

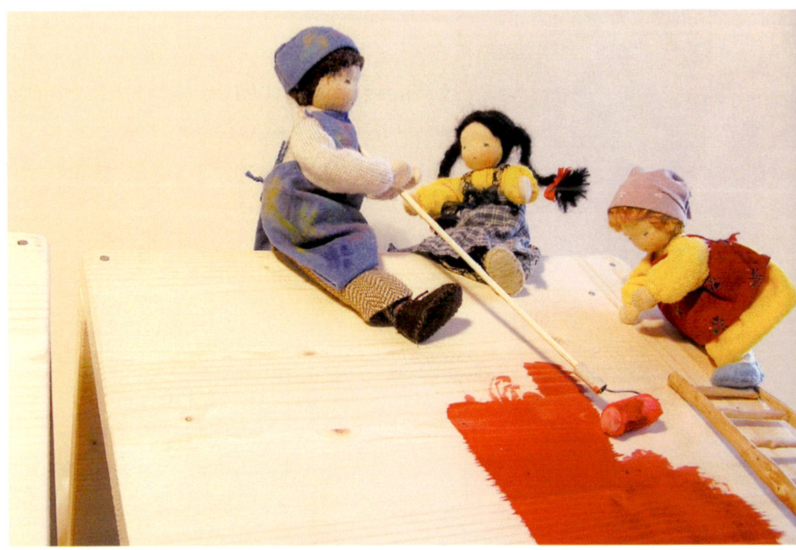

Das Dach wird gestrichen.

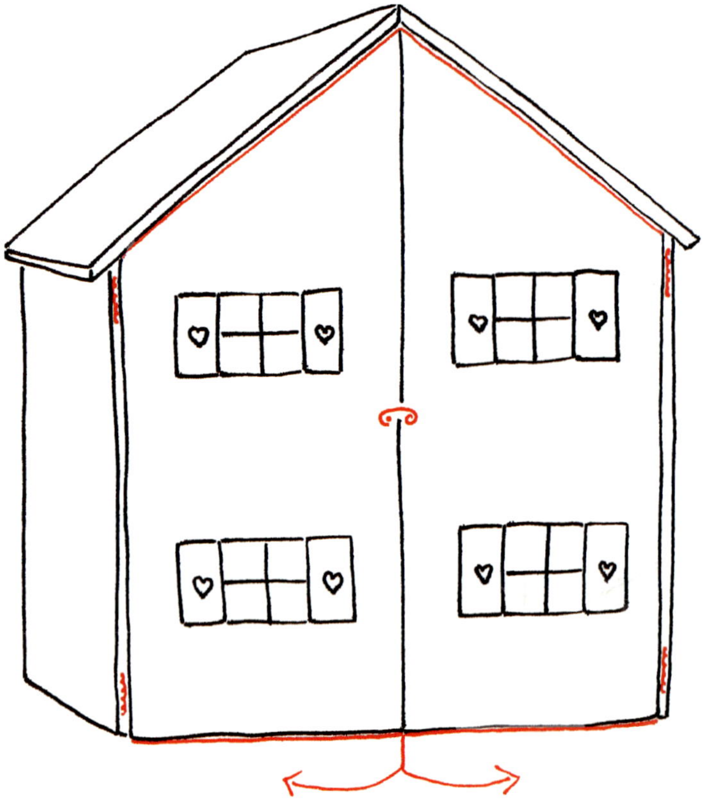

6: Puppenhaus mit aufklappbaren Vordertüren, die über die gesamte Front gehen. Einfache Fenster.

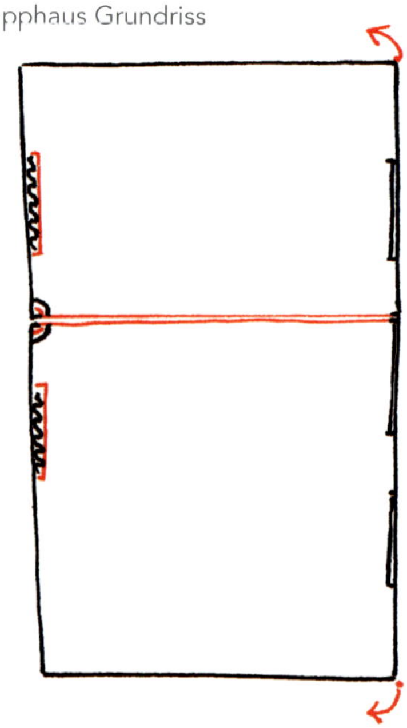

8: Klapphaus Grundriss

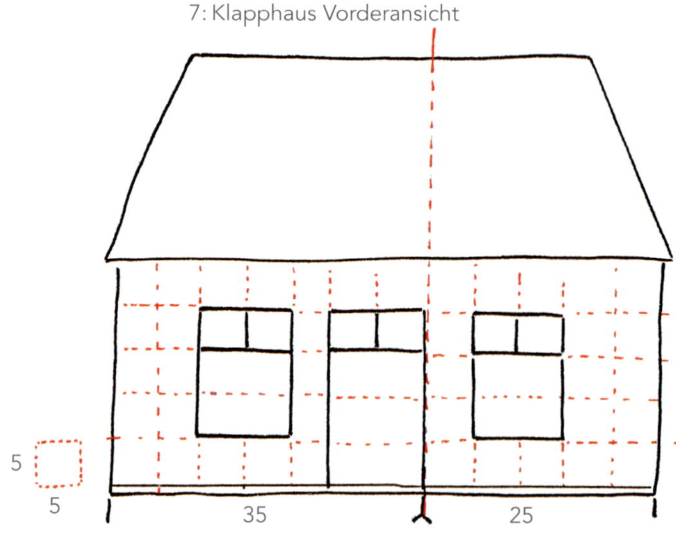

7: Klapphaus Vorderansicht

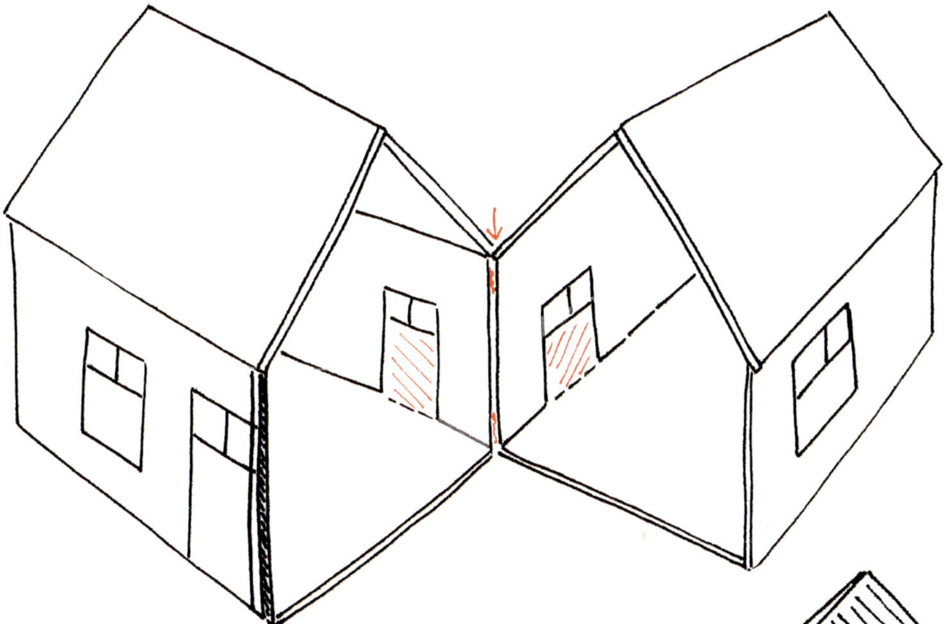

9: Klapphaus halb aufgeklappt

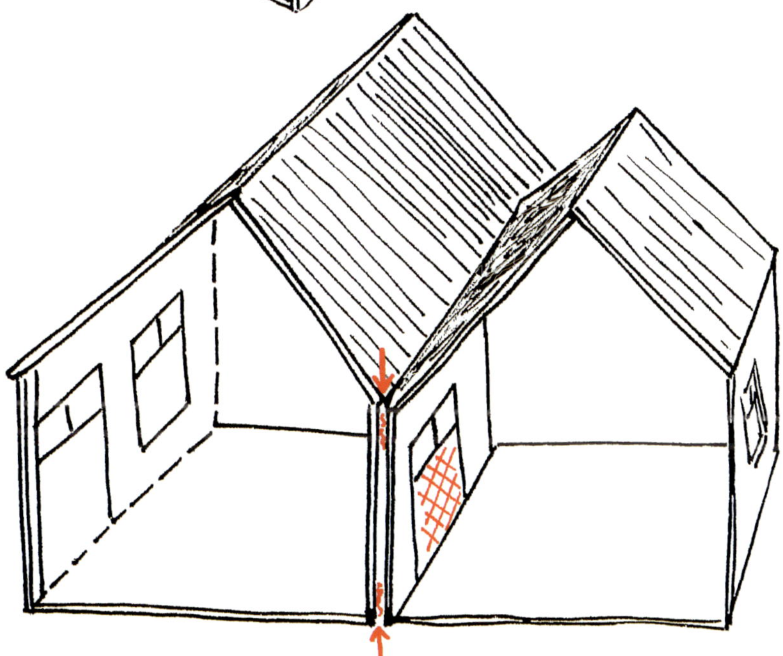

10: Klapphaus ganz aufgeklappt. Die beiden Türöffnungen der Rückwand (Zeichnung 9, rot schraffiert) ergeben jetzt eine Durchgangstür zwischen beiden Haushälften.

1. **Sägen der Fenster und der Tür**: Zeichnen Sie auf die Vorderseite der Wände die Fensteröffnung. An meinem Beispiel sind die Fenster mit den Maßen 10 x 15 cm berechnet. Sägen Sie wie gewohnt die Fensteröffnungen mit einer Stichsäge mit feinem Sägeblatt aus. Die Tür (10 x 20 cm) ist mit den Fenstern auf einer Linie. Sie wird der Einfachheit halber am Holzbrett seitlich abgesägt.
Die Wände: Sie bauen beide Häuserhälften getrennt zusammen. Sie können eine Leiste von 35 cm zur Stabilisierung der inneren Wände einklemmen, bis die Wände trocken sind. Die Leisten sind für beide Häuserhälften gleich lang. Dann wird der Boden an jedes Zimmer geleimt und vielleicht nach Wunsch genagelt. Achten Sie darauf, dass die Nägel richtig «versenkt» werden, damit sie nicht später den Fußboden zerkratzen.

2. **Das Dach**

- Das Quadrat wird diagonal geteilt, sodass beide Dachgiebel entstehen (s. Fotos S. 111 unten und S. 123 links unten). Möchten Sie ein kleines Dachfenster einbauen? Dann müssen Sie es jetzt einarbeiten. Ich wählte die Maße von 5 x 5 cm für mein Fenster.
- Die diagonalen Schnittkanten werden auf jede Haushälfte geleimt.
- Die Dachhälften werden im rechten Winkel zusammengeleimt, das heißt, die große Dachhälfte wird auf den Tisch gelegt und die kürzere daraufgestellt. Wenn die Dachhälften getrocknet sind, können Sie sie mit kleinen Nägeln stabilisieren. Die vorbereiteten Dächer werden nun so aufgeleimt, dass die Dächer an ihren *Innenseiten bündig* und an den *Außenseiten mit Überstand* angebracht werden (s. Foto S. 123 r. o.). Das Dach kann auch mit Leisten abgestützt werden, bis der Holzleim trocken ist, damit es nicht nach innen umkippen kann.

3. **Abschlussarbeiten**

- Die Scharniere: Stellen Sie beide Häuserhälften nebeneinander. Weil das Dach *über* die Wände hinausragt, entsteht eine Lücke. Sägen Sie eine passende Leiste ab, mit der Höhe ihres Hauses und dem Abstand des Daches: ca. 30 x 1,5 cm. Bitte überprüfen Sie diese Maße an Ihren Häuserhälften. Leimen Sie an jeder Seite diese Latten an, und befestigen Sie oben und unten ein Scharnier (Fotos S. 127 oben). Sie können die Löcher mit einem Nagel leicht anschlagen, damit die Schrauben leichter hineinzudrehen sind.
- Die Fenster bekommen Leisten (Fotos S. 107 und S. 127 l. u.). Diese werden einzeln an die Fenster angepasst, leicht mit Schmirgelpapier abgerundet, hinten nummeriert (und am Fensterrahmen), mit Tuschkastenfarben angemalt und nach dem Trocknen angeleimt.
- Der Türrahmen bekommt ebenso passende Leisten. Da die Türöffnung an drei Seiten

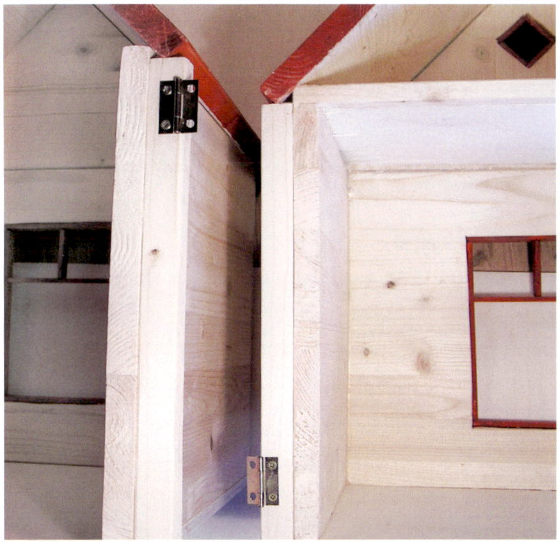

Scharnier oben und unten befestigen

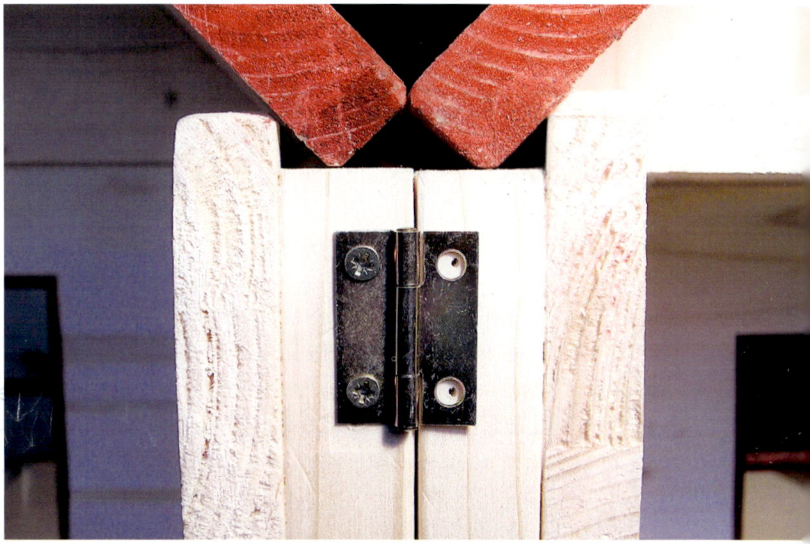

Scharniere werden an zusätzlichen Leisten angebracht.

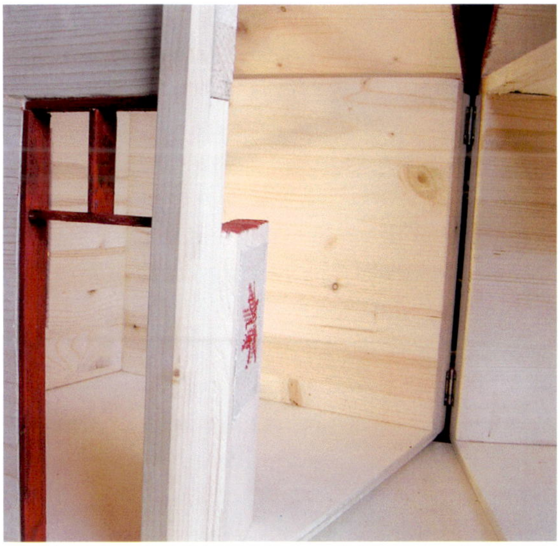

Türrahmen mit Stabilisierungsleisten

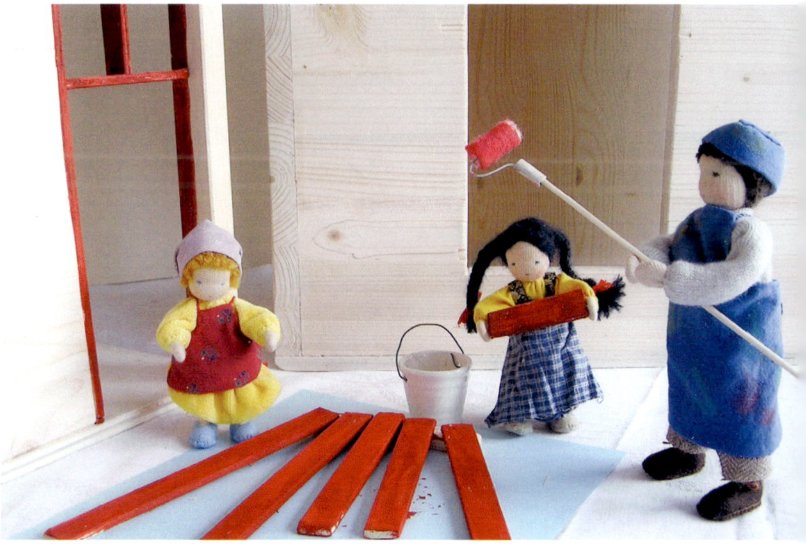

Leisten für Fenster- und Türrahmen

ausgesägt wurde, bekommt das Haus jetzt zur Stabilisierung zwei Leisten: Die äußere Leiste von 31 x 2 cm wird oben angeschrägt und kann das Dach abstützen; sie wird bündig an die Hausfront geleimt. Die innere Leiste mit 24,5 x 2 cm wird gegen die äußere geleimt (Foto S. 127 l. u.).
Mit Scharnieren wird nun die Tür an der inneren Leiste angebracht. Wenn Sie möchten, können Sie einen Haken mit Öse an der Innenseite des Hauses anbringen, um die Tür zuschließen zu können.

Beispiel 4

Thema mit Variationen … Das blau-lila Haus entstand für eine Kindervorstellung. Wir haben zusammen aus Resten einfach improvisiert, und Sie sehen ein kompaktes Haus, das allein stehen kann. Es ist an der Rückwand offen.

- Eine Variation wäre: ein fast spiegelbildliches Haus, das Sie mit Haken und Ösen hinten zusammenhalten können (s. Foto S. 106 Mitte). Wenn die Etagen nicht zusammenpassen, werden kleine Treppenstufen eingebaut. So ist das Spielen viel spannender. Weil hier die neue Tür höher ausgesägt wurde, haben wir eine Treppe gebastelt (S. 129 l. u.).
- Sie können beide Häuserhälften getrennt aufstellen – für Geschwister manchmal eine gute Lösung. Die Tür, ausgesägt an der Seitenwand, ist auf gleicher Höhe und mit derselben Form ausgesägt. Die Kinder stellen Brettchen von einem Haus zum anderen, wie eine Brücke, sodass ihre Püppchen sich besuchen und Kunststücke vorbereiten können.
- Oder Sie stellen beide Häuser als ein kompaktes Haus zusammen.

Ich empfehle für dieses Haus keine Möbel. Sie sehen hier, wie reich eine einfache Lösung sein kann. Das neue Haus wurde für die Fotos absichtlich nicht angemalt und ohne Maßangaben beschrieben, damit Sie sich in Ihrer Kreativität nicht eingeschränkt fühlen und es nach eigenen Wünschen gestalten können.

Weitere Puppenhausbeispiele

Auf S. 130 – 133 folgen zwei Puppenhausbeispiele (von Vätern für ihre Kinder gebaut), die hier mit Fotos dokumentiert und nur kurz beschrieben sind. Sie sollen Ihnen weitere Anregungen geben und zeigen, wie viele verschiedene Möglichkeiten Sie haben … Der Aufbau solcher Puppenhäuser ist schwieriger und erfordert Erfahrung. Wer sich nicht so sicher ist, sollte sich also erst an den zuvor beschriebenen Häusern versuchen.
Das fantasievoll gebaute **Puppenhaus** von S. 130 – 132 ist sehr stabil und solide; da macht es auch nichts, wenn sich ein Kind aus Versehen draufsetzt … Die Stärke der Bretter beträgt 2 cm; alle Kanten wurden abgerundet. Das Haus wurde mit vier oben abgeschrägten Pfosten (ca. 50 cm hoch, Breite: seitlich 3 cm, vorne

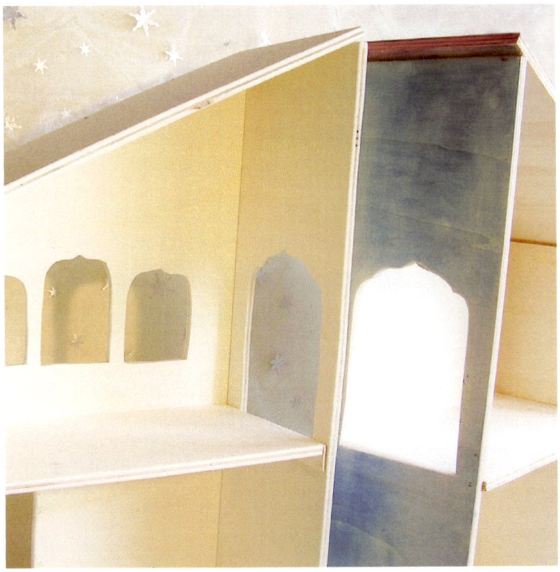

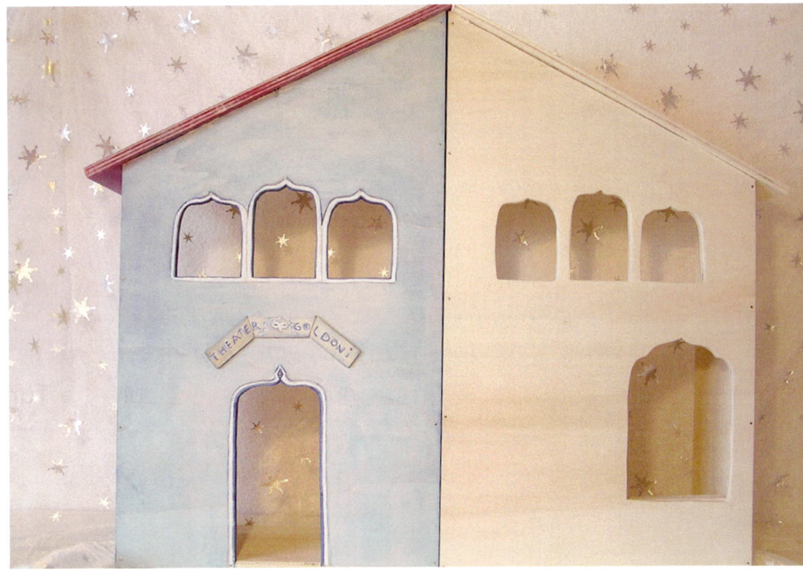
THEATER GOLDONI

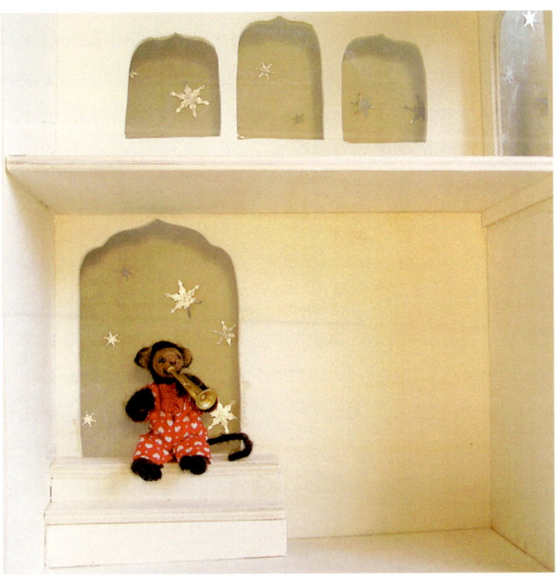

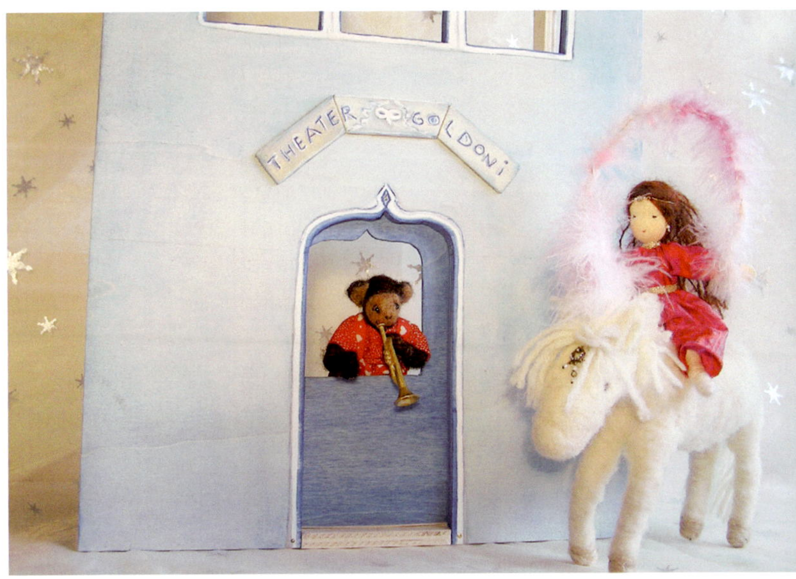
THEATER GOLDONI

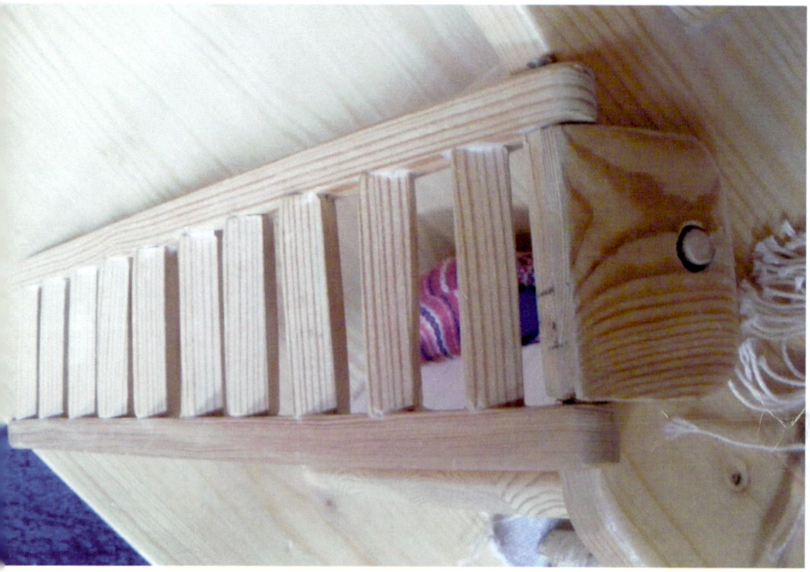

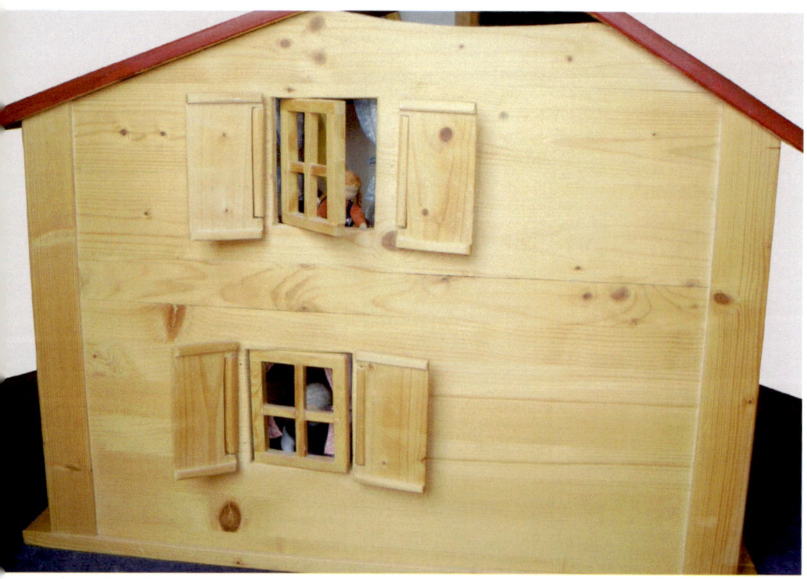

5,5 cm) auf einer stabilen Bodenplatte (81 x 44 cm) gebaut. Die Vorderfront und die Seiten sind offen. Die Rückwand (74 x 57 cm) ist zwischen die hinteren Pfosten gesetzt und wurde oben leicht abgerundet. Die zwei Fenster der Rückwand sind mit Sprossen unterteilt und können mit Klappläden geschlossen werden. Durch die zwei unterschiedlich langen Dachplatten (Breite 40 cm) ergibt sich eine reizvolle asymmetrische Konstruktion. Die Zwischengeschossplatte greift diese Asymmetrie auf und ist beim Bad zurückgesetzt; entsprechend steht auch der linke vordere Pfosten weiter hinten. An der Rundung der Zwischengeschossplatte ist die Treppe befestigt; das Detailfoto links zeigt die Konstruktion.
Der schon etwas ältere **Bauernhof** (S. 121 u. und 132 f.) enthält (fast) alles, was zu einem Landwirtschaftsbetrieb gehört: Wohnbereich, Stall (mit Klapptüren vorne und Flügeltür seitlich), Speicher für die Getreidesäcke (die man per Seilwinde hochziehen kann), Tränke mit Pumpe, Ruhebereich mit Sitzbank und rundem Torbogen, durch den auch ein Traktor fahren kann …
Alle Türen sind klappbar, zusätzlich lässt sich die Vorderfront des Wohnhauses aufklappen (s. S. 121 unten). Das Giebeldach zieht sich im rechten Winkel um die Ecke. Der Bauernhof wurde aus ca. 1,5 cm dicken Sperrholzbrettern gebaut. Die Maße: Längsseite hinten 100 cm, Wohnbereich seitlich 40 cm, vorne 25 cm. Das Gebäude sitzt auf einer großen Platte, die auch vor dem Haus noch Platz zum Spielen lässt.

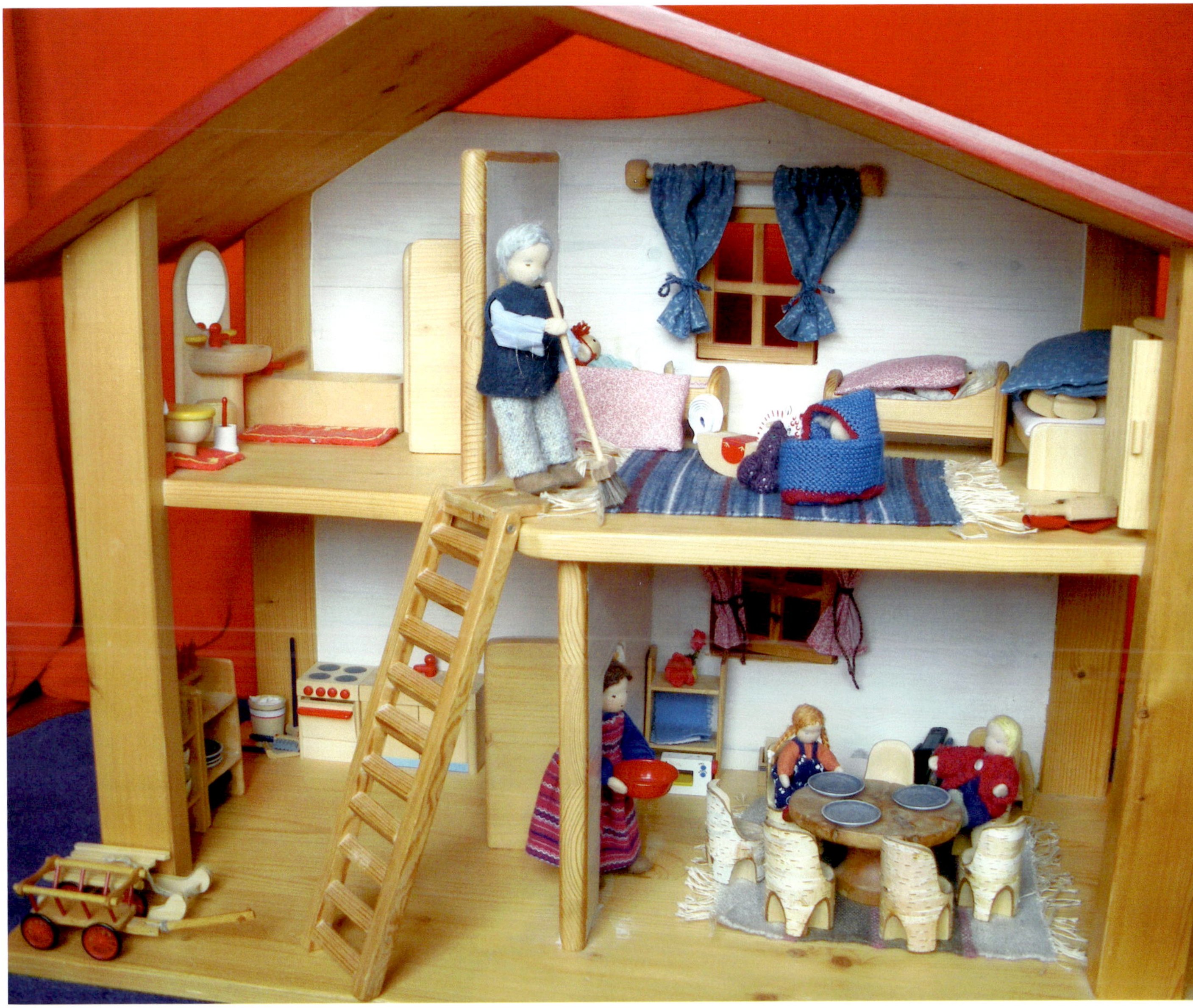

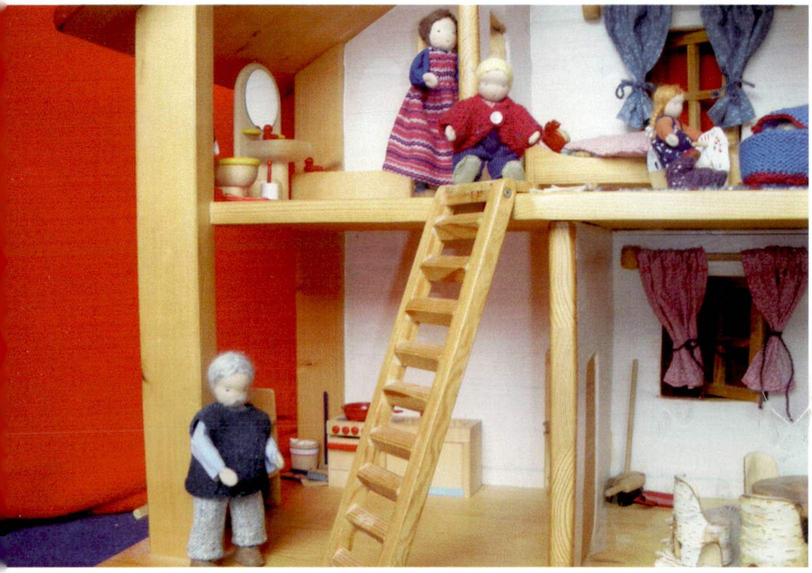
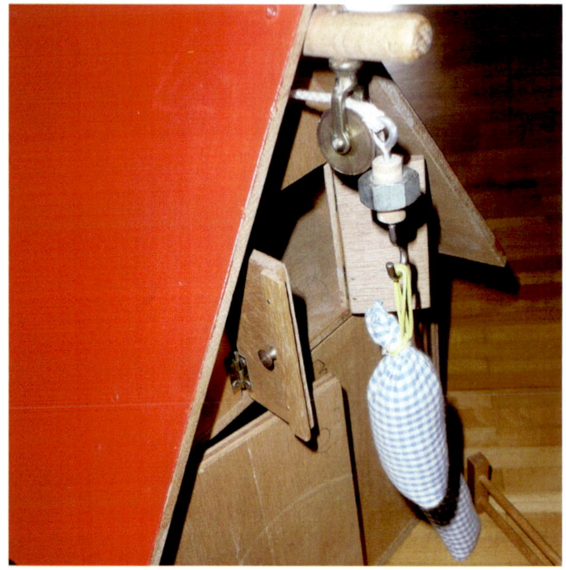
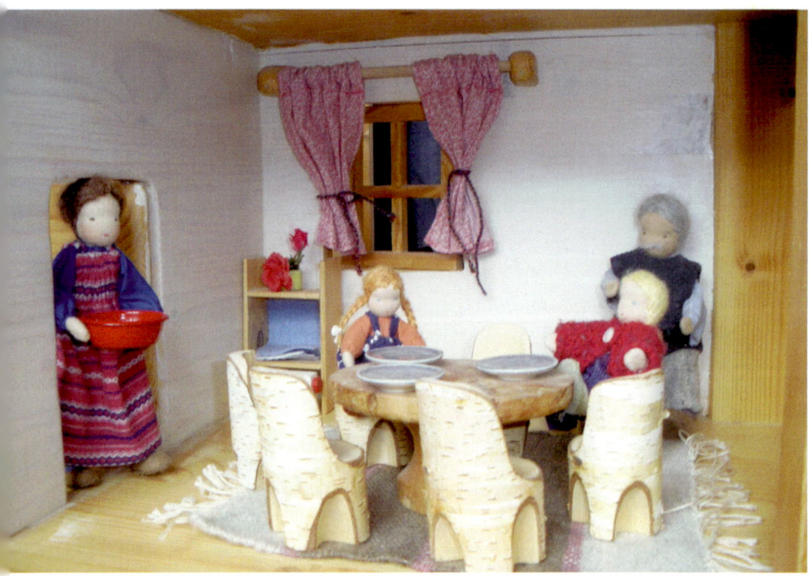
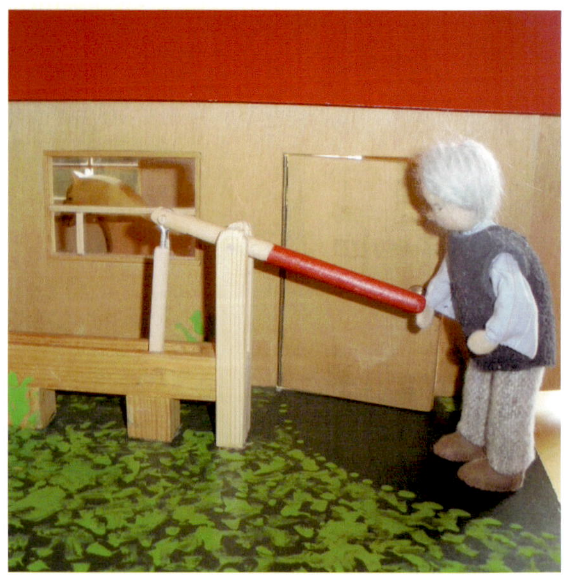

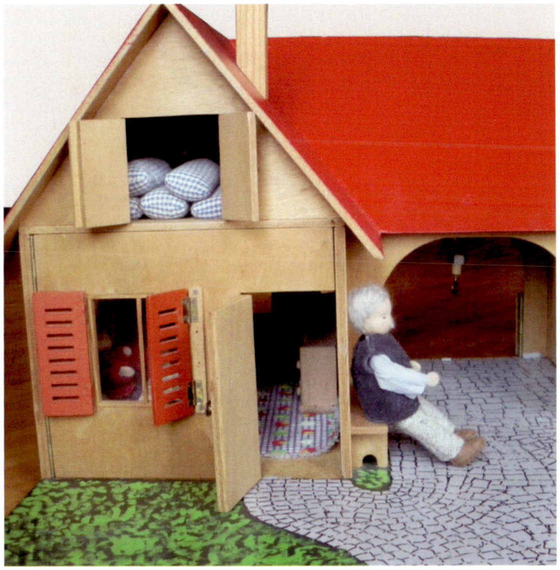
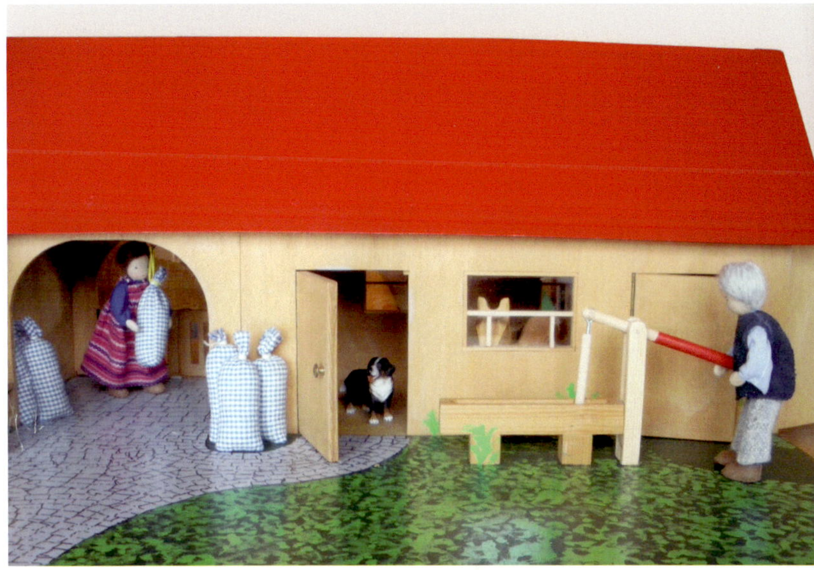
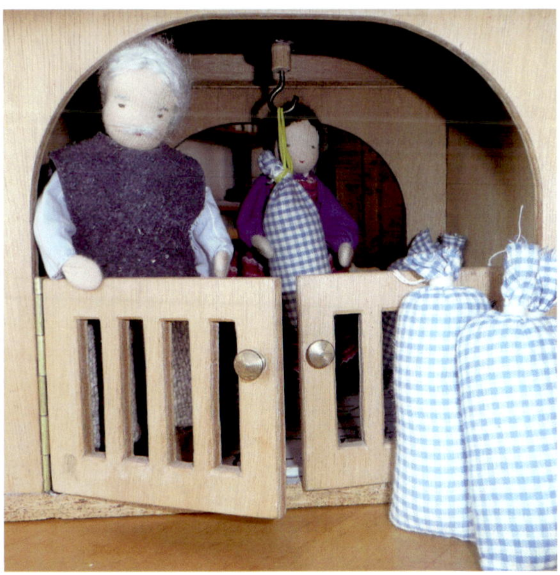
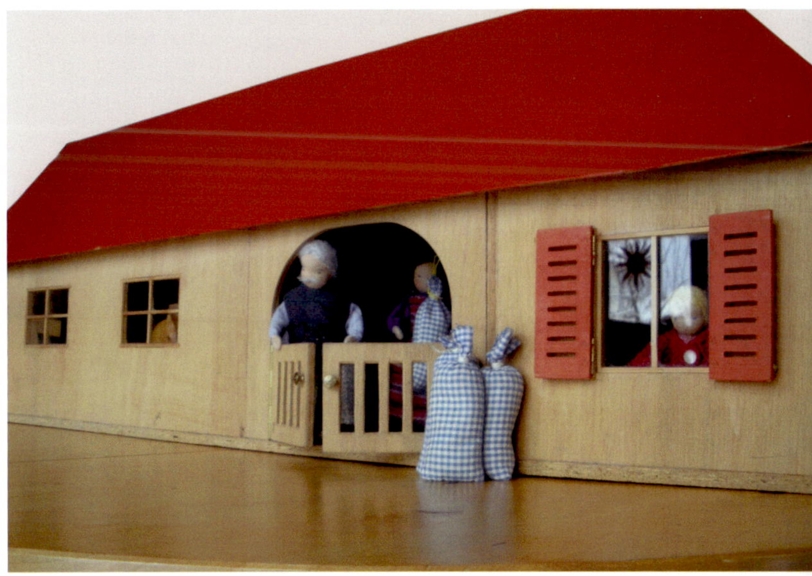

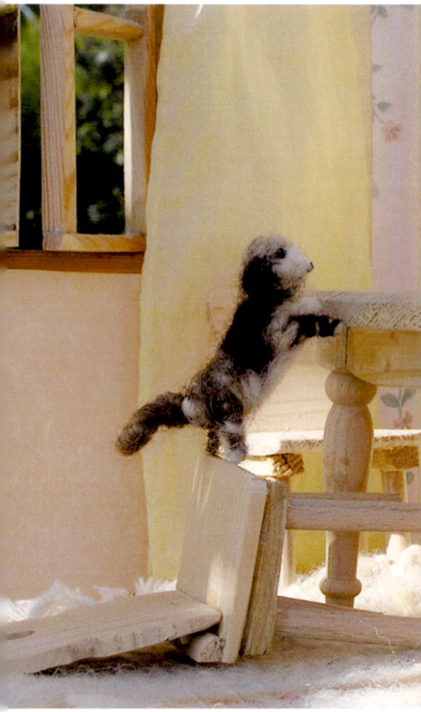
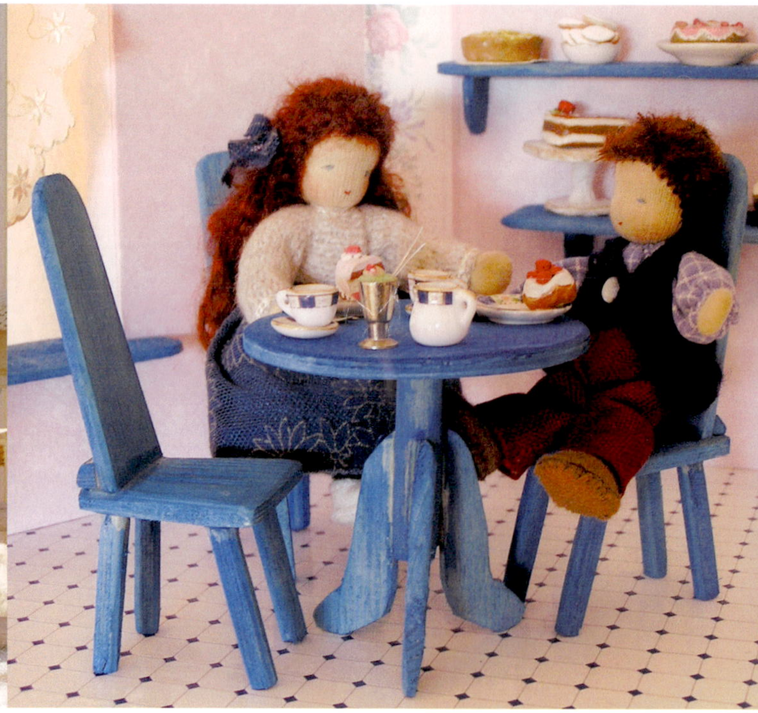
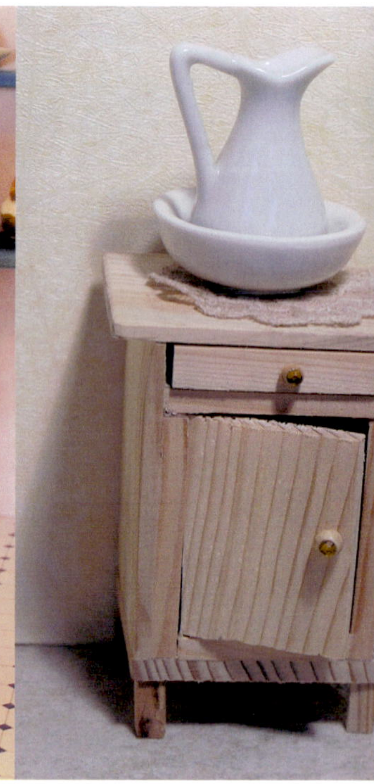

Puppenhausmöbel

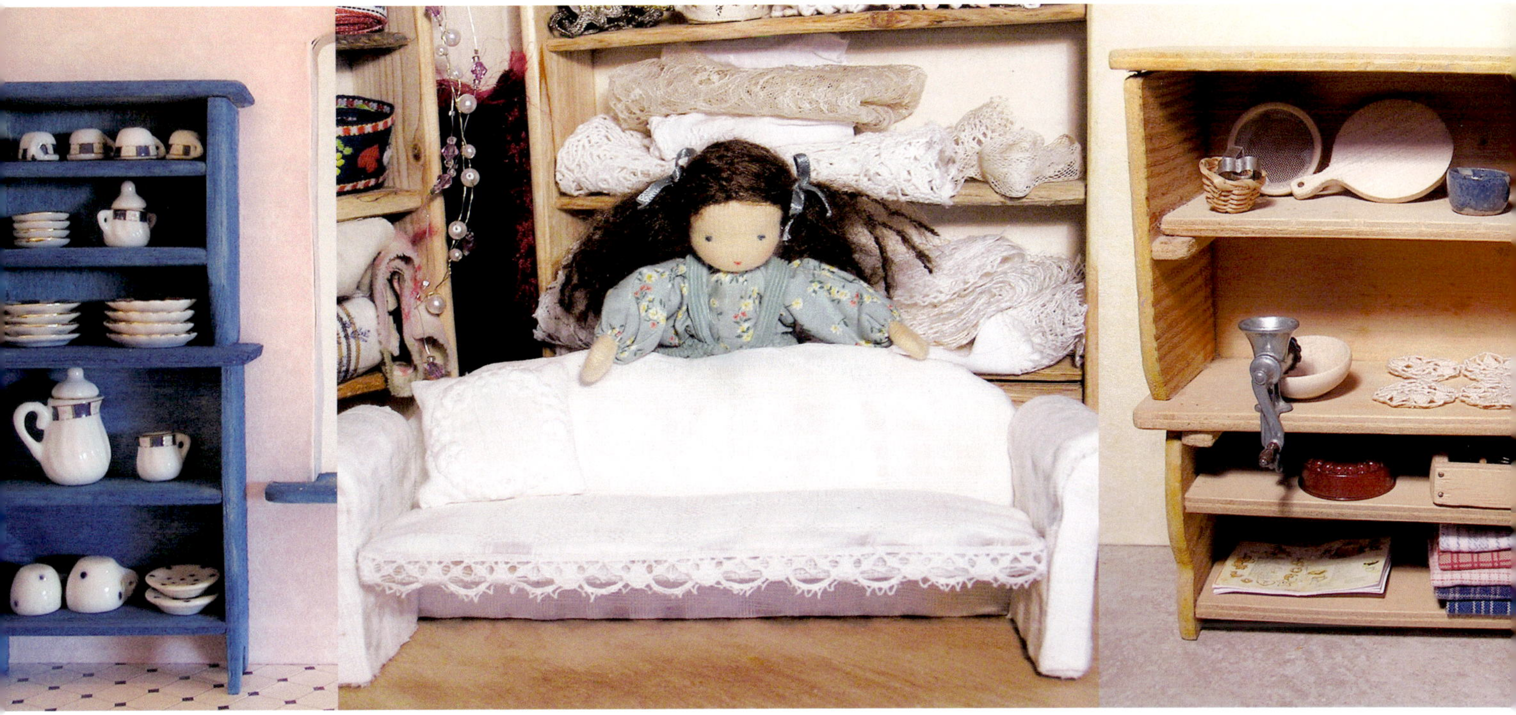

und -zubehör

Möbel

Wie schön ist es, ein leeres Puppenzimmer oder -haus einrichten zu können! Gewiss haben Sie und Ihre Kinder einige Wünsche und Vorstellungen. Weil hier verschiedene Puppenwohnungen beschrieben werden, können Sie auch unterschiedliche Möbel basteln.
Für ein Rundhaus geeignet*: Die einfachsten Möbel, die ohne Werkzeug angefertigt werden können, sind die Bauklötzchenmöbel. Sie sind in zwei Varianten zu finden: Entweder spielen Ihre Kinder mit «gekauften» eckigen Klötzchen oder mit Klötzchen, die aus Birke, Haselnuss oder Obstholz gefertigt werden. Wir gehen mit beiden Möglichkeiten frei um.

Geleimte Klötzchen

Wenn Sie beobachten, wie Kinder mit kleinen Bauklötzchen bauen, werden Sie über ihre Ideenvielfalt staunen. Wir haben diese Ideen übernommen und die Klötzchen in endgültige, fertige Möbel verwandelt, indem wir sie so, wie die Kinder mit ihnen frei gespielt haben, einfach mit Holzleim festgeklebt haben. Zwei Klötze mit einem Brett darüber ergeben eine Bank. Ein höherer, mit einer breiten Holzscheibe darüber, einen Tisch (Fotos S. 138 u.). Ein einzelnes, kleines Klötzchen wird ein Hocker und ein breiteres Brettchen ein Bett. Wenn vielleicht noch sogar ein Stück Fell oder ein Tüchlein zum Zudecken darübergelegt wird, ist die Freude schon sehr groß.
Die andere Variante wäre, wenn Sie mit Ihren Kindern aus *Ästen* bzw. *Stämmen* unterschiedlicher Stärke die Möbel selbst zusägen. Aus einem dickeren Klotz können Sie kleine Stühlchen machen, indem Sie einen seitlichen und einen senkrechten Schnitt hineinsägen (S. 138 u.). Diese Schnitte treffen sich im rechten Winkel.
Ein breites Holzbrettchen (Sperrholz) mit einem Rahmen aus aufgesägten Ästchen kann ein **Bett** sein. An den beiden Fotobeispielen sehen Sie die Möglichkeit, die Seitenteile für das **Bett** verschieden zu machen, indem Sie die Seitenästchen halbieren und mal mit der Sägefläche nach oben (Fotos rechts) oder nach unten (S. 138 o.) an das Brettchen ankleben. Die «Beine» für das Bett sind vier gleich lang gesägte dickere Äste.
Ein **Tisch** kann vier schmale Klötzchen als Tischbeine oder einen dicken Klotz als mittige Stütze bekommen. Die Kinder werden diese Sägearbeiten mit viel Freude begleiten.
Eine **Wiege** oder ein **Stubenwagen** passend

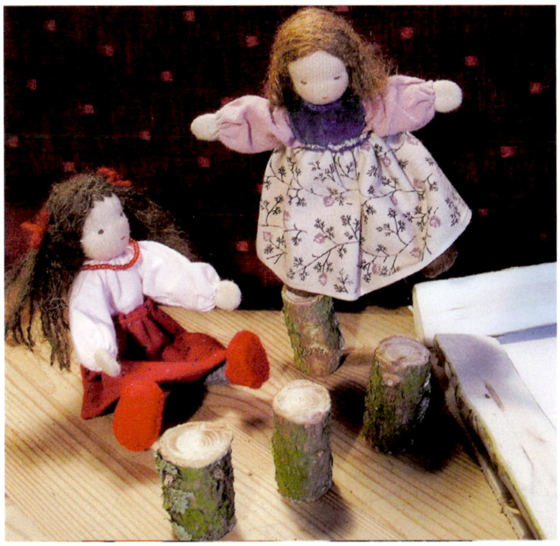

Die vier Bettpfosten

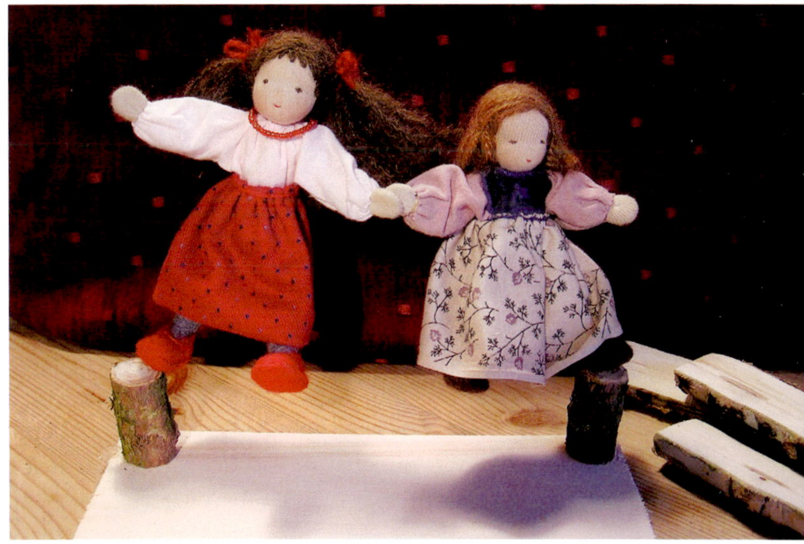

Pfosten auf dem Holzbrettchen befestigen

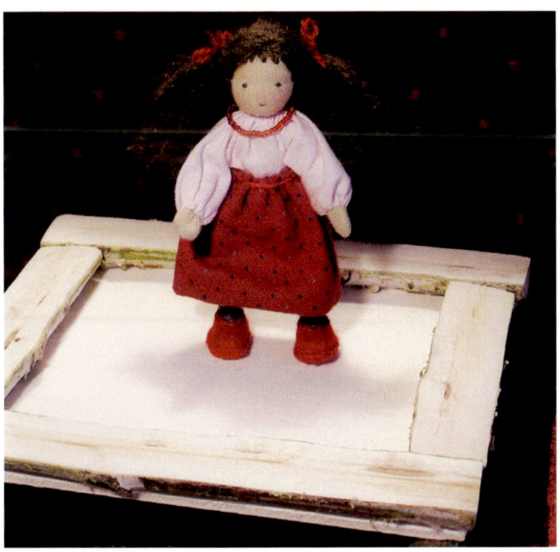

Bettseite mit Sägekante nach oben

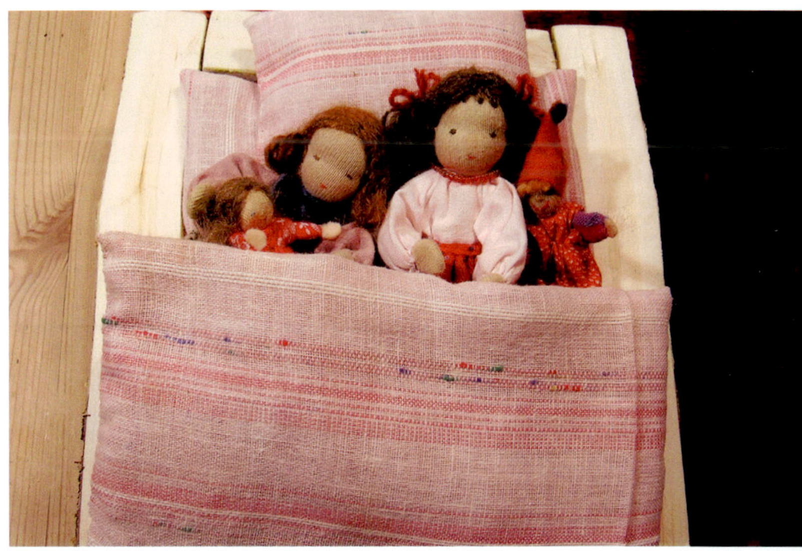

Fertig ist das Doppelbett!

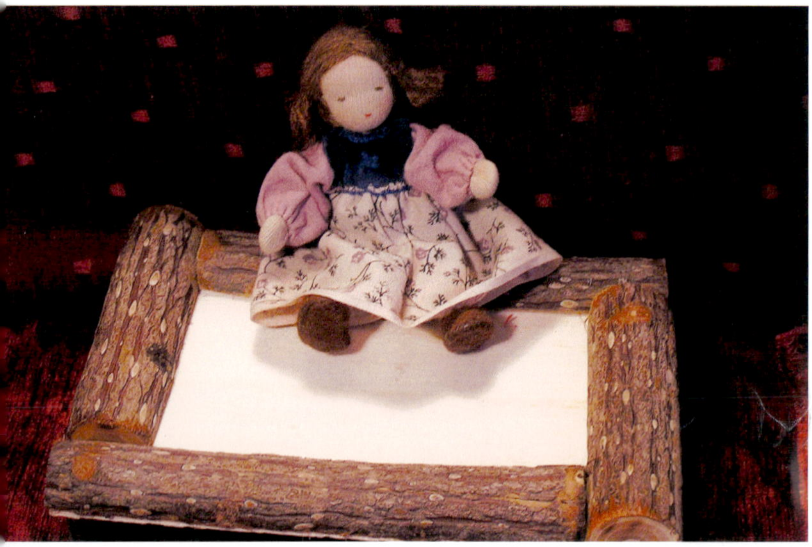

Variante 2: Sägekanten nach unten

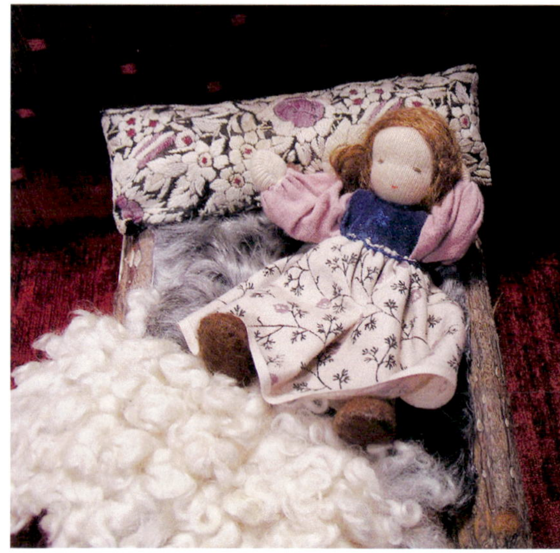

Variante 2: Bett mit Fellen

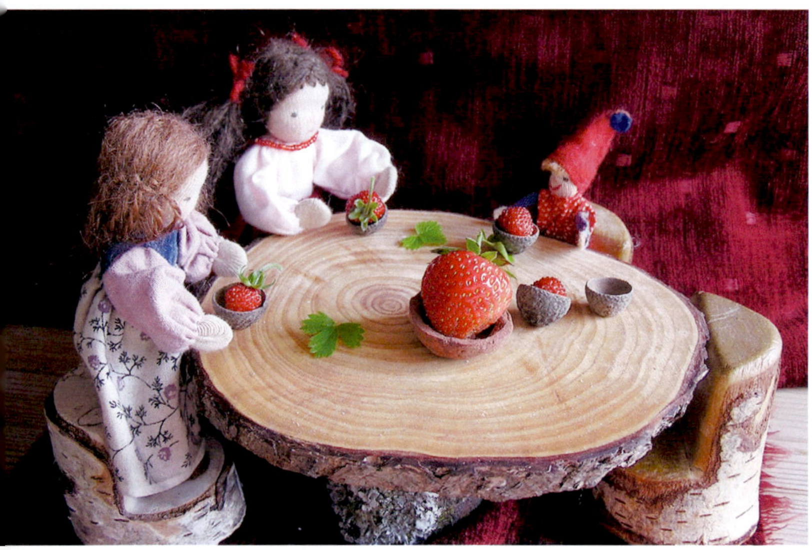

Klötzchenmöbel: Tisch und Stühle

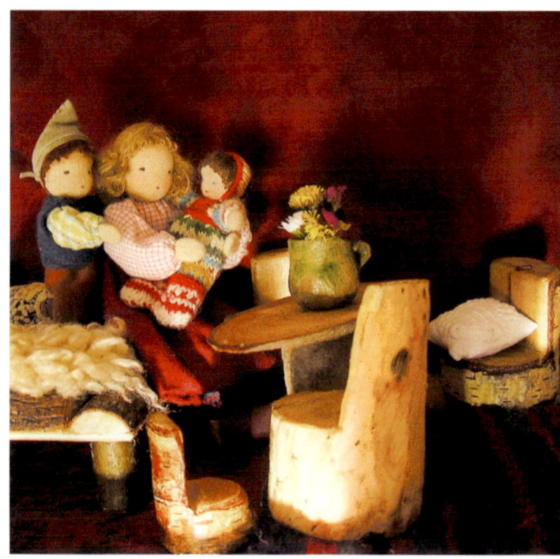

Tisch, Stühle und Bett

im «Stil» könnte aus einer Kokosnuss gefertigt werden (Fotos rechts u. S. 140). Dafür kaufen Sie sich eine *kleine* Kokosnuss mit Saft. (Sie gluckert, wenn man sie schüttelt.) Versuchen Sie, die Nuss so zu drehen, dass mindestens zwei von ihren drei Löchern vom Stilansatz an einer Schalenhälfte zu sehen sind. Wenn Sie die raue Schale zunächst abraspeln, feilen und schleifen und zum Abschluss noch ölen, kommt ein wunderschönes Holz zum Vorschein. Nun sägen Sie die Nuss waagerecht auf, sodass Sie zwei einzelne Schalen bekommen. Mit einem spitzen Küchenmesser schneiden Sie das Kokosnussfleisch vorsichtig heraus. Die schönere Holzhälfte wird als Spielzeug weiterverarbeitet. Wenn Sie die Kokosnuss mit zwei rechtwinkligen Schnitten aufsägen, nach dem Muster der Holzklötzchenstühle, bekommen Sie einen Stubenwagen mit Dach.

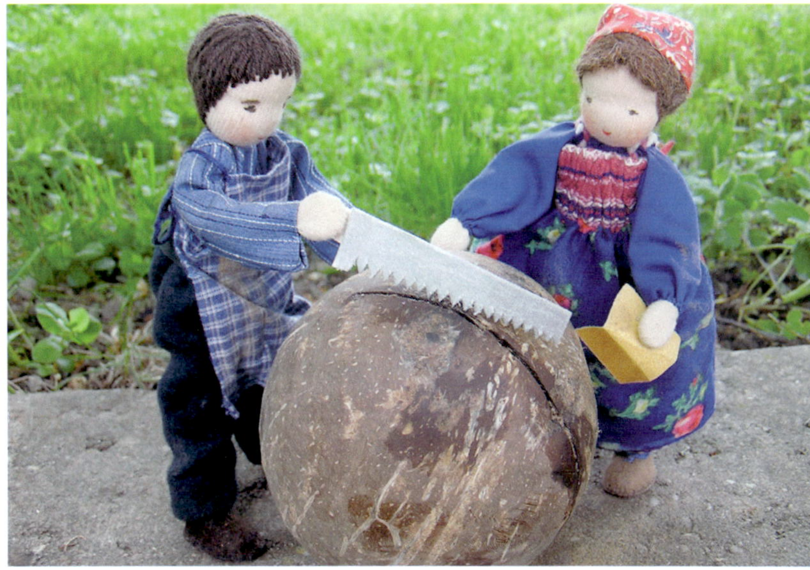

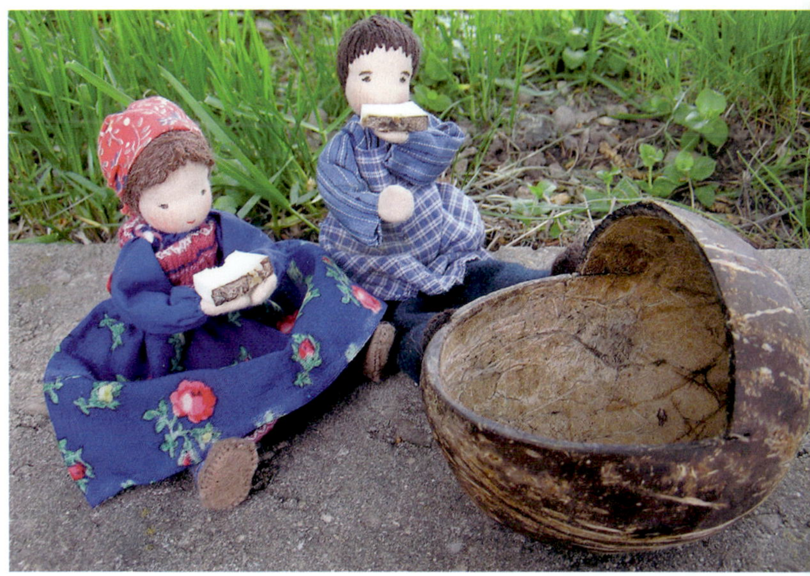

Damit dieser fahrbar ist, bohren Sie am Boden der Nuss mit einem längeren Bohrer von 6 mm Ø auf gleicher Höhe vier Löcher, durch die Sie zwei passende Rundholzstäbchen stecken und mit kleinen Rädern oder gleichmäßigen Holzscheibchen abschließen. Ein kleines Brettchen im Innern der Nuss schützt die Achsen vor dem Bremsen der Matratze. Kleine Kinder lieben es, etwas Fahrbares hinter sich herzuziehen … So können Sie den Stilansatz an Ihrer Schale ebenfalls durchstechen und mit einer Kordel und einer dickeren Holzperle das Wägelchen reisefertig machen.

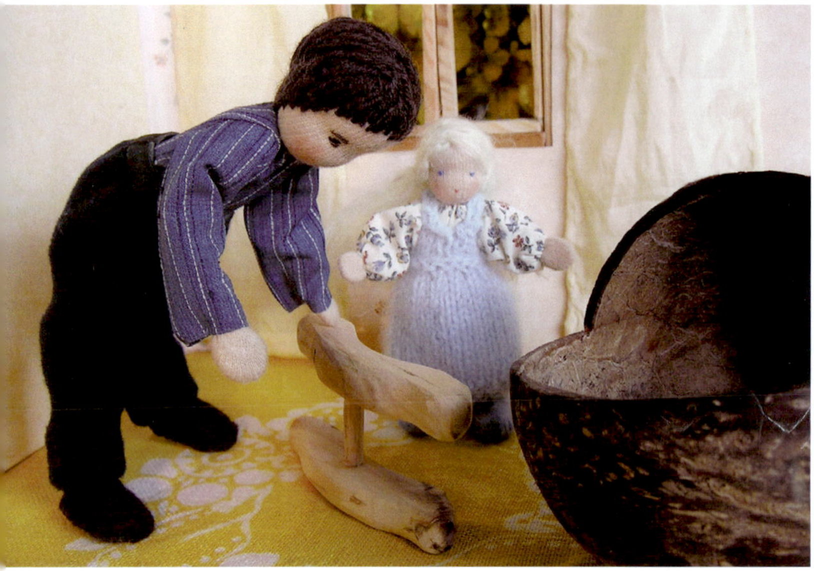

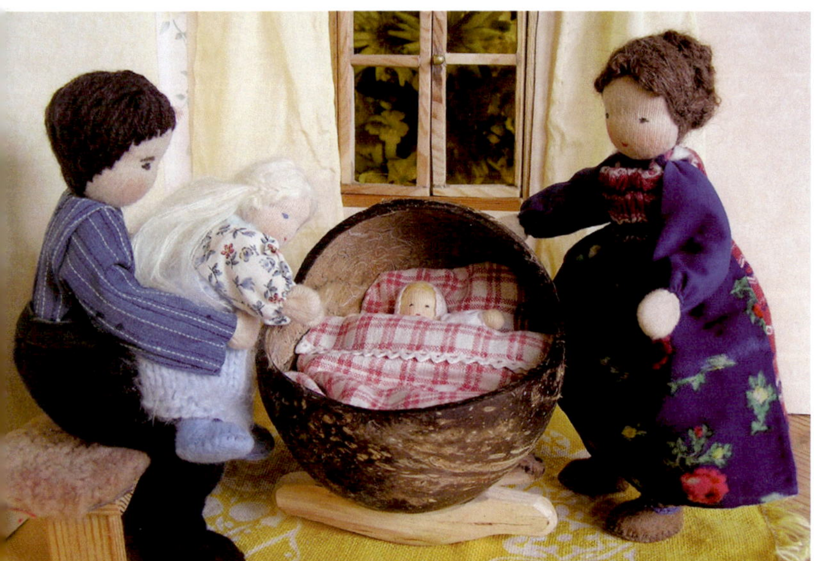

Für eine Wiege werden zwei schöne Kufen aus Sperrholz bzw. Brettchenholz an Ihre Kokosnuss angepasst. Fertigen Sie sich erstmals einen Schnitt aus Papier, damit sich die runde Form Ihrer Nuss auf das Holz übertragen lässt. Die Kufen werden direkt am Boden unter die Kokosnuss geleimt. Das Bettzeug für das Kokosnussbett muss abgerundete Formen bekommen, damit es sich gut in die ovale Form der Nuss anpassen kann.

Für eine Wiege mit Stoffdach: Sie können einen kleinen Stoffhimmel befestigen, wenn Sie ein Loch an das Kopfteil einer geraden, aufgesägten Nuss bohren und einen dicken, ca. 16 cm langen Draht darin befestigen, mit Holzleim festkleben und zurechtbiegen. Dann wird ein hübscher weicher Stoff halbiert und um den Draht genäht. Das Ende des Drahtes wird mit einer Spitzzange zu einer Öse umgebogen.

Möbel für ein Puppenzimmer oder -haus aus Papier**

Falls Ihre Kinder ein Papierhäuschen haben, können sie dafür hübsche Papiermöbel basteln. Sie brauchen einige leere Streichholzschachteln und allerlei Schachteln in verschiedenen Größen, Klebestift, Leim, eine gute Schere mit Spitze, eine Nagelschere für die härteren Pappen und Wäscheklammern zum Stabilisieren.

Beispiele

Legen Sie ein kleines Püppchen in eine flache Schachtel, z.B. von Eiskonfekt. Das könnte ein Bettchen werden. An der eigenen Puppengröße lernen die Kinder, ihre Möbel anzupassen und die Proportionen abzuschätzen. Wenn Sie keine passende Schachtel haben, schneiden Sie sich einfach größere zurecht. Dafür können Sie die zu große Schachtel schmaler machen, indem Sie aus der Mitte ein Stück herausschneiden und dann beide Hälften etwas versetzt wieder ineinanderkleben. Eine Reisschachtel z.B. wäre für ein Doppelbett gut geeignet. Hochkant aufgestellt und mit einigen Fächern versehen, wird diese Schachtel zum Regal; oder zum Schrank, wenn Sie den Deckel der Schachtel nur an drei Seiten aufschneiden. Mit einer Nagelschere oder einem kleinen Küchenmesser mit Sägeklinge gehen die Schneidearbeiten leicht.

Mehrere Streichholzschachteln übereinandergeklebt können Schubladen für Kommoden werden. Das Bett kann Kopf- und Fußteile bekommen, indem Sie aus anderen Pappresten schöne geschwungene Seitenteile ausschneiden und an das Bett kleben. Ebenso können die Kinder kleine Spiegel mit Alufolie basteln oder Tische und Stühle verschiedener Art, indem sie längere Pappstreifen zurechtfalten und verstärken. Die Beine können je nach Pappe zusätzlich verstärkt oder als Pappstreifen, der als Rolle aufgewickelt wurde, geleimt werden.

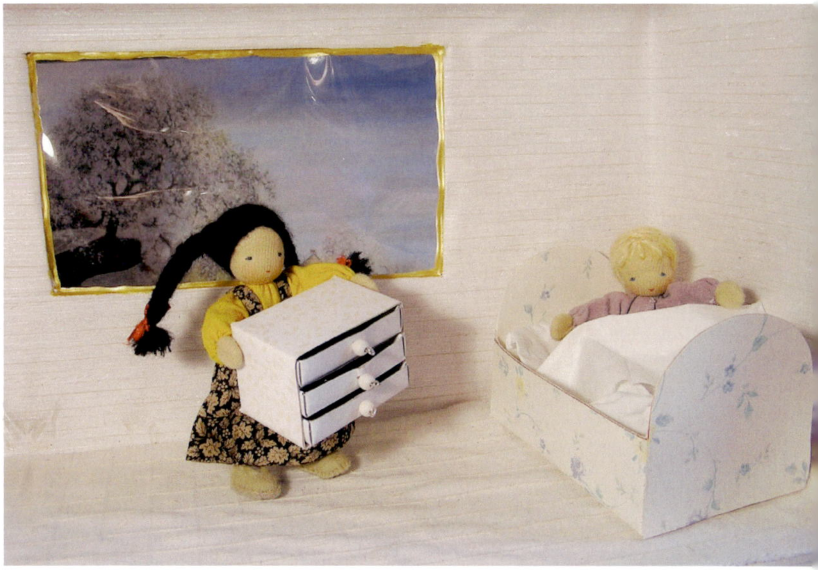

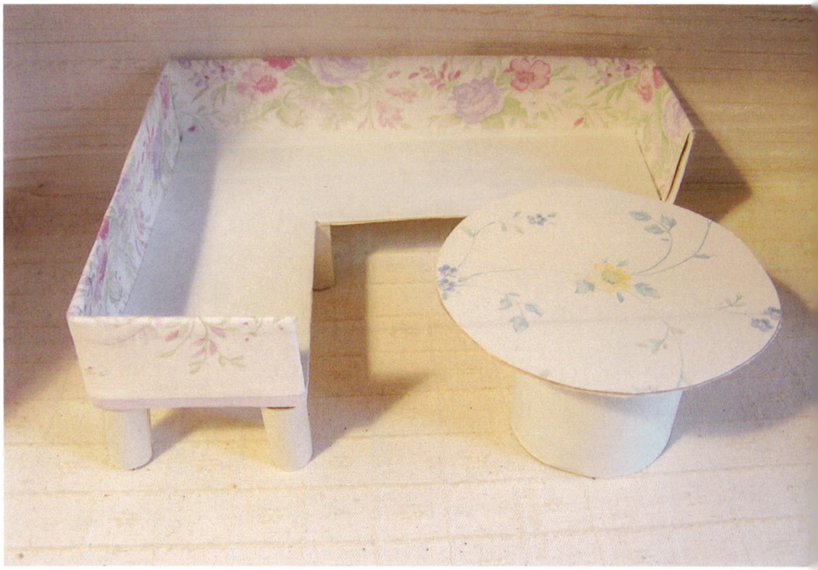

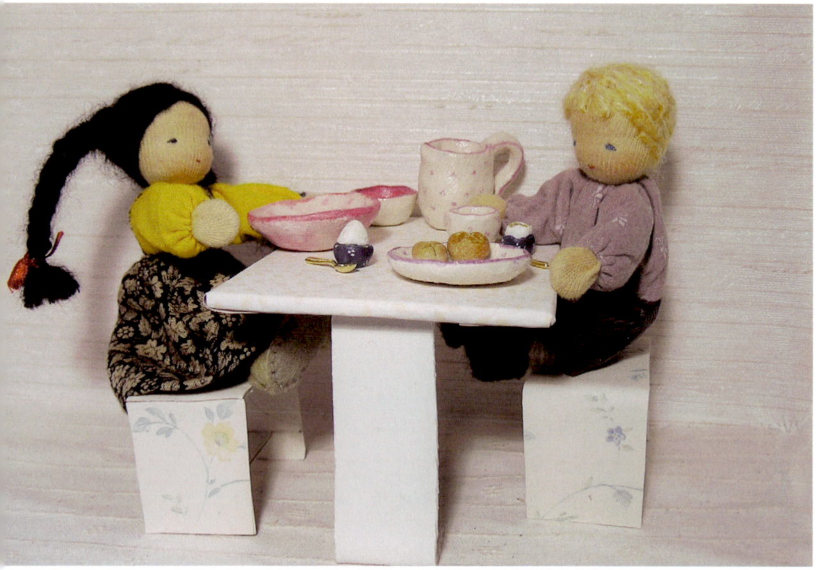
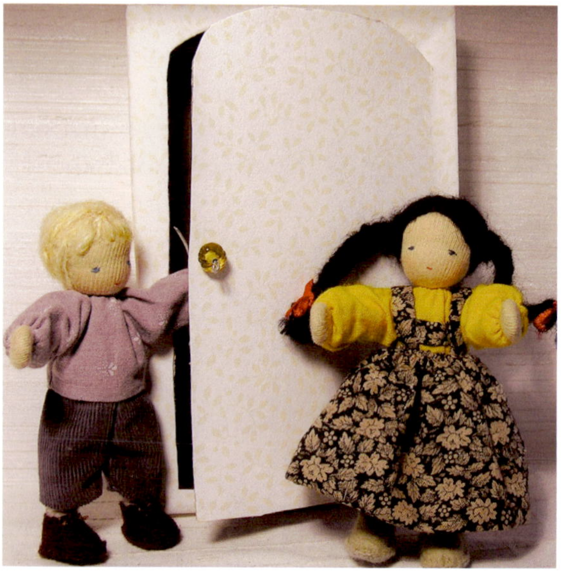
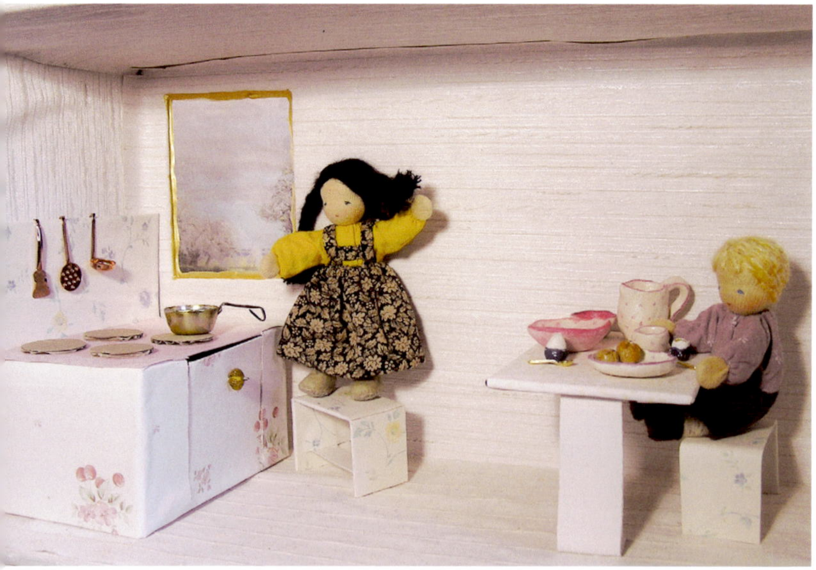
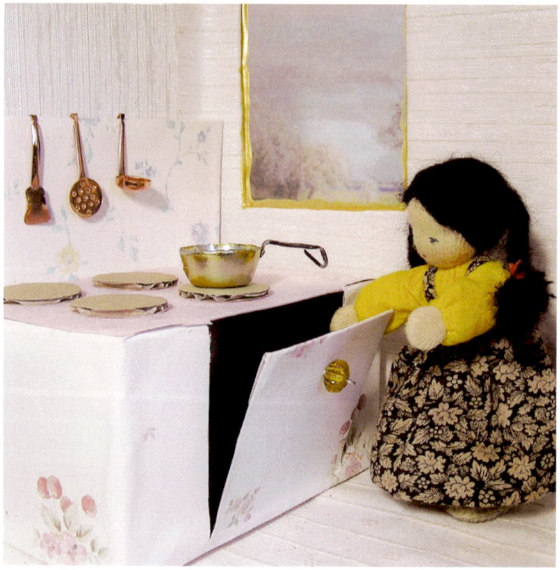

Alle Papiermöbel können zum Abschluss mit Deckfarbe angemalt werden oder mit hübschem Papier oder Fotokartonresten ausgeschmückt und außen verkleidet werden. Damit die Schubladen aufgemacht werden können, werden sie mit kleinen Perlen oder Baumwollschlaufen versehen. Mit größeren Perlen bekommen die Papiermöbel kleine «Füße».
Diese wenigen Beispiele sollen Ihnen als Anregungen dienen: Probieren Sie doch einfach mit Ihrem Kind diese Möbel einmal aus – vielleicht an einem langen, verregneten Wochenende …

Holzmöbel***

Kleine gesägte Holzmöbel passen wiederum gut zu den Puppenwohnungen aus Holz. Schulkinder brauchen «echte» Puppenmöbel, die ihrer Vorstellung von realen Formen entsprechen. Der Bau dieser Möbel verlangt zwar etwas mehr Geduld als Bauklötzchenmöbel, aber sie können ja auch nach und nach zur Puppenstube ergänzt werden.

Material
- Holz, eventuell Sperrholz
- Rundhölzer in verschiedenen Stärken
- Holzleim
- geeignetes Werkzeug

Die wichtigsten Puppenmöbel sind: Tisch, Stühle und Bett. Alle anderen Möbel, wie Schränke oder Regale, sind zweitrangig. Im folgenden Beispiel (Foto S 144 unten und Zeichnung 2 und 3) werden Holzmöbel beschrieben, die im Stil einer Südtirolerwerkstatt aus dem 18. Jahrhundert nachgebastelt sind. Die Möbel passen in der Größe 1 (11,5 cm), 2 (13,5 cm), 3 (16 cm) und Kleinkind (9 cm) zu meinen Biegepüppchen. Da sie sehr einfach zusammengebaut werden, nicht so fachmännisch, wie es vielleicht Schreiner machen würden, kann jeder sie selbst leicht nachbauen. Wenn Sie sich nach Ihren eigenen Puppen richten, bekommen Sie sehr schnell ein Gefühl für die Maße: Indem Sie das Püppchen hinsetzen, können Sie sich die Höhe der Stühle oder Tische ausrechnen oder bei einer ausgestreckten Puppe die Länge des Bettes oder die Höhe des Schrankes planen. Auf jeden Fall richten sich die Maße der Möbel auch nach dem Platz, den Sie zur Verfügung haben. Anhand der folgenden Beispiele können Sie dann einen eigenen Stil entwerfen und diese Anregungen verändern.
Alle Arbeiten können selbstverständlich auch ohne große Maschinen angefertigt werden. Eine scharfe Säge, eine Bohrmaschine und etwas Schleifpapier reichen aus. Holz bekommen Sie in den Baumärkten oder Sägewerken. Lassen Sie sich ruhig aus der Restekiste etwas schenken …
Falls Sie diese Holzarbeiten lieber mit *Maschinen* ausführen, brauchen Sie möglichst

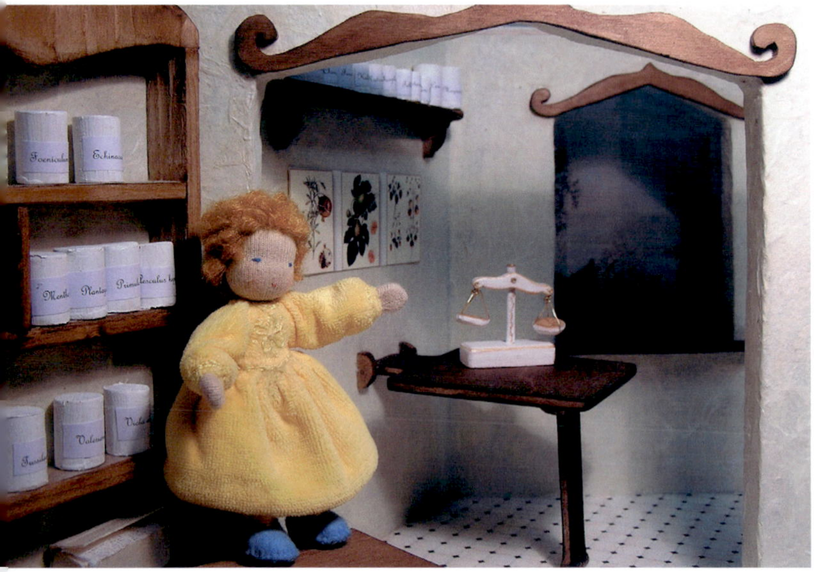

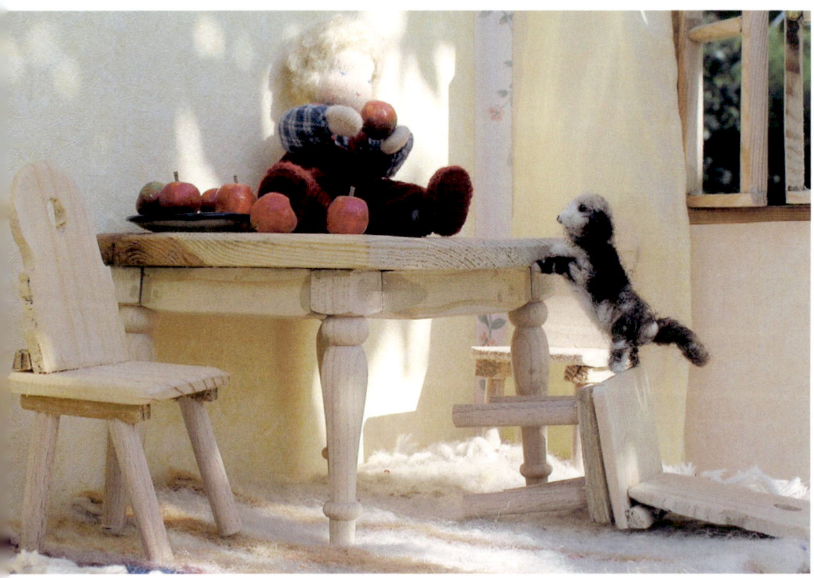

eine Kreissäge, um das Holz in dünne Scheiben bzw. Brettchen sägen zu können, eine Schleifmaschine oder ein Bandschleifer für die Schleifarbeiten und evtl. eine Laub- oder Dekupiersäge für die Feinarbeiten. Die notwendigen Vorsichtsmaßnahmen werden für alle beschriebenen Arbeiten vorausgesetzt. Meine Vorschläge sind nur Anregungen und beinhalten keinen Haftungsschutz.

Tipp

Alle Kanten der fertigen Tirolermöbel können mit einem scharfen Schnitzmesser vorsichtig «entschärft» werden. Die Möbel bekommen dadurch einen verspielten Charakter. Sie können die Kanten aber auch nur mit Schleifpapier abrunden.

Wenn Sie die Möbel *bunt anmalen* möchten, empfehle ich Ihnen, die einzelnen Holzteile *vor* dem Anleimen zu bemalen. Auch hier sind einfache Tuschkastenfarben völlig ausreichend. Durch eine Lackschicht (Sprühlack auf Wasserbasis) bekommen die angemalten Möbel einen zusätzlichen praktischen Schutz.

Ein einfacher, kleiner **Klapptisch** (links oben) ist für ein schmales Plätzchen in einem Puppenhäuschen gut geeignet. Er hat nur ein einziges Tischbein und wird an der Wand befestigt. Diese Tischform kann man oft in kleinen Almhütten oben in den Bergen sehen, weil die Menschen dort wenig Platz haben. An der

Zeichnung 1 sehen Sie den Aufbau: Sägen Sie die Form der Tischplatte und des Tischbeines aus einem ca. 5 – 8 mm starken Holzbrettchen aus. Die obere Kante des Beines wird leicht abgerundet, damit es sich rollen kann. Wenn alle Kanten schön abgeschliffen wurden, wird das Tischbein an den angezeichneten Stellen durchbohrt. Ein passendes Rundholzstückchen wird durch dieses Loch gesteckt, mit zwei kleinen Holzstückchen pro Seite eingefädelt und an die Unterkante des Tisches geleimt. Das Tischbein soll sich drehen bzw. klappen können.
Der Tisch wird nun nach dem gleichen Prinzip wie das Tischbein an der Wand befestigt. Damit dieser Klapptisch oben an der Wand aufgeklappt bleiben kann, ist an dieser Stelle ein kleiner Befestigungshaken sehr praktisch.

Der folgende **Tisch** (Foto links unten und Zeichnung 2) wird aus einer 8 – 10 mm starken Holzplatte 11 x 11 cm, ausgesägt. Die vier Tischbeine haben eine Länge von 7 cm. Sie können von einem Drechsler aus einem Nadelholzklötzchen von 7 mm Stärke angefertigt werden. Wem diese geschwungenen Tischbeine nicht gefallen, kann sie auch aus einfachen Rundhölzern oder rechteckigen Klötzchen (s. Fotos S. 164/165) anfertigen. An der Zeichnung 2 sehen Sie, wie sie am Tisch befestigt werden: Da die oberen Beinabschlüsse eine gerade Kante haben, werden zwischen diesen

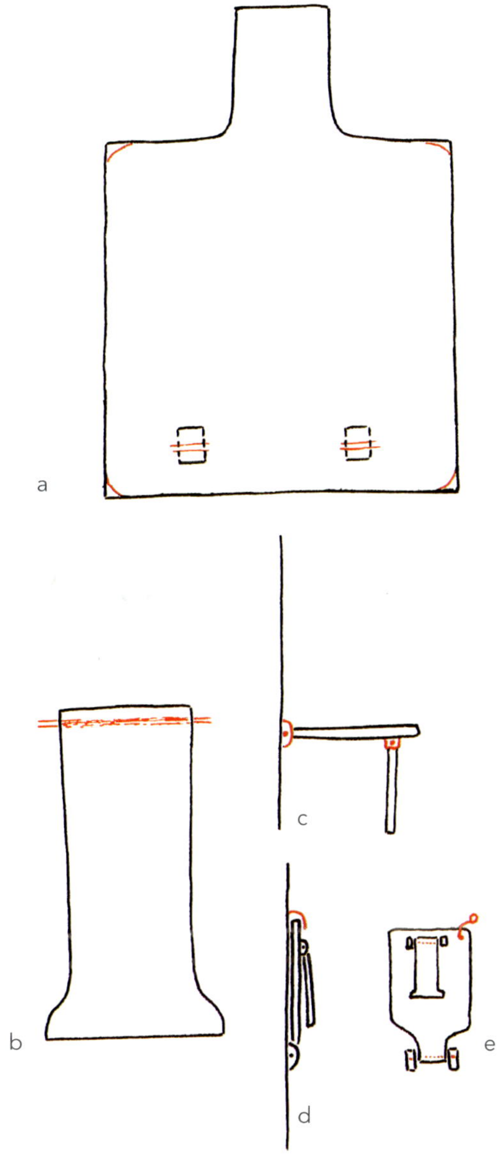

1: Klapptisch
a: Tischplatte (70% der Originalgröße)
b: Tischbein (70% der Originalgröße)
c: Rundholzstückchen für Tischplatte und -bein
d und e: An die Wand geklappt
und mit einem Haken befestigt.

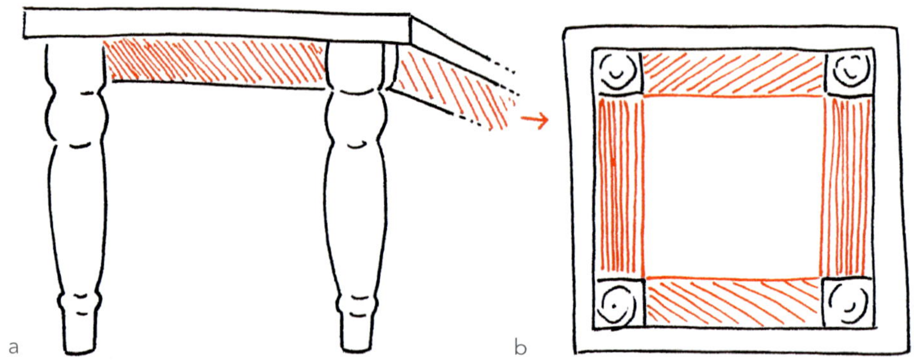

2: Tisch Tirolermöbel
a: von der Seite
b: von unten (mit Holzleisten zur Stabilisierung = rot schraffiert)

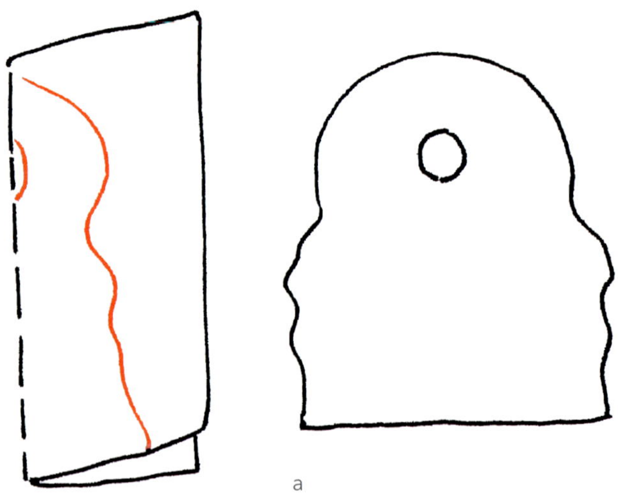

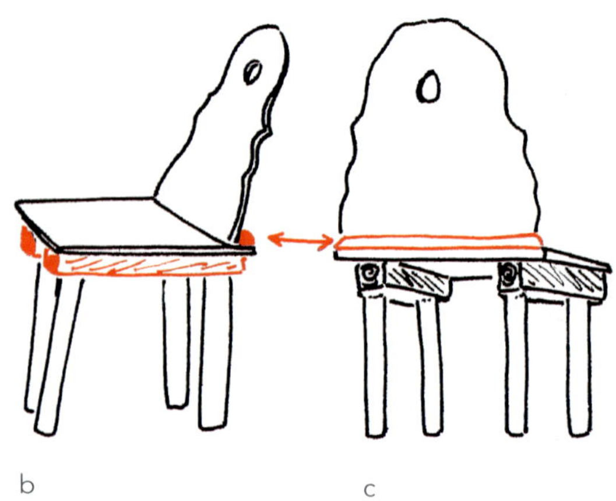

3: Stühle Tirolermöbel
a: Übertragung der Lehnenform auf das Holz (Originalgröße)
b und c: schräge Lehne mit Verstärkungsleiste (rot)

Beinchen vier Holzleisten angepasst. Diese stabilisieren die Tischbeine miteinander.
Dazu passen vier **Stühle** mit einer schönen Rückenlehne, die aus einem dünnen Brettchen (4,5 x 5 cm) ausgesägt werden (Foto S. 144 und Zeichnung 3 a – c). Um eine gleichmäßige, geschwungene Form zu entwerfen, können Sie die Hälfte der Lehne auf ein doppelt geknicktes Papier zeichnen, dieses ausschneiden und auf das Holz übertragen. In die Mitte der Lehne kommt ein kleines rundes Loch oder ein kleines Herz.
Sie sägen eine Sitzfläche (4,5 x 4,5 cm) aus einem passenden Holzbrettchen der gleichen Stärke wie die der Rückenlehne. An die Unterseite werden pro Seite zwei Holzleisten von ca. 7 mm Stärke angeleimt. Nachdem diese gut getrocknet sind, bohren Sie vorsichtig und mit niedriger Drehzahl für die Stuhlbeine vier Löcher mit dem Durchmesser Ihrer Rundholzstangen. Sie sägen vier Beine mit jeweils 4,5 cm Länge ab und leimen sie in die vorgebohrten Löcher hinein.
Wenn Sie die Löcher leicht schräg bohren, können die Beine eine schräge Stellung bekommen. Nachdem nun auch diese Stuhlbeine fest angetrocknet sind, stellen Sie das ganze Stühlchen waagerecht *auf* das laufende Schleifband Ihrer Schleifmaschine und schleifen diese Rundholzenden alle auf eine gleiche Länge bündig zum Schleifband ab. Dadurch kann jedes Stühlchen ohne zu wackeln stehen.
Die Lehne zeigt leicht nach außen und wird deswegen an der unteren Kante schräg abgeschliffen, damit die Püppchen gemütlich sitzen können. Sie wird mit einer ebenfalls angeschrägten kleinen Leiste an der Rückseite verstärkt (Zeichnung 3 b und c).
Das **Bettchen** wird hier im passenden Stil gebaut, und darin können auch gut zwei Püppchen nebeneinander schlafen (Foto S. 145 und Zeichnung 4). Es besteht aus einem Rahmen aus leicht geschwungenen Seitenteilen mit einer Matratzenauflage aus Latten und vier gedrechselten Füßchen.
Dieses Bett bekommt ein Kopf- und ein Fußteil, die jeweils aus einem 5 x 12 cm großen Brettchen ausgesägt werden. Die Seitenteile werden aus zwei 18 x 4 cm großen Holzbrettchen ausgesägt. Wenn Sie die Maße der Seitenteile auf einen Papierbogen übertragen, diese Rechtecke ausschneiden und in der Mitte falten, können Sie eine gleichmäßige geschwungene Linie zeichnen, um eine eigene Form zu entwerfen. Schneiden Sie mit einer Schere diese Linie entlang. Durch das Aufklappen sehen Sie die ganze Form (Zeichnung 4a). Diese Linie übertragen Sie auf Ihr Holzbrettchen und sägen sie aus. Alle vier Seitenteile werden bündig aneinandergeleimt (Zeichnung 4a). Alle vier Bettseiten müssen an der unteren Seite auf gleicher Ebene sein. Dafür drücken Sie die vier Teile zum Trocknen gut flach an den Tisch. Die Seitenteile sind höher

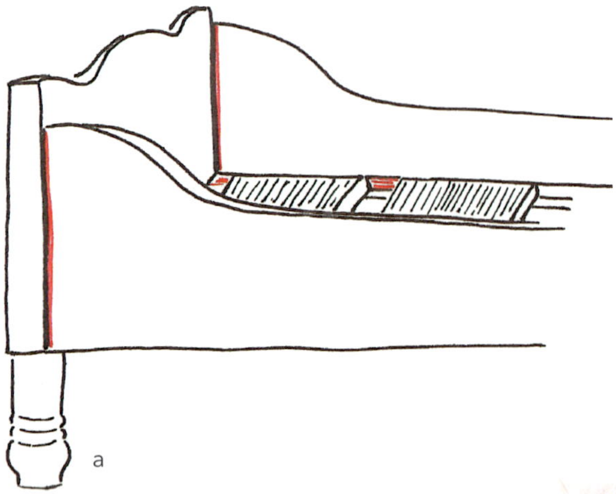

a

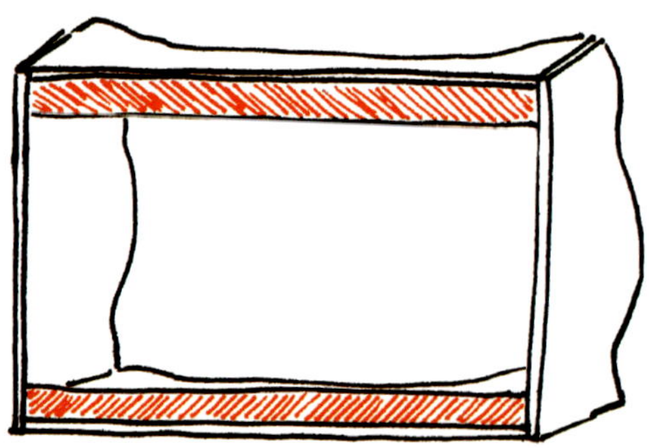

b

4: Bett Tirolermöbel
a: Seitenansicht. Seitenteile bündig aneinanderleimen.
b: Unterseite mit Leisten (rot) für Lattenrost.

und geben dem Püppchen eine gewisse Geborgenheit. An den längeren Seitenteilen werden jeweils zwei schmale Leisten angeleimt, um den Lattenrost für die Matratze zu tragen (Zeichnung 3b). Er besteht aus einigen dünnen Brettchen, die auf die Leisten geleimt werden. Das Bett bekommt noch vier kleine Füße, die nach Wunsch auch gedrechselt werden können. Sie haben eine Höhe von je 3,5 cm.

Passend für diese Bettchengröße, können Sie schöne **Kissen und Decken** sowie eine dünne **Matratze** nähen. Das Bettzeug kann mit Stoff Ihrer Wahl zugeschnitten werden.
Die Maße sind für das Kissen: 16 x 12 cm; für die Decke: 30 x 16 cm; für die Matratze: 22,5 x 19 cm. Eine Nahtzugabe von 5 cm ist inbegriffen.
Die Matratzenauflage wird mit einem dünn gezogenen Wollvlies gefüllt. Die Decke und das Kissen, gefüllt mit feinen Federn oder zart gezupfter Wolle, sehen sehr einladend aus. Sie können Ihre Bettwäsche nach Wunsch auch zusätzlich mit Lavendelblumen oder klein geriebenem Heu füllen.

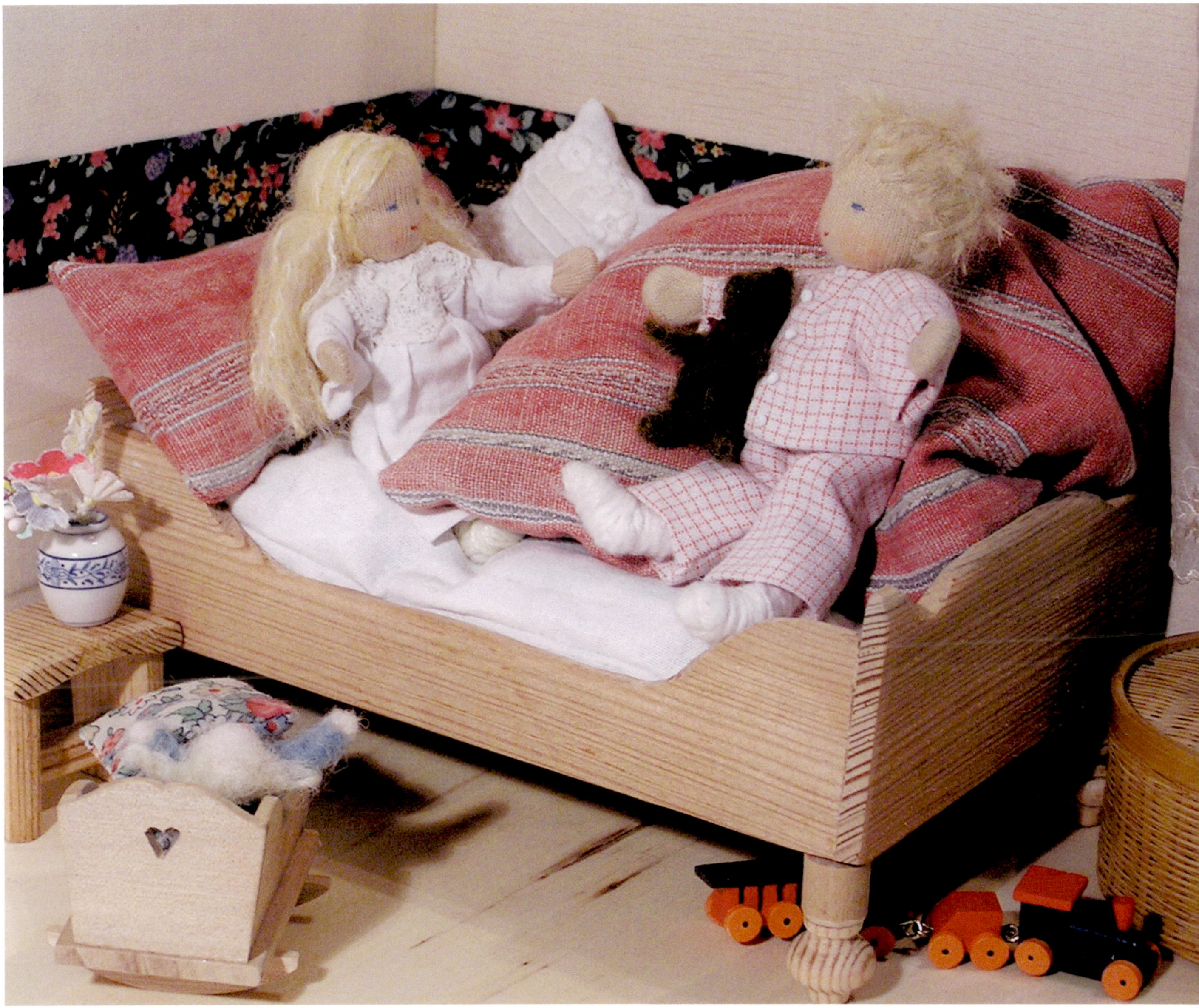

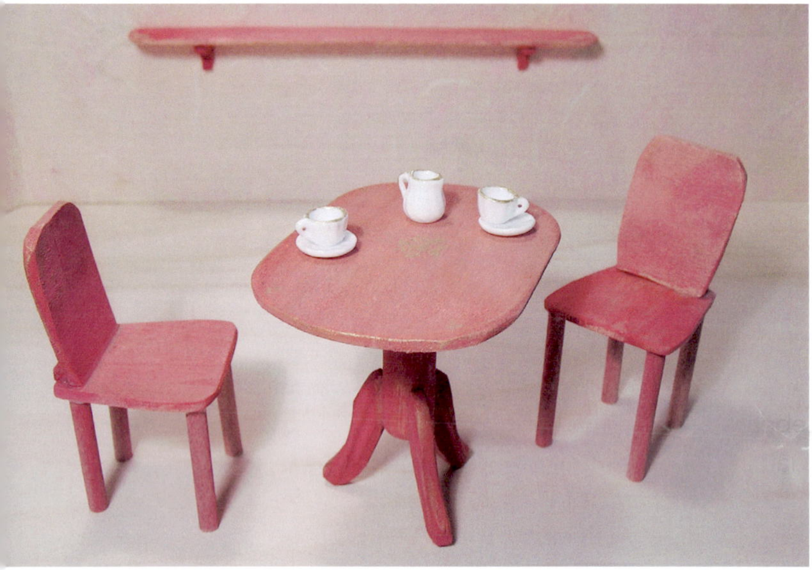

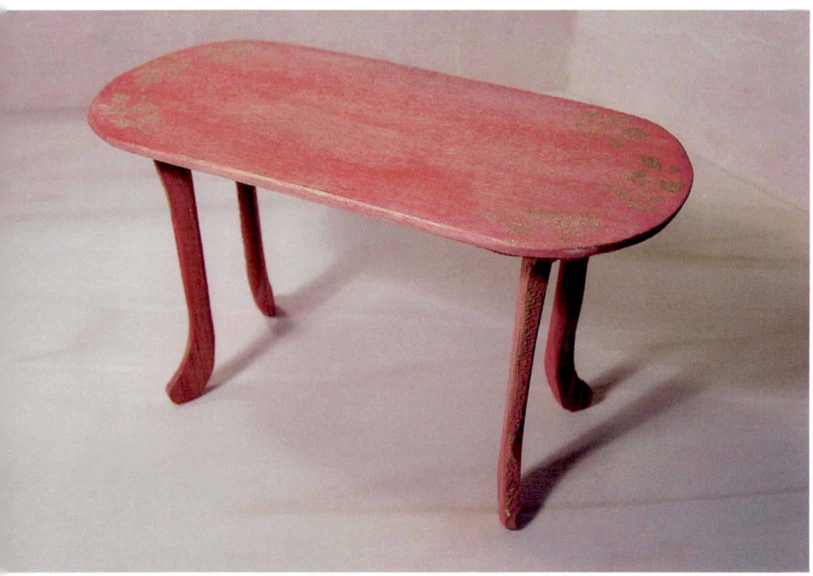

Weitere Tische und Stühle

Links und auf S. 134 Mitte sehen Sie weitere Möglichkeiten der Möbelgestaltung. Die Lehnen der Stühle von S. 134 sind aus Brettchen von 3,5 x 8 cm Größe zugesägt. Sie bleiben an den Kanten gerade (ohne seitliche Sägearbeiten). Oben sind sie konisch zugesägt und leicht abgerundet. Passend zu diesem Stil ist der runde Tisch mit 9 cm Ø. Er bekommt mittig ein einziges Bein: ein 5,5 cm langes Rundholz, an dem drei gleiche Fußteile angeleimt werden. Diese werden aus drei Brettchen von 6 x 2,5 cm gestaltet. Die einzelnen Teile der Möbel wurden *vor* dem Leimen angemalt.

Die roten Möbel (links) gehören zu dem Puppenzimmer von S. 61, das als Café eingerichtet wurde. Sie können das Tischbein wie oben beschrieben gestalten (mittig mit drei geschwungenen Tischbeinen); oder Sie bauen einen länglichen, leicht abgerundeten Tisch mit vier geschwungenen Tischbeinen.

Sofa

Sie brauchen hierfür ein Sperrholzbrettchen mit ca. 6-7 mm Stärke, aus dem Sie zwei Rechtecke für die Seitenteile (je 5 x 6 cm) und ein längliches Stück für die Bank (18 x 5 cm) aussägen können. Dazu zwei Rundholzstücke (ein Besenstiel?) mit ca. 2 cm Ø und 6 cm Länge für die Rundungen an den Lehnen (s. Foto S. 154 oben). Ein dünnes Stück Holz einer Obstkiste, 9 x 23 cm, für die Rückenlehne.

Der Stoff, um Ihre Möbel beziehen zu können, sollte nicht zu dick oder steif sein. Geeignet sind Baumwollstoffe. Die Maße für das beschriebene Sofa sind: 10 x 25 cm für die Bank, zwei Stücke je 19 x 8 cm für die Seitenteile und ebenfalls zwei 14 x 25 cm für die Rückenlehne.

Damit das Sofa leicht nach hinten geneigt wird, werden beide Seitenteile an der unteren Kante um 1 cm schräg abgesägt (s. Foto S. 154 oben). Alle Kanten werden mit Schmirgelpapier entschärft. Dann legen Sie ein Seitenteil auf eine Unterlage und leimen ein Rundholz bündig dagegen. Das zweite Seitenteil wird spiegelbildlich hingelegt und an dem zweiten Rundholz ebenfalls angeleimt. So schauen beide Lehnen mit der Rundung nach außen. Wenn sie trocken sind, wird ein Zahnstocher oder ein Streichholz (ohne Feuerkopf) in den Übergang beider Hölzer hineingedrückt und die Lücke zusätzlich mit Holzleim geglättet.

Die Bank wird in der Mitte großzügig mit Leim bestrichen und bekommt eine Lage Schafwolle (Foto S. 152 l. o.). Diese Schicht läuft an den Kanten dünner aus. Alle Ränder werden mit Leim bestrichen und der Stoff gleichmäßig darübergelegt, an den Kanten angedrückt und an der Rückseite umgeschlagen und geleimt (S. 152 l. u.).

Tipp

Falls Sie sich die Menge der Schafwolle nicht vorstellen können, leimen Sie nur den Stoff an *drei* Seiten fest. Sie können dann mit einer Schere oder einer Häkelnadel nachträglich in die freie Seite noch Wolle hineinschieben. Durch die Spannung der Stoffe wird die Wolle eher flach angedrückt.

Beide Seitenteile bekommen an der Innenseite eine schmale Lage Schafwolle und werden ebenfalls mit Stoff überzogen. Achten Sie darauf, dass der Stoff an der Außenseite die Rundung schön am Holz entlang formt. Der Stoff wird unten, an der «Stehkante», bündig abgeschnitten. An den Vorder- und Hinterseiten wird der Stoff mit einem 5 mm breiten Rand angepasst und umgeschlagen und an den Rundungen leicht eingeschnitten.

Die fertige Bank wird mit einem Abstand vom Boden von 2 cm an die Seitenteile geleimt (Foto S. 152 r. o.). Nach dem Trocknen wird die Rückenlehne mit einem kleinen Bogen an die fertige Bank angepasst. Mit einer Nagelschere können Sie gut das dünne Holz zurechtschneiden.

Die obere Kante der Rückwand wird mit einem Papiertaschentuchstreifen ausgepolstert und mit einer Schafwolllage an der oberen Hälfte ausgelegt. Beides wird geleimt. Der Stoff der Rückwand wird nach hinten umgeschlagen und angeleimt.

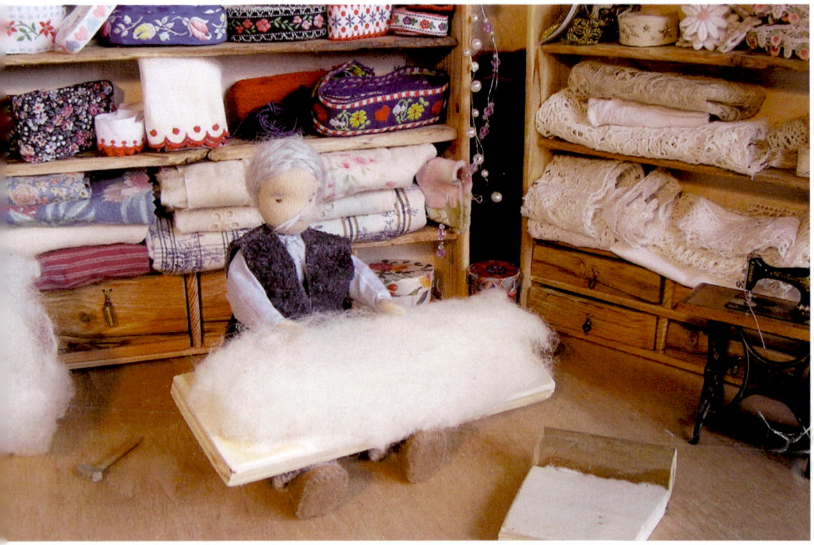

1. Bank mit Leim bestreichen und Schafwolle darüberlegen

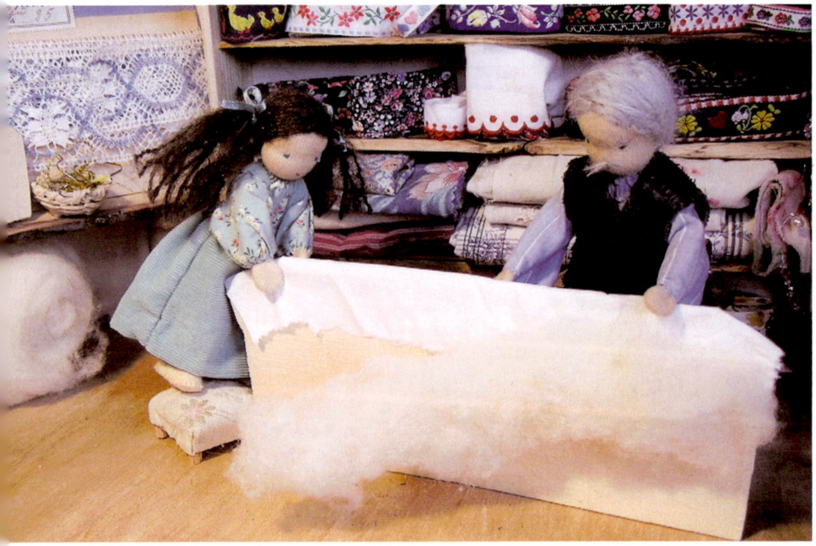

2. Stoff darüberlegen, umklappen und anleimen

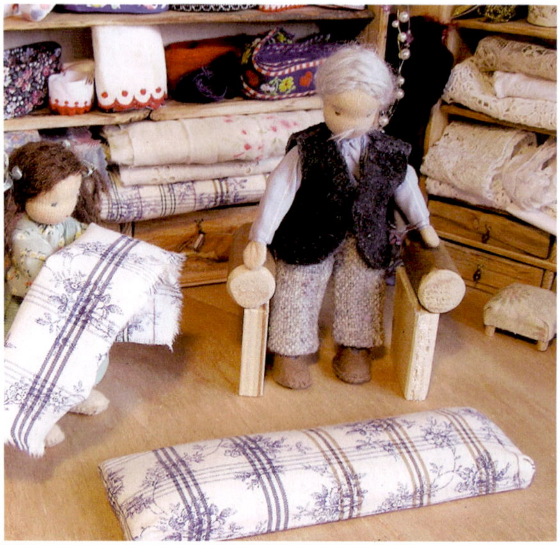

3. Bank an die Seitenlehnen leimen

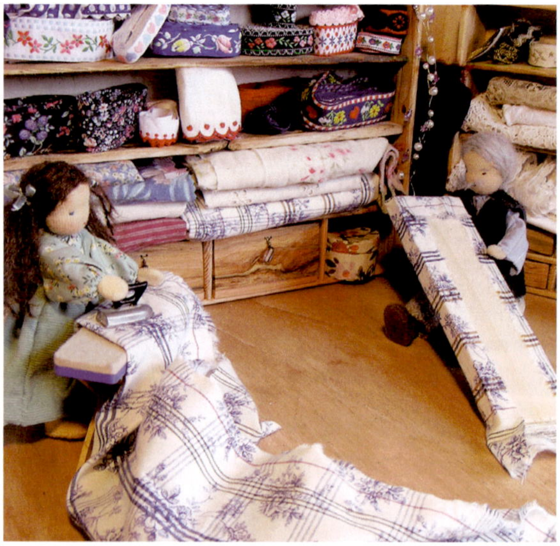

4. Stoff für Rückenlehne vorbereiten

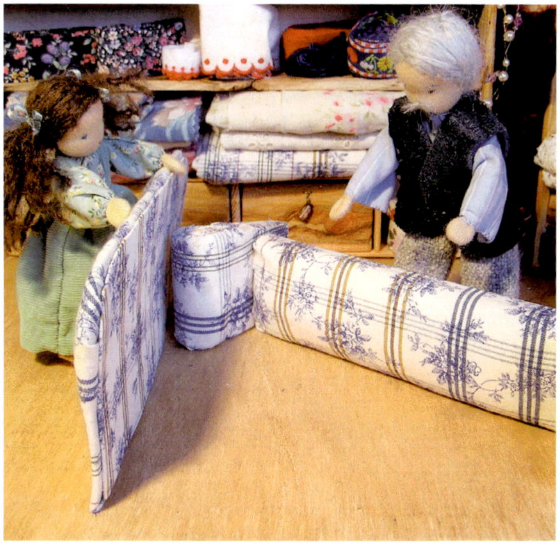

5. Rückenlehne anleimen

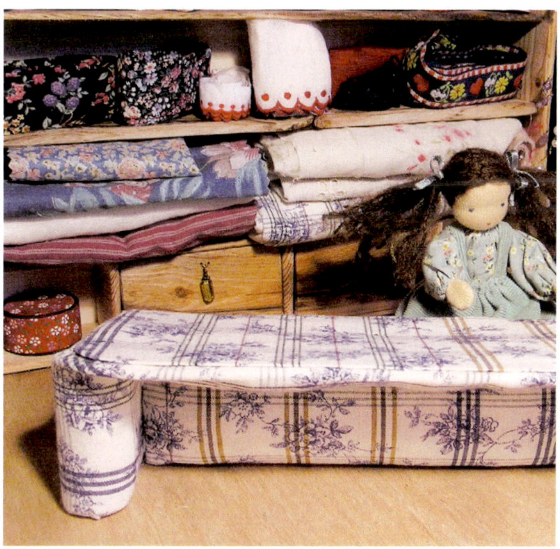

6. Mit Nägeln zusätzlich befestigen

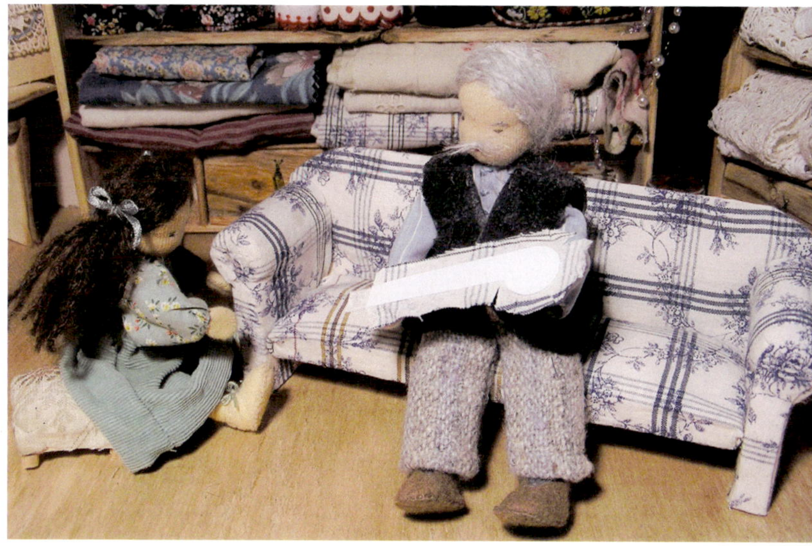

7. Blenden für Seitenteile anbringen

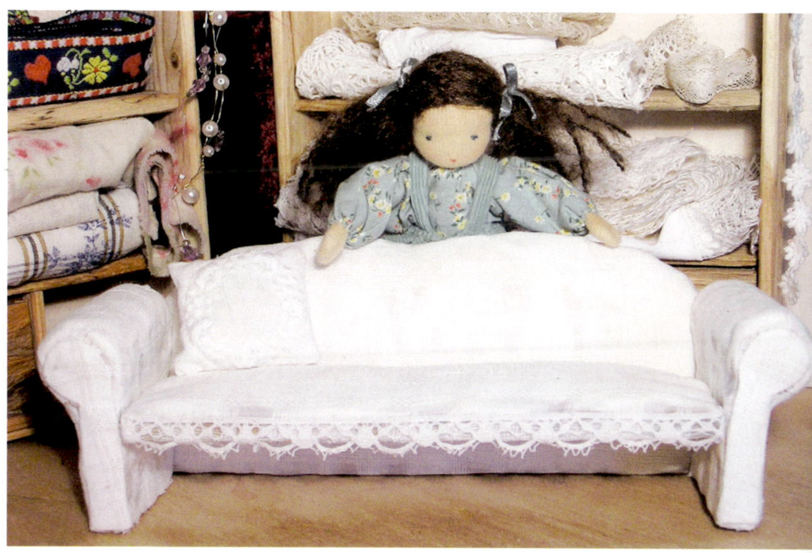

8. Ein Sofa mit anderem Stoffbezug

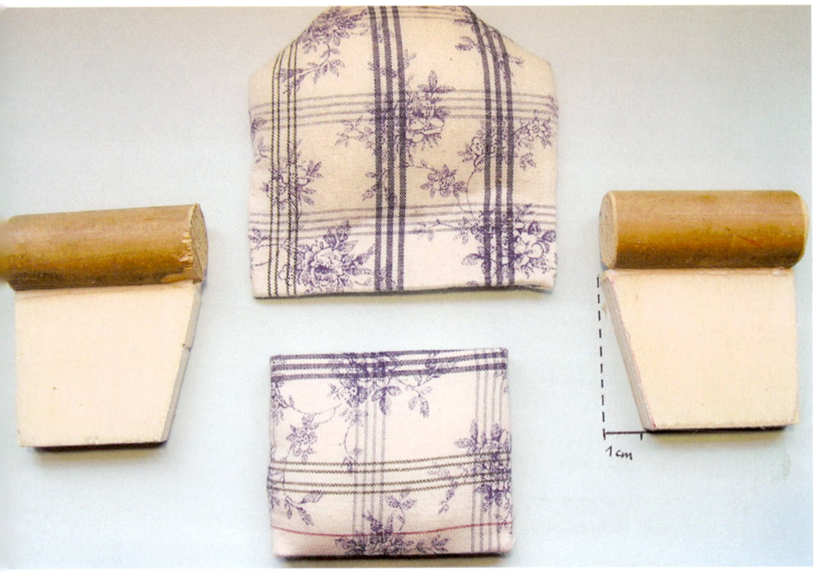

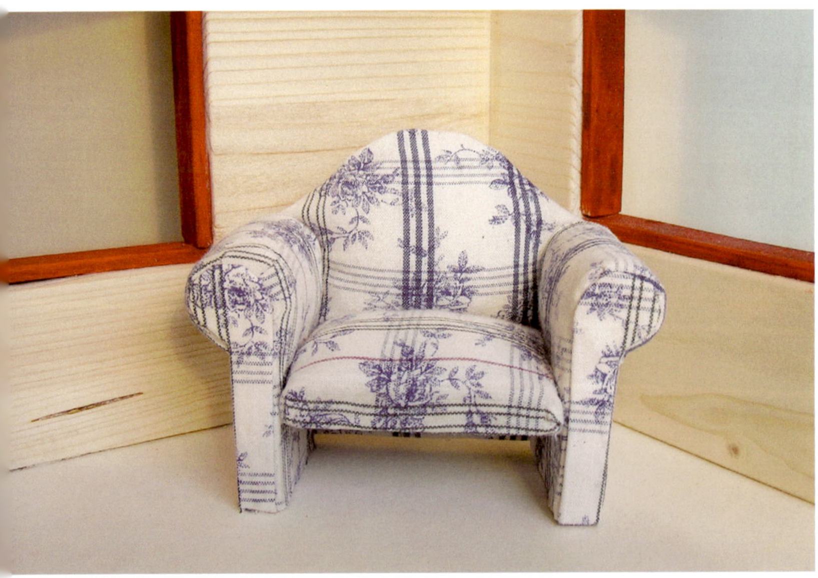

Legen Sie diese Rückwand nun auf einen weißen Fotokarton. Zeichnen Sie die Form nach, und schneiden Sie diese ca. 2 mm kleiner aus. Dann legen Sie diese Papierschablone auf die Rückwand und überprüfen Sie die Form. Es muss ein gleichmäßiger Rand zur bezogenen Rückenlehne ringsherum zu sehen sein.
Die Papierwand wird mit dem zweiten Stoff bezogen und mit einem Rand von 1 cm gleichmäßig umgeschlagen. Diese beklebte Papierwand wird nun an die Rückenwand spiegelbildlich geleimt (Foto S. 153 l. o.) und die Bank an die fertige Rückwand geklebt und mit kleinen Nägeln zusätzlich stabilisiert (S. 153 l. u.). Das Sofa bekommt auch vorne zwei Blenden, die nach dem gleichen Prinzip angefertigt werden (S. 153 r. o.).

Ein **Sessel** (links) wird nach demselben Aufbau wie das Sofa gearbeitet. Das Brettchen für die Bank ist 8 cm lang, und die Rückenlehne wird aus einem dünnen Obstkistenbrettchen (13 x 10 cm) ausgeschnitten (oder mit einer feinen Säge gefertigt).
Selbstverständlich stehen Ihnen alle Möglichkeiten offen, diese Anregungen abzuwandeln und eigene gemütliche Polstermöbel zu kreieren …

Schrank oder Kommode

Ein Schrank entspricht in seinem Aufbau einem Regal (oder einer Schachtel). Zwei Seitenteile werden mit waagerechten Brettchen verbunden. Im Kapitel «Kaufladen» sind einige Fotobeispiele (S. 61 und 71 r. u.). Zusätzlich bekommt dieses «Regal» eine Vorderfront aus Türen oder Schubladen und als Abschluss eine dünne Rückenwand. Die Türen werden an den hinteren Enden mit einem sehr dünnen Bohrer vorgebohrt und mit dünnen Drahtstücken oder halben, abgekniffenen Stecknadeln in den Rahmen gesteckt. Dadurch können sie geöffnet werden.

Der hier abgebildete Küchenschrank (rechts) hat einen größeren Aufbau. Weil Kinder mitgeholfen haben, ist er so geworden ... Die Maße für die benötigten Teile sind (bei 5 mm starkem Sperrholz): zwei Brettchen à 12 x 6 cm für die beiden unteren Regalfächer; zwei Brettchen à 23 x 6 cm für den Oberschrank. Das Fach in der Mitte (13 x 5,5 cm) wird mit drei Trennwänden (9 x 5,5 cm) geleimt. Die obere Schranktür (7,5 x 8,9 cm) passt dazwischen. Die untere Tür (7,5 x 6 cm) wird ebenfalls mit dünnen Nägelchen an den angrenzenden Brettern befestigt, damit man sie wie die obere öffnen kann. Sie gehen nach verschiedenen Seiten auf.

Eine Kommode (rechts unten): Sie brauchen dafür dünne Holzbrettchen, die Sie sich zurechtsägen, oder feines Sperrholz mit ca. 1,8 mm Stärke. Die Maße dafür sind: zwei Brettchen à

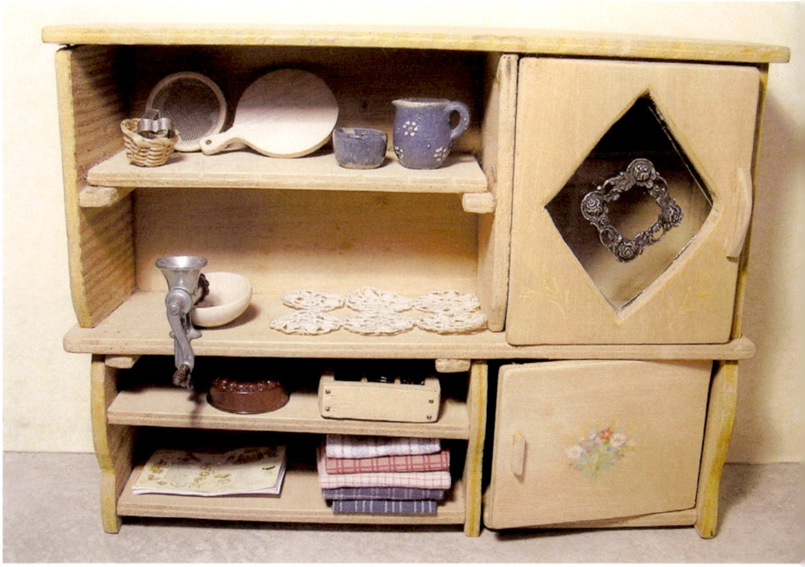

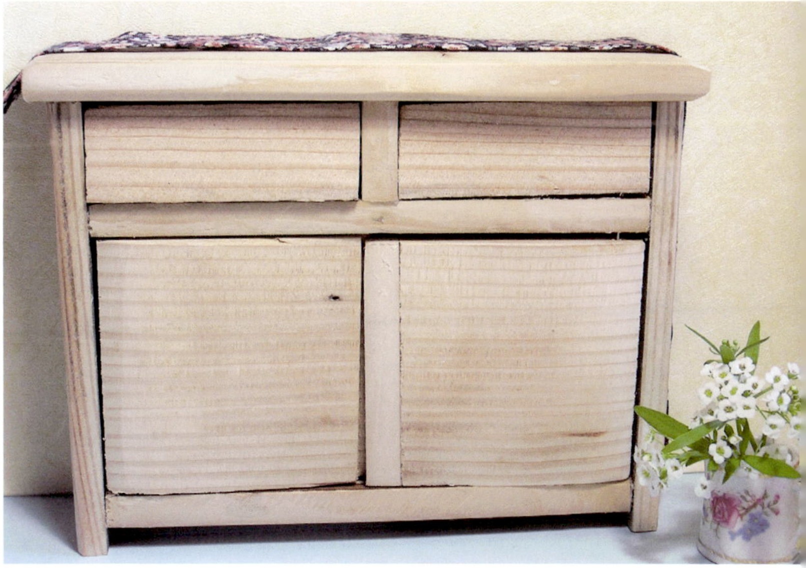

4 x 12 cm für die Seitenwände, zwei Brettchen à 14,5 x 4 cm für die waagerechten Böden, ein Brettchen (17 x 5,5 cm) für die obere Ablage, zwei Brettchen à 6,8 x 6,8 cm für beide Türen. Das Holz für die Schubladen ist nur 4 mm stark: ein Brettchen (6,8 x 2,4 cm) für die Forderfront, zwei Brettchen à 3,5 x 2 cm für die inneren Schubladenwände und ein Brettchen (5,5 x 2 cm) für die Rückwand der Schublade. Diese Maße gelten auch für die zweite Schublade daneben.
Die Böden der beiden Schubladen sowie der Kommode wurden aus einer stabilen Pappe gemacht, die mit Blumenpapier beklebt wurde. Legen Sie dafür das Möbelstück darauf, zeichnen Sie die Konturen und schneiden Sie die Pappe mit einer Nagelschere aus. Sie wird ebenfalls mit Holzleim angeklebt.

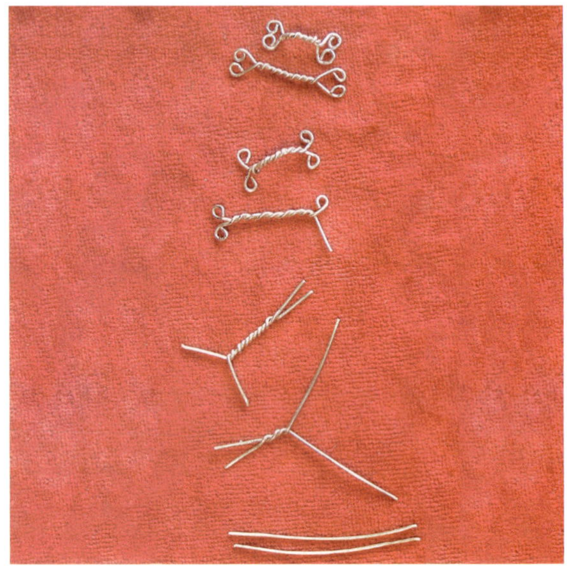

Griffe

Die hier gezeigten Beispiele (Küchenschrank, Kommoden) brauchen Griffe, mit denen man die Türen und Schubladen öffnen kann. Je nach dem, welche Art Griff Sie aussuchen, bekommen Sie unterschiedliche «Stile»: vornehm (aus Silberdraht gebogen) bis schlicht (aus einfachen Holzgriffen geschnitzt).

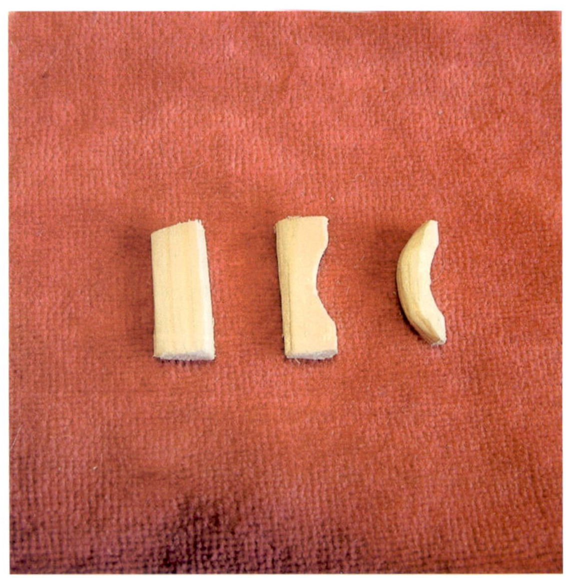

Holzgriff (rechts): An ein weiches Holzstückchen schnitzen Sie eine kleine Innenrundung, indem Sie abwechselnd, von beiden Seiten zur Mitte hin, mit einem scharfen Messer vorsichtig eine Vertiefung schneiden. Zuletzt wird dieser

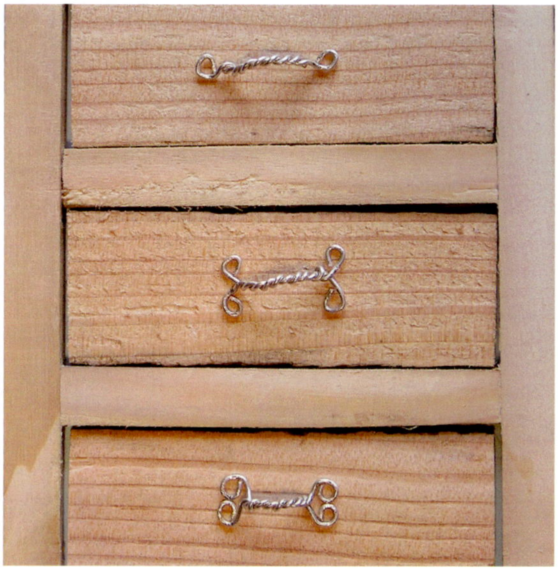
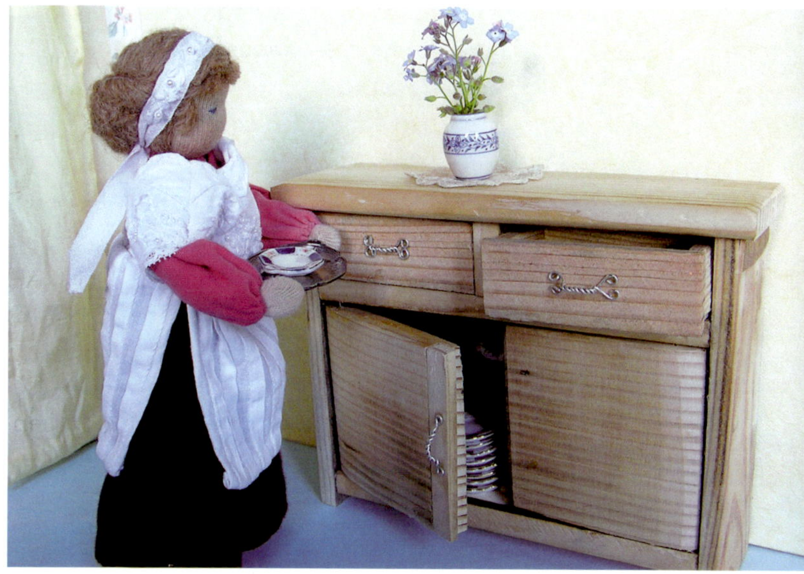
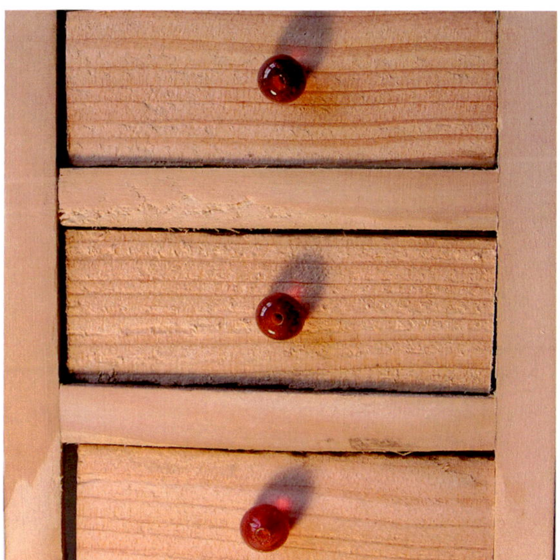
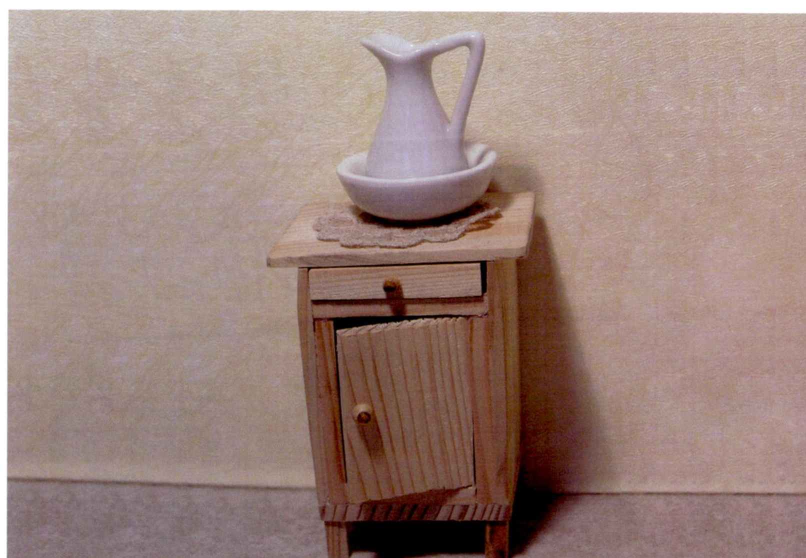

Griff auch außen an den Kanten abgerundet. Eine gerade Anschlussfläche, um den Griff am Untergrund zu befestigen, muss unbedingt gelassen werden.

Griffe aus Silberdraht (S. 156 o. und 157): Zwei Drahtstücke von 4,5 cm Länge werden mit einer Flachzange (oder mit der Innenseite einer Spitzzange) auf 1 cm festgehalten. Mit der anderen freien Hand drehen Sie achtmal beide Drähte miteinander. Das wird der Mittelteil. Mit der Spitzzange können Sie jetzt die Enden des Drahtes gestalten: zueinander biegen, von sich wegzeigend oder ein Drahtende pro Seite abzwicken und nur mit diesem Ende eine kleine Drahtschlaufe biegen. Nun wird der Griff schön rund geformt, und die kleinen Ösen werden an den Enden so gebogen, dass sie flach auf der Unterlage liegen können. Diese Drahtgriffe können mit Holzleim oder Heißkleber befestigt oder mit winzigen Nägeln durch die Ösen angenagelt werden.

Griffe aus Perlen: Auf S. 157 unten sehen Sie zwei Beispiele. Sie können dafür Glas- oder Holzperlen verwenden und das Perlenloch sichtbar lassen. Falls die Öffnung Sie stört, können Sie sie z.B. mit einem Strasssteinchen verdecken oder mit einem Zahnstocherstück zuleimen. Diese Perlengriffe werden ebenfalls, wie oben, an den Möbeln befestigt.

In der **alten holländischen Küche**, die ich von einer Freundin geschenkt bekommen habe, sind schöne blaue Puppenmöbel, die ich hier von nahem fotografiert habe (s. auch Fotos auf dem Buchumschlag und S. 69). Sie wurden aus dünnen, 3 mm starken Holzbrettchen ausgesägt und haben folgende Größen:

- Tisch: 8 x 12 cm für die Tischplatte, 6,5 cm für die Höhe der Beine
- Stuhl: 4,5 x 4 cm für die Sitzfläche, 3,5 cm für die Stuhlhöhe, 4,5 x 4 cm für die Lehne
- Bank: 4 x 15 cm für die Sitzfläche, 4 x 15 cm für die Rückenwand mit Herzen, je 5 x 4 cm für die Armlehnen
- Unterschrank-Regal: 14 x 6,5 cm für die Arbeitsplatte, je 6 x 5 cm für die Seitenwände, 10,5 x 5 cm für das Zwischenfach
- Oberschrank: je 11 x 4 cm für die längeren Rahmen, je 10 x 4 cm für die Seitenteile (diese werden nach unten geschwungen), 12 x 10 x ca. 2-3 mm für die Rückenwand. Die Türen (6,5 x 5,5 cm) werden zwischen den beiden Ober- und Unterbrettchen eingeklemmt und mit dünnen Nägeln befestigt. So kann man sie öffnen.
- Herd: 8 x 8 x 12 cm. Er kann aus Holz gebaut werden – mit einer Herdfläche von 9 x 13 cm aus Blech, da er nur Zierde ist. Wer mit Blech arbeiten kann, der kann selbstverständlich den ganzen Herd daraus bauen (wie auch auf den Fotos). Man achte auf die aufklappbare Ofentür für den Kuchen und auf das Ofenrohr.

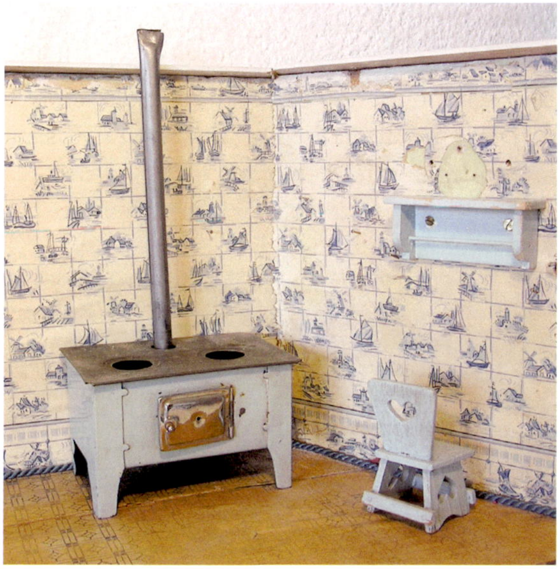

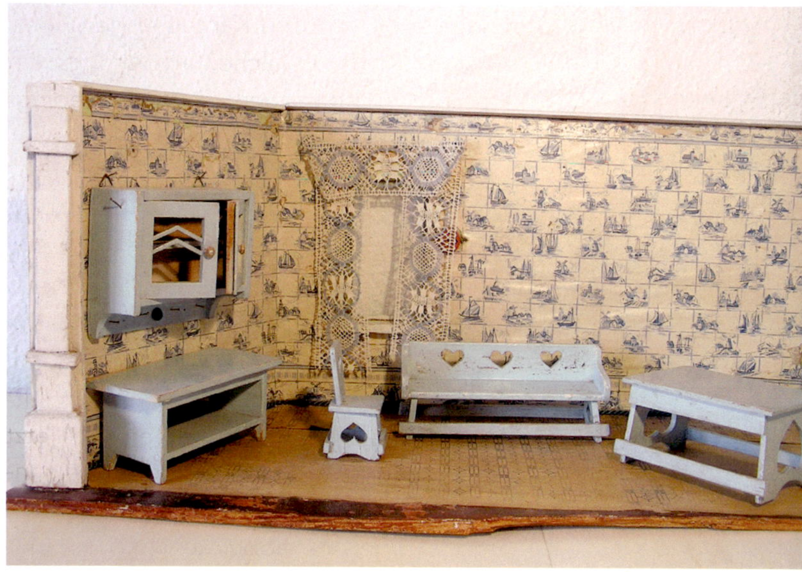

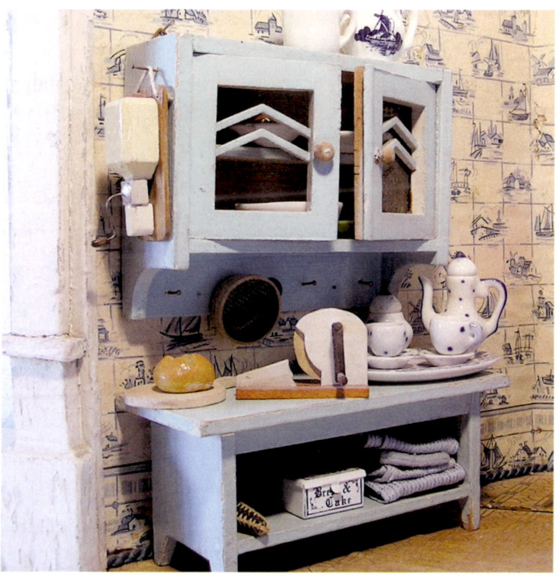

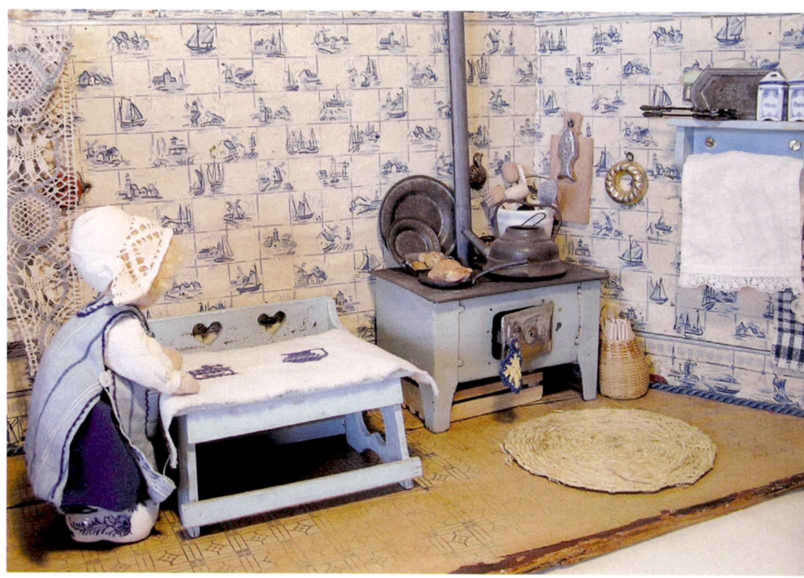

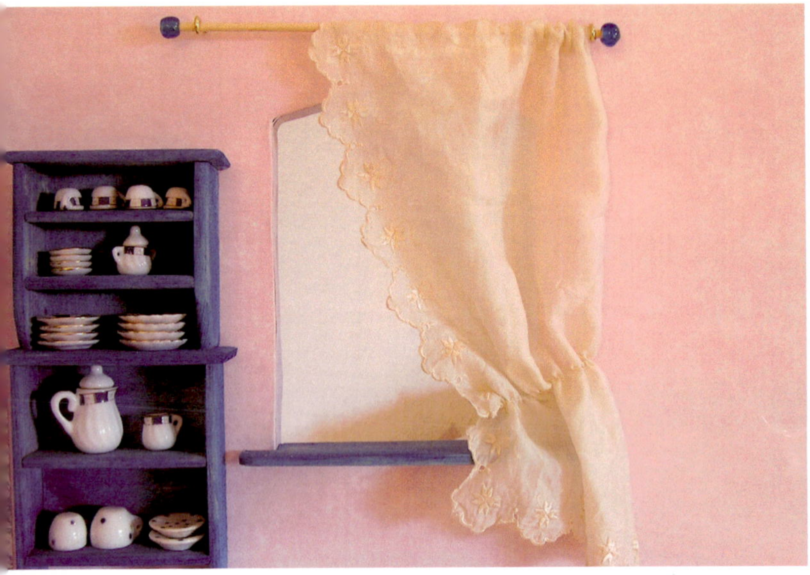

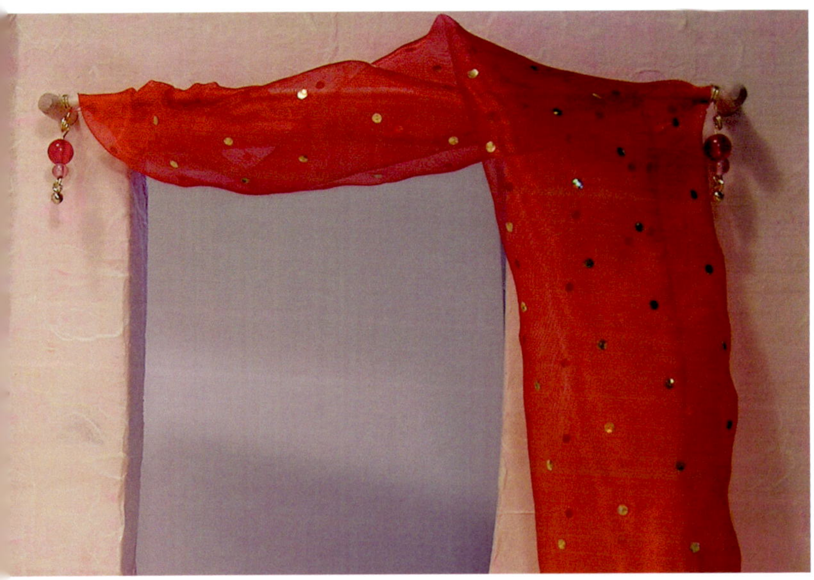

Gardinen

Schöne Gardinen können ein Puppenhaus oder eine Puppenwohnung sehr gemütlich machen. Hier sehen Sie Beispiele für einfache Halterungen (Zeichnung 5a und b), mit der Sie eine Gardinenstange befestigen können. Suchen Sie sich dünne Rundholzstäbchen und bohren Sie mit dem gleichen Durchmesser in zwei kleine Holzstückchen ein passendes Loch. Sie können diese Gardinenhalterungen auch schön zurechtschleifen. Dann werden die Gardinen abgemessen und mit einem großzügigen Rand auf die Stange gefädelt und umsäumt (Zeichnung 6). Diese Gardinenstange wird nun wiederum abschließend in die kleinen Halterungen geleimt. Wenn der Leim getrocknet ist, wird sie mit dem Vorhang an die Wand des Puppenhauses geklebt. Dafür legen Sie die Wand flach auf den Tisch und warten mit dem Aufstellen, bis der Leim hart geworden ist.

Sie können ebenso zwei Eisenhäkchen (5b) in die Wände drehen und die Gardinenstange damit befestigen. Mit schönen Glas- oder Holzperlen kann sie abschließen (s. Fotos links). Die Gardinen können glatt herunterhängen oder an den Seiten zusammengebunden werden (Zeichnung 7).

Wie immer sind diese Anregungen nur als kleine Ideenanstöße gedacht …

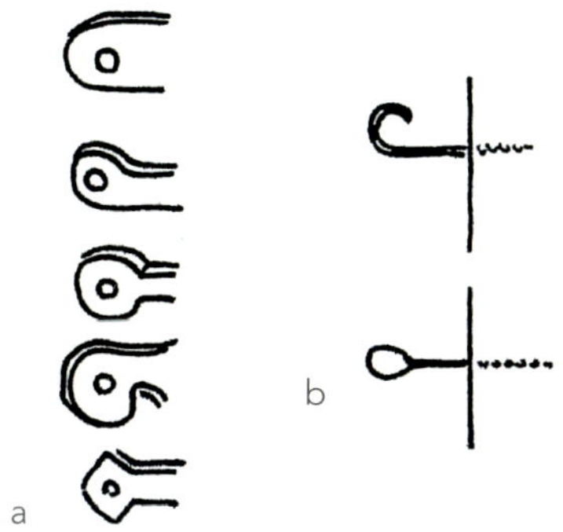

5: Halterungen für Gardinenstangen

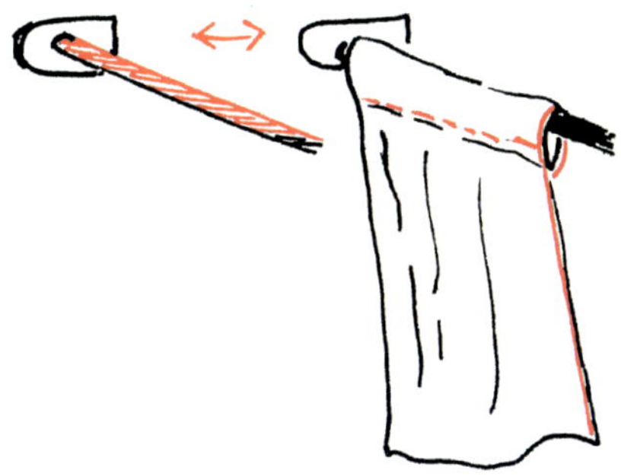

6: Gardinen auffädeln

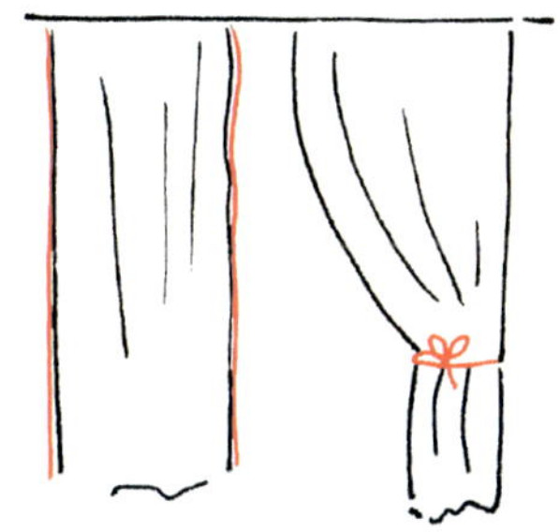

7: Herunterhängende oder zusammengebunden Gardine

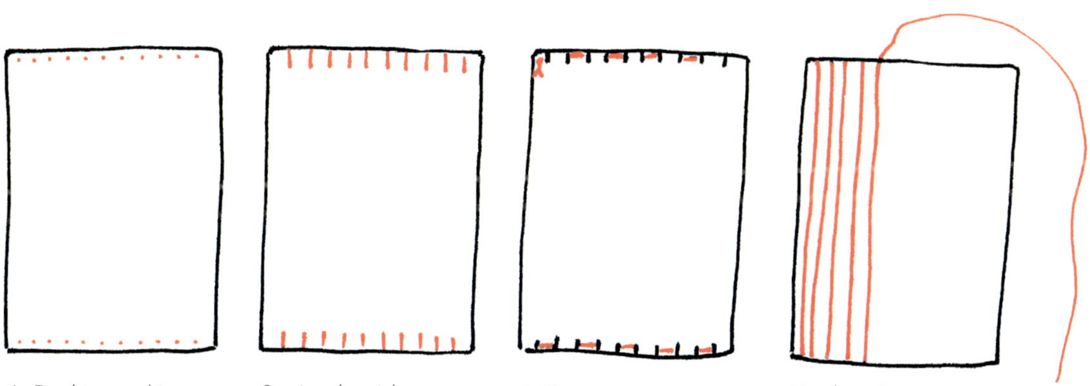

1. Punkte markieren
2. einschneiden
3. Kette spannen

Vorderseite

8: Ein Webrahmen aus Pappe

Weitere Accessoires

Teppich

Möchten Ihre Kinder einen schönen Teppich für das Puppenhaus weben? Wenn Sie einen kleinen Webrahmen besitzen, arbeiten Sie wie gewohnt. Wenn Sie keinen Webrahmen haben, können Sie sich eine *Webkonstruktion* dafür basteln (Zeichnung 8), wie sie auf dem Foto mit der Puppe Vera (rechts) zu sehen ist.

Teppich mit Fransen: Sie nehmen die Maße des gewünschten Teppichs und rechnen oben und unten etwa 5 cm pro Seite dazu. Dann schneiden Sie eine starke Pappe auf dieses Maß zu. Markieren Sie mit 1 cm Abstand so viele Punkte, wie die Pappe breit ist. Zählen Sie die Punkte durch und übertragen Sie sie auf die untere Seite der Pappe, sodass sich alle Punkte genau gegenüberliegen. Schneiden Sie mit einer Nagelschere die Punkte mit einem 1 cm tiefen Schnitt ein. Nun spannen Sie die Webkette aus stabiler Baumwolle, indem Sie von oben nach unten einen Pappschnitt danebenrutschen, dann wieder hochgehen, den nächsten Einschnitt umwickeln und mit dem Faden wieder runtergehen, dabei alle Einschnitte nacheinander ganz spannen (Zeichnung 8). Die Fadenenden werden hinter der Pappe miteinander verknotet.
Beginnen Sie 4 cm *höher* mit der Webarbeit, als die Pappe lang ist. Mit Farben und dem Material Ihrer Wahl wird der Teppich vollgewebt. Fädeln Sie Strickwollreste in eine lange Nadel ein und ziehen Sie unten den Faden doppelt zusammen. Falls Sie keine lange Nadel besitzen, können Sie auch einen dicken Draht benutzen, an dem Sie mit der Spitzzange unten eine runde Öse drehen. In dieses Loch wird der Webfaden doppelt eingefädelt. Der Anfang wird nun an der Kette verknotet, und die Arbeit kann beginnen. Mit einem Kamm werden die Wollschichten zusammengedrückt. Die Ränder sollen nicht zu sehr strammgezogen werden, damit sich der Teppich an den Seiten gleichmäßig gerade aufbaut. Wenn der Faden so kurz wie die Nadel bzw. der Draht geworden ist, wird er abgeschnitten. Das Ende und der Anfang der neuen Farbe oder eines neuen Ansatzes werden einfach zusammen verknotet und beim Weben nach hinten, an die Rückseite des Teppichs, geschoben. So bleibt die Vorderseite hübsch glatt. Hören Sie mit der Webarbeit 4 cm vor Randabschluss auf. Schneiden Sie die Kettenfäden an den Rändern der Pappe

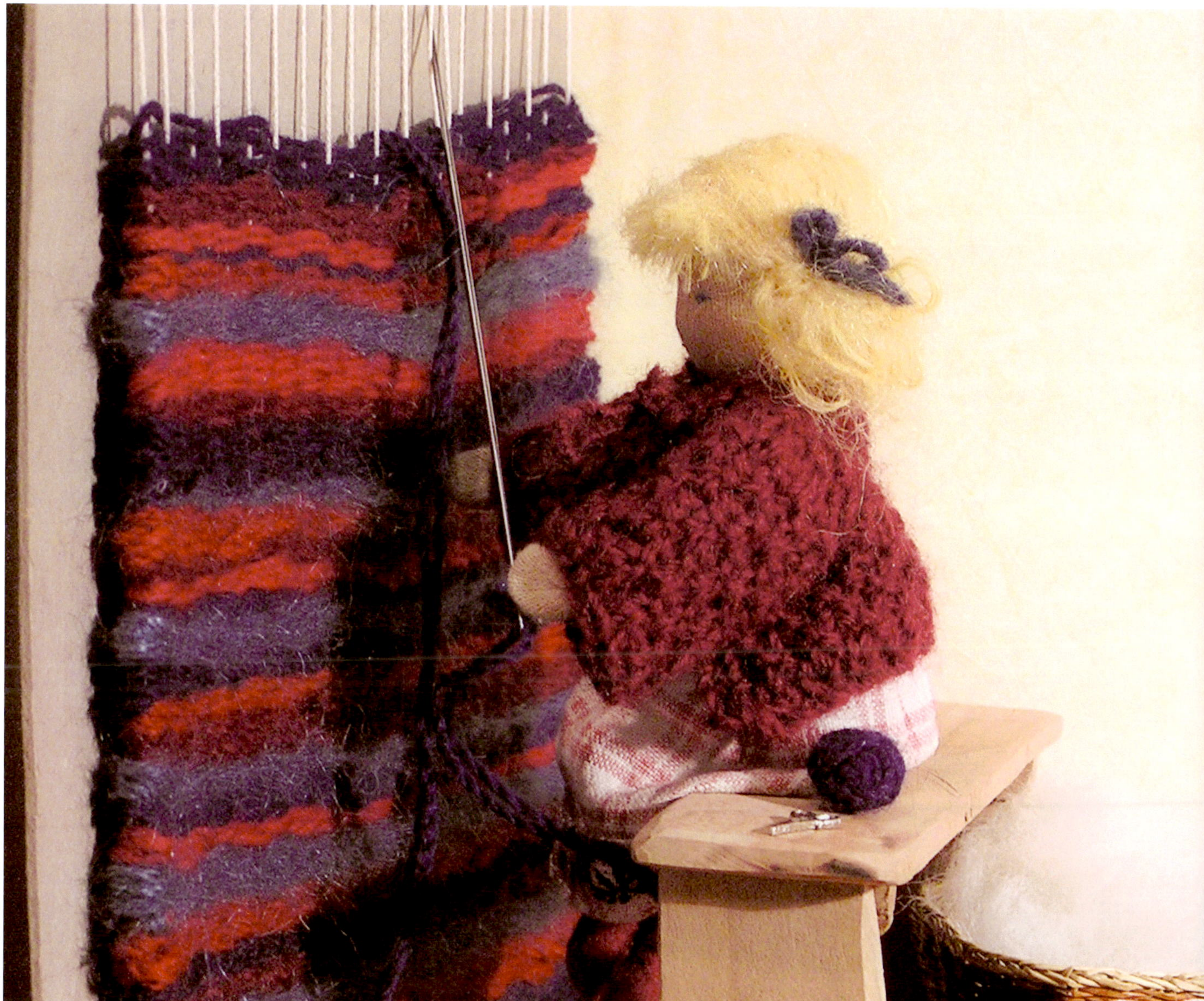

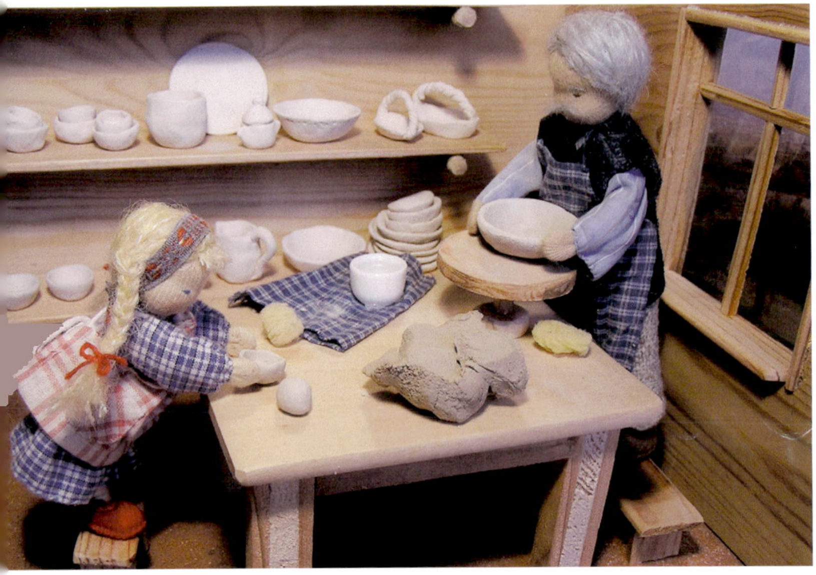

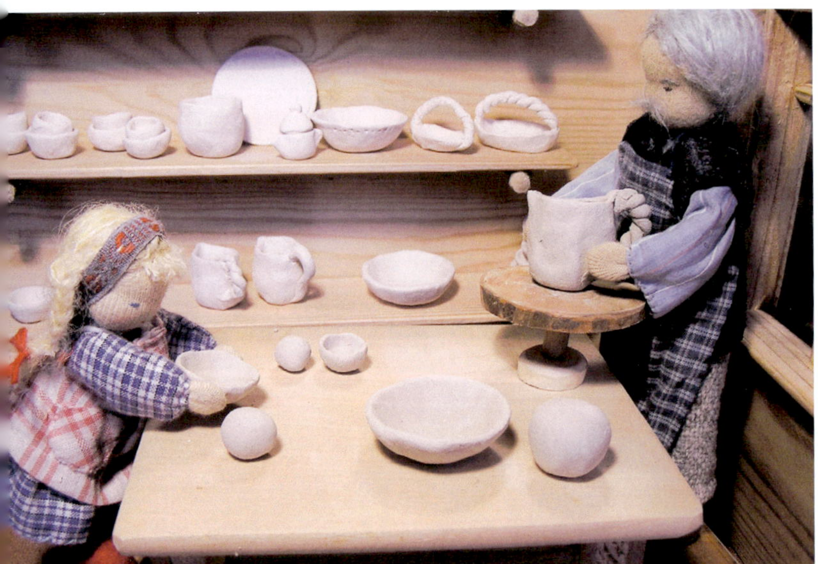

ab. Je zwei dieser Kettenfäden werden als Fransen miteinander verknotet, zum Abschluss wird alles auf eine Länge gekürzt.

Teppich ohne Fransen: Die Pappvorlage wird entsprechend der Größe des Teppichs im fertigen Zustand zugeschnitten. Sie weben einige Runden, wie beschrieben. Dann kratzen Sie alle Reihen ganz tief nach unten, bis zum Kettenanfang. Nun weben Sie den ganzen Teppich fertig und achten dabei darauf, dass die Webreihen *ganz dicht* zusammengedrückt werden. Wenn Sie an der oberen Kante angekommen sind, vernähen oder verknoten Sie den Webfaden. Die Pappe wird jetzt leicht gekrümmt. So können Sie nun alle Kettfäden mühelos abziehen, ohne sie abzuschneiden. Die beiden Enden der Kette, die Sie zu Beginn hinten verknotet hatten, werden abgeschnitten und säuberlich in den Teppich vernäht. Zum Schluss verteilen Sie die dichten Webreihen gleichmäßig bis zu den Kettenanschlägen, und Ihr schöner Teppich ist fertig.

Puppengeschirr **/***

Selbst gemachtes Puppengeschirr kann wunderhübsch werden, mit einer ganz individuellen Note. Vielleicht haben Sie die Möglichkeit, Ton direkt aus einer Keramikwerkstatt zu bekommen und Ihre getöpferten Dinge dort sogar glasieren und brennen zu lassen. Der Ton, der in einer Töpferei gekauft wird, ist dem Töpfer bekannt, und somit kann die Temperatur für den Brennvorgang und die Glasierung aufeinander abgestimmt werden. Außerdem hat Ihr Kind dann einen Bezug zu seinem eigenen kleinen Geschirr und kann den Zusammenhang erleben.

Die Größe des Puppengeschirrs richtet sich nach Ihren Puppen. Um eine gute Proportion zu erhalten, empfehle ich, die Teller ungefähr so groß wie das Puppengesicht der Puppen zu machen – eventuell etwas kleiner, aber auf keinen Fall viel größer.

Mengenangabe: Eine Tonkugel mit 2,5 cm Ø reicht für eine größere Schüssel oder einen Krug. (Etwas Ton für den Henkel kommt noch dazu.) Eine Tonkugel mit 1,5 cm Ø reicht für eine kleine Schale oder ein Puppenteller, eine Tonkugel mit 1 cm Ø reicht für eine Tasse.

Schüsselchen und Tassen passen sich den Tellern proportional an. Für mehrere gleich große Dinge schneiden Sie gleiche Tonstücke ab. Einfache Formen bekommen Sie, wenn Sie die Tonkugel in der leicht feuchten Handfläche rollen und dann mit dem Zeigefinger eindrücken. Sie arbeiten von der Mitte nach außen zum Rand hin. Mit den Fingerspitzen ziehen und streichen Sie vorsichtig den Ton in die gewünschte Form. Feuchten Sie immer wieder die Ränder leicht an und glätten Sie sie fein ab. Kleine Henkel an den Tassen oder Krügen müssen zusätzlich mit einem spitzen

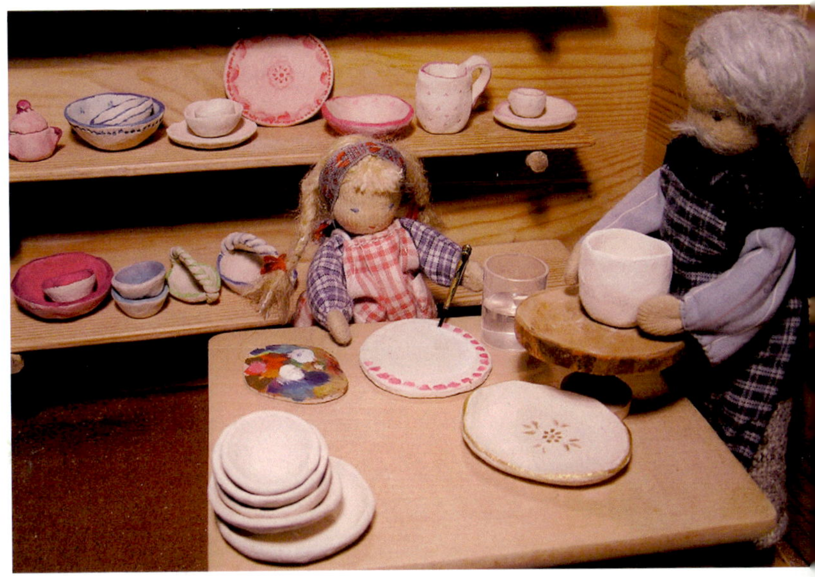

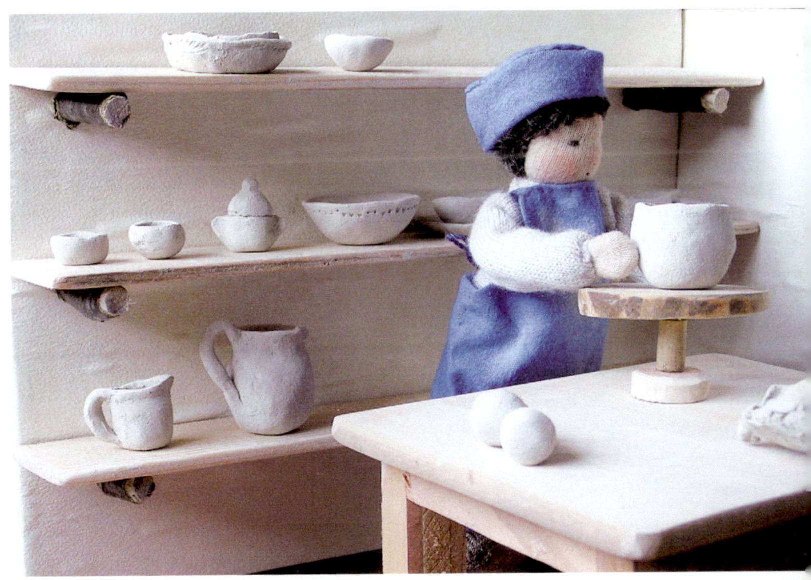

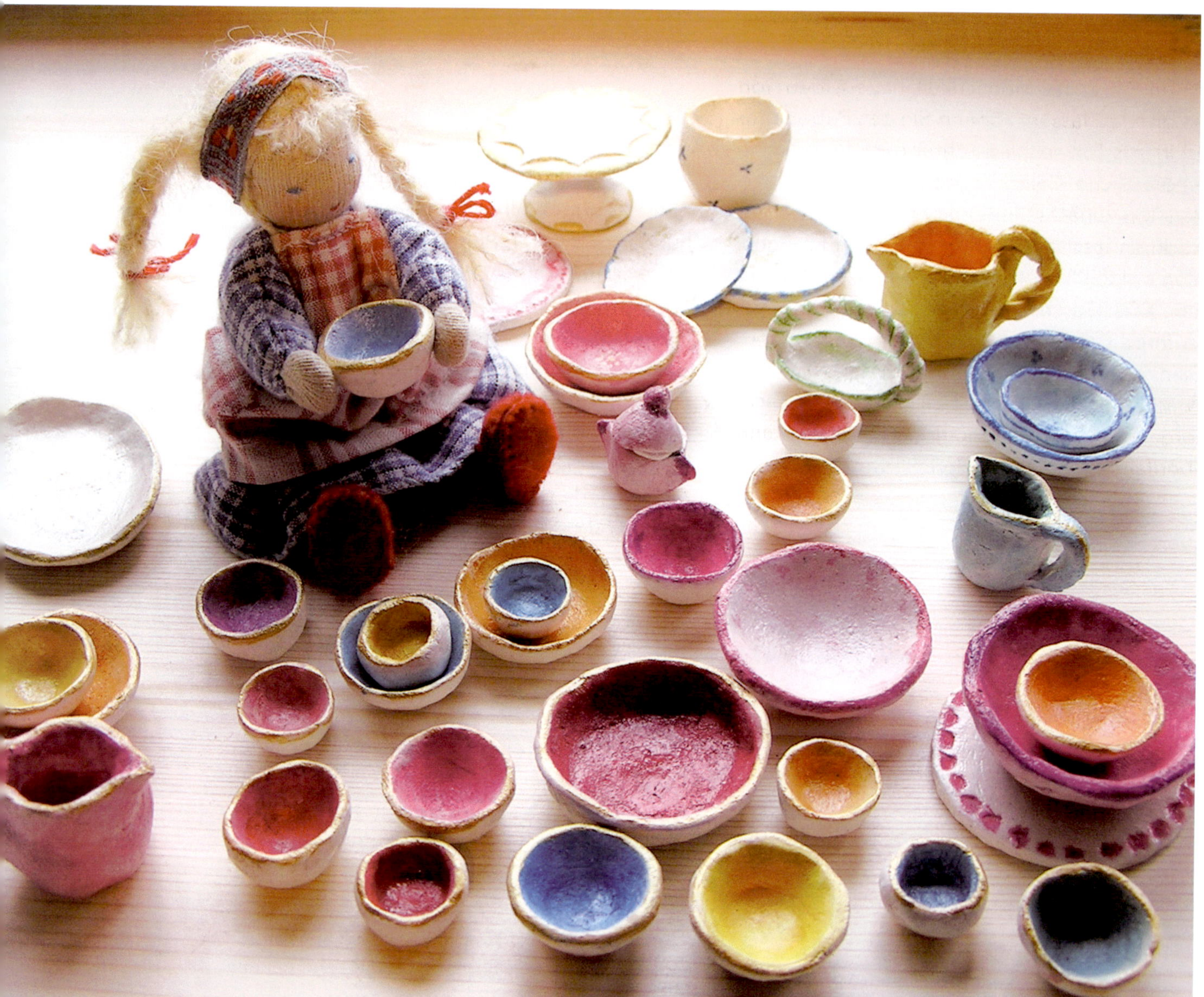

Gegenstand leicht angedrückt oder fein *an* den Gegenstand modelliert werden.
Wenn Sie keine Möglichkeit haben, den Ton brennen zu lassen, können Sie das Puppengeschirr aus Ton auch schlichter gestalten – ohne empfindliche Kleinteile wie Henkel usw. – und den Ton zunächst im Zimmer einige Tage gut trocknen lassen; dann lassen sie ihn im Backofen bei 250° C eine halbe Stunde nachtrocknen. Das Geschirr kann später mit Tuschkastenfarben angemalt und mit durchsichtigem Glanzlack auf Wasserbasis versiegelt werden. Wiederholen Sie zum Stabilisieren den Lackvorgang zweimal. Gebranntes Geschirr kann ebenfalls angemalt werden.

Ein Puppenfest

Planen Sie doch ein schönes Puppenfest mit Ihren Kindern! All die schönen Stuben und hübsch gedeckten Puppentische, die saubere Bettwäsche und der Duft nach Neuem und die Frische in allen Stuben laden kleine und große Gäste ein. Die Kinder können zum Fest die kleine Puppenwohnung mit allerlei Girlanden aus buntem Krepppapier oder aus selbst bemaltem Papier fröhlich schmücken. Sie können kleine Puppenkekse mit winzigen Plätzchen-Ausstecherle zubereiten (s. Rezept S. 170), mit den Händen formen oder mit einem Messer zuschneiden, kleine Puppenkuchen backen … Zu diesem Fest werden sicher auch die «Puppengroßeltern» gerne kommen.

Girlanden

Aus Krepppapier können Girlanden als kleine Hexentreppen gefaltet werden (Zeichnung 9a): Dafür schneiden Sie zwei ca. 8-10 mm breite Papierstreifen in je einer Farbe zu und falten sie im rechten Winkel zueinander, wie es auf der Zeichnung zu sehen ist. Die Farben wechseln sich gegenseitig ab: mal die eine, mal die andere, schichtweise übereinander. Sie können nach Belieben eine neue Farbe anstückeln, falls Ihnen die Bänder nach einer Weile zu kurz

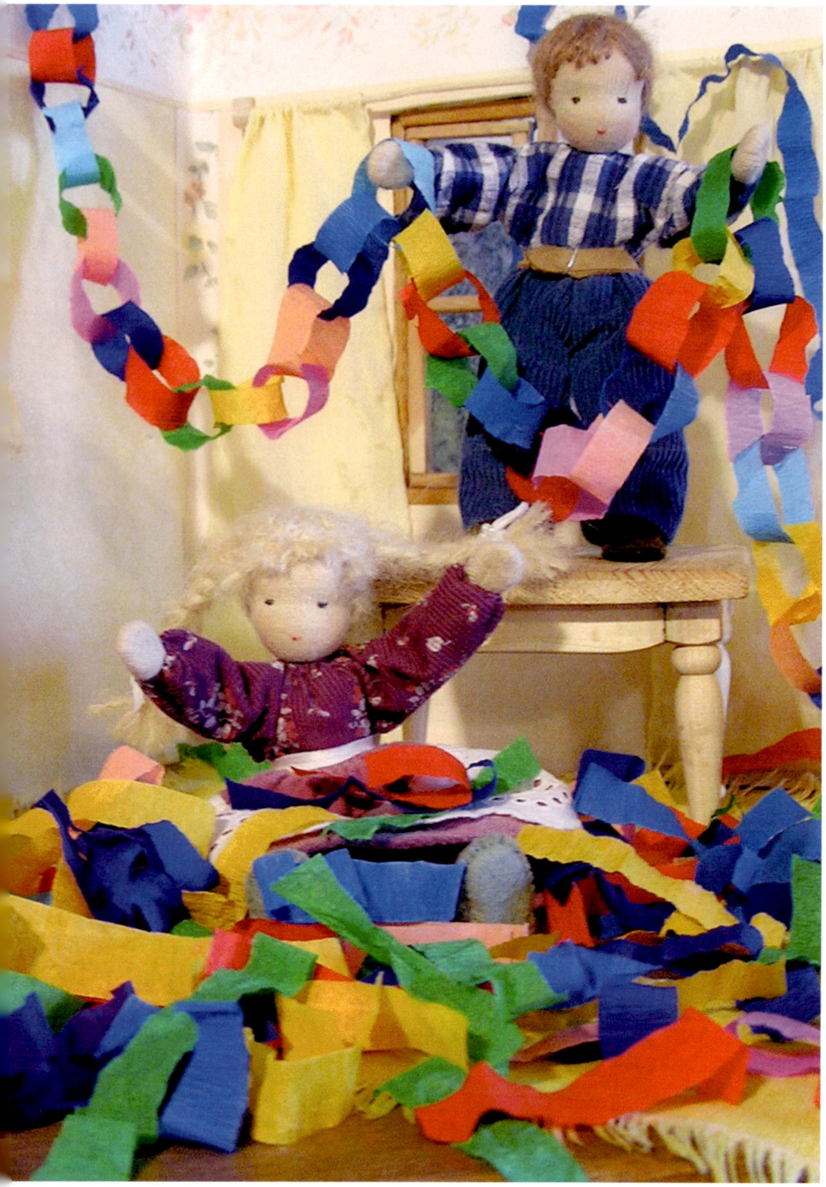

geworden sind oder Sie die Farbe abwechseln möchten. Kleben Sie die Enden anschließend fest.

Eine andere Variante, eine schöne Girlande zu basteln, ist die *Kettenform* (Zeichnung 9b). Dafür schneiden Sie viele dünne Krepppapierstückchen auf eine Länge von 8 cm zu (das ist eine Breite von etwa vier Fingern nebeneinander); bei dieser Schneidearbeit müssen Sie nicht genau sein. Legen Sie einen Papierstreifen zu einem Ring und kleben Sie die Enden mit einem Klebestift zusammen. Fädeln Sie durch dieses Ringlein einen neuen Papierstreifen ein. Dieser wird nun auch zugeklebt. Mit dieser Methode können Sie die Kette beliebig verlängern – vielleicht von einer Zimmerwand zur anderen?

Blumenkränze

Blumenkränze können Sie auch ganz leicht basteln (s. Foto rechts oben), indem Sie um einen dickeren Draht passend zum Puppenkopfumfang (ca. 9 cm Länge) einen dünnen grünen Filzstreifen (ca. 14 cm Länge x 0,3 mm) wickeln. Holzleim ist auch für Filzmaterialien sehr praktisch. Dafür formen Sie an beiden Enden des Drahtes eine kleine Schlaufe und tupfen den Leim gleichmäßig dünn darauf. Dann wird der Filzstreifen am Drahtanfang festgehalten und der Draht um sich selbst gedreht. Dadurch wickelt sich der Filz schön nebeneinander auf und wird durch die Leimschicht fixiert. Auf die-

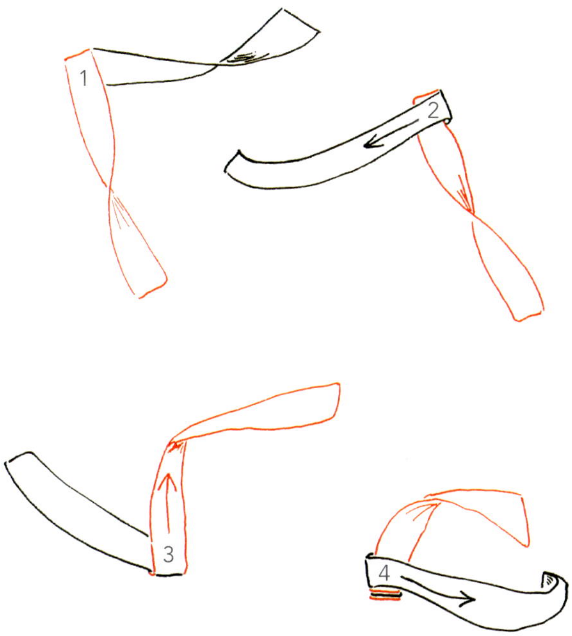

a: eine Hexentreppe

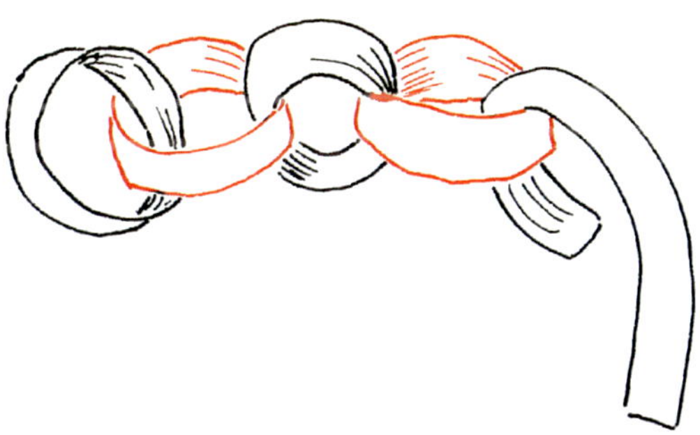

b: eine Kette aus Ringen

9: Girlanden fürs Puppenfest

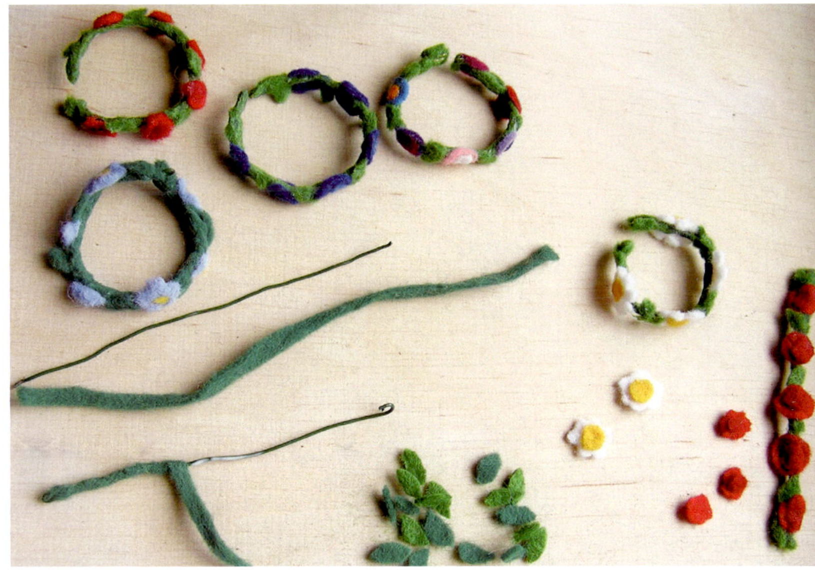

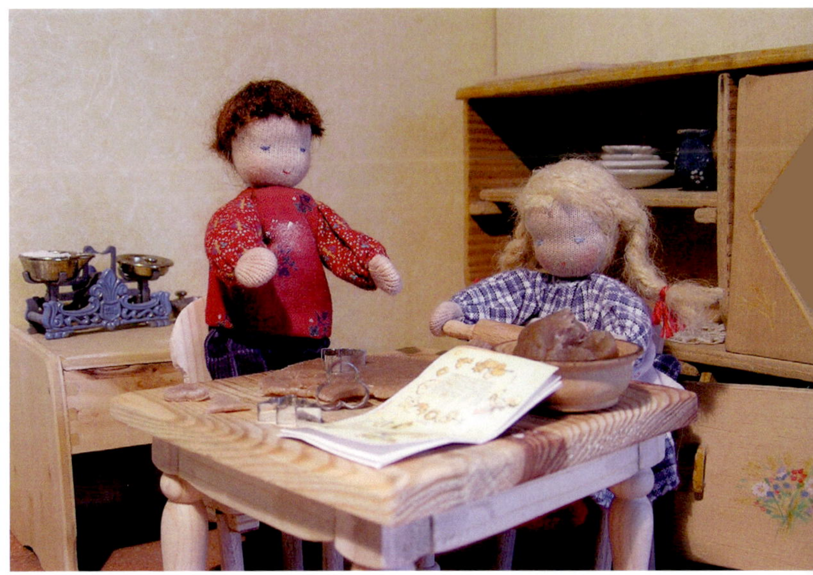

sen grünen Grund können Sie nun nach Belieben kleine ausgeschnittene Blumen kleben und mit kleinen grünen Blättern abwechselnd schmücken. Falls Sie eine Nagelschere haben, geht diese Schneidearbeit sehr leicht. Die Drahtschlaufen am Ende werden zuletzt fest und eng gezwickt.

Rezept

Puppenkekse sind so klein, dass diese Teigmenge völlig ausreicht, um alle Gäste glücklich zu machen.

- 50 g Mehl
- 15 g Zucker
- 1 Messerspitze Vanillezucker
- 1 TL verrührtes Ei
- 25 g Butter

Alles zu einem Teig kneten, auf etwas Mehl ausrollen und allerkleinste Kekse formen oder ausstechen. Im vorgeheizten Ofen bei 175° C 3 – 5 Minuten backen.

Richtspruch

(mündlich überliefert):

Das Haus auf Erden ist errichtet.
Vom Wasser wird es nicht vernichtet.
Des Blitzes Strahl soll es verschonen.
Ein guter Geist mög' es bewohnen.
Verscheuchen alle bös' Gefahren.
Vor Wasserfluten es bewahren.

Friede dieser Stätte,
Segen diesem Haus,
Und allen Menschen, die da
Gehen ein und aus.

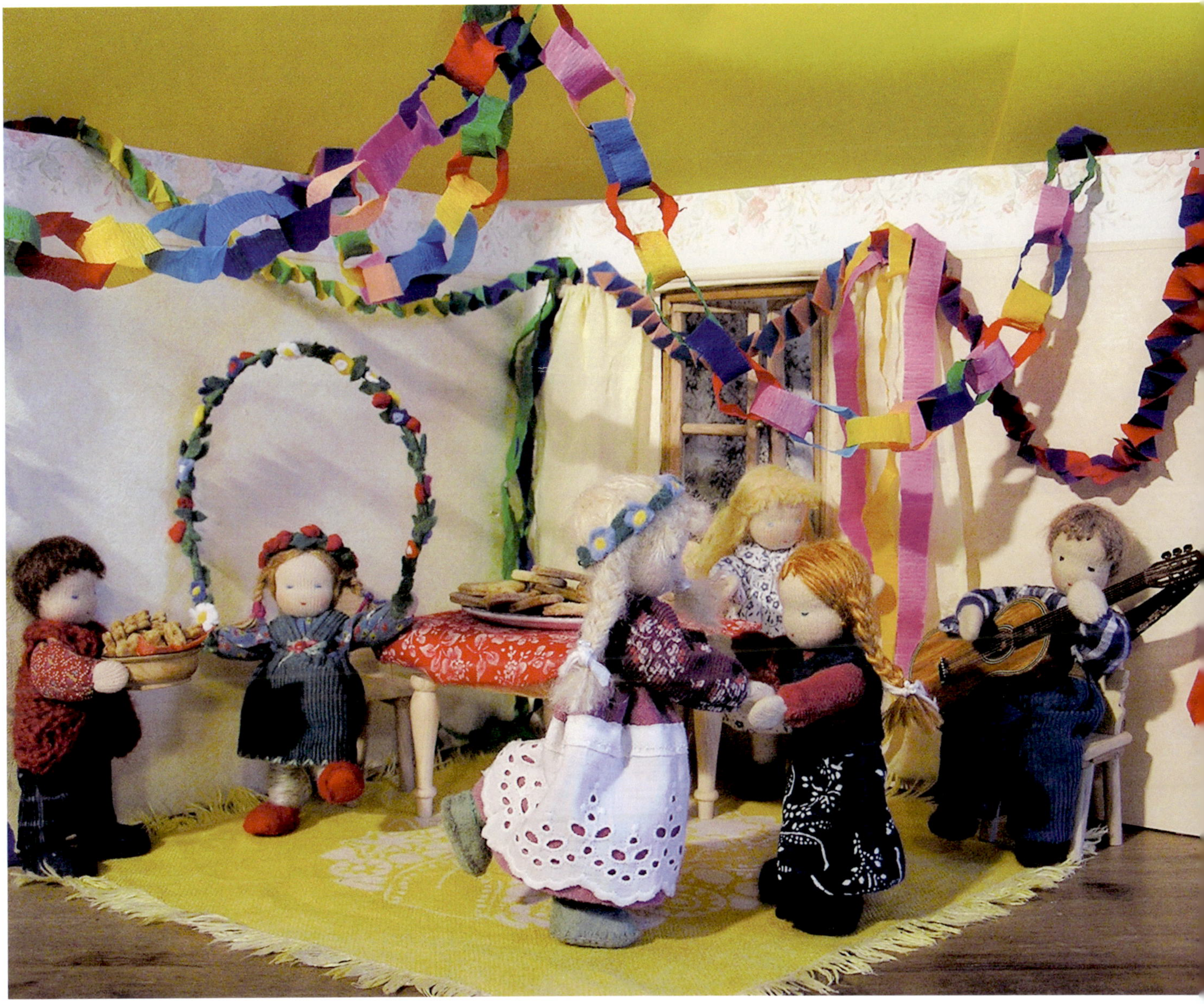

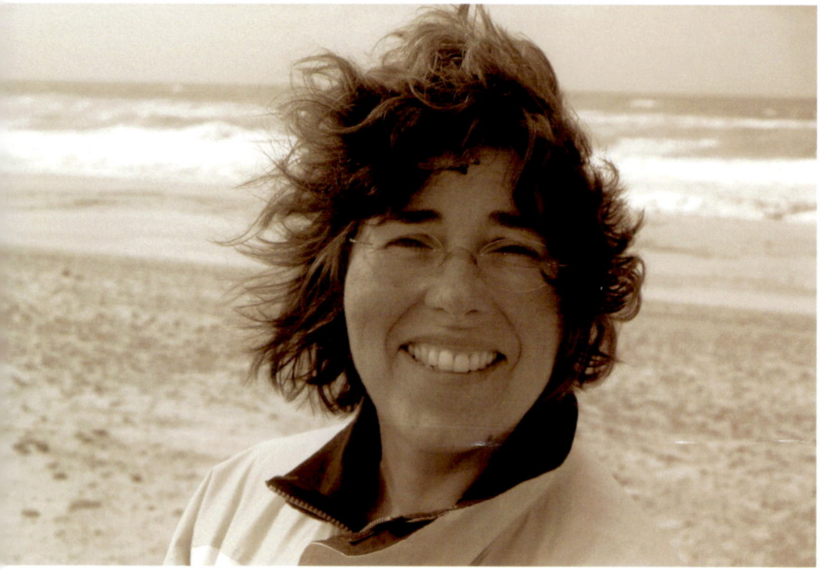

Cristina Cevales-Labonde

Jahrgang 1956, ist in Italien geboren und in Venedig aufgewachsen. Sie ist seit vielen Jahren als Erzieherin in einem Waldorfkindergarten tätig und lebt mit ihren Söhnen in einem kleinen Dorf am Bodensee. Vor mehr als zwanzig Jahren begann sie sich mit Biegepuppen und Kinderspielzeug zu beschäftigen und organisierte viele Bastelkurse und Arbeitskreise. Im Verlag Freies Geistesleben erschien auch ihr Buch *Biegepüppchen selbst gemacht*.

www.puppenkarten.de

1. Auflage 2009

Verlag Freies Geistesleben
Landhausstraße 82, 70190 Stuttgart
Internet: www.geistesleben.com

ISBN 978-3-7725-2287-1

Fotos: Cristina Cevales-Labonde; S. 121 unten links und unten rechts sowie S. 130 – 133: Tobias Lintz, Reinhard Schulze
Zeichnungen: Cristina Cevales Labonde;
S. 121 r. o.: Chiara Cevales
Umschlagfotos: Cristina Cevales-Labonde;
hinten Mitte Reinhard Schulze
Layout & Satz: Bianca Bonfert
Druck: Egedsa, Sabadell / Spanien